이제,
이 길밖에 없습니다

이제, 이 길밖에 없습니다

저자 김대동

초판 1쇄 발행 2024. 9. 26.

발행처 도서출판 브니엘
발행인 권혁선

책임편집 김지연
책임교정 조은경

등록번호 서울 제2006-50호
등록일자 2006. 9. 11.

서울특별시 송파구 백제고분로28길 25 B101호 (05590)
마케팅부 02)421-3436
편 집 부 02)421-3487
팩시밀리 02)421-3438

ISBN 979-11-93092-27-9 03230

독자의견 02)421-3487
이 메 일 editorkhs@empal.com

북카페 주소 cafe.naver.com/penielpub.cafe
인스타그램 @peniel_books

도서출판 브니엘은 독자들의 원고를 설레는 마음으로 기다리고 있습니다.
위의 이메일로 간단한 기획 내용 및 원고, 연락처 등을 보내주십시오.

도서출판 브니엘은 갓구운 빵처럼 항상 신선한 책만을 고집합니다.

[교회와 가정을 회복하기 위한 〈성경153올람〉 운동 실전 매뉴얼]

153

이제,
이 길밖에 없습니다

교회를 교회답게, 성도를 성도답게

김대동 | 지음

브니엘

이제, 이 길밖에 없습니다! 목회하면서 이렇게 절실해 본 적이 없는 것 같습니다. 최근에 불어닥치는 새로운 시대 풍조 속에서 어떻게 목회해야 하나 많이 고민하였습니다. 특별히 거대한 세속의 물결 가운데서 오늘날 내가 선포하는 말씀이 과연 먹혀들고 있는가 하는 고민도 함께 밀려왔습니다. 이 모든 고민은 결국 가치관의 문제로 귀결되었습니다. 오늘날 기독교적 가치관을 우리가 새롭게 정립하지 않는다면 앞으로 한국교회에는 감당하지 못할 위기의 바람이 불어닥칠 것입니다. 특별히 지금은 '맘모니즘'(Mammonism, 배금주의), '세큘러리즘'(Secularism, 세속주의), '히더니즘'(Hedonism, 쾌락주의), '에고이즘'(Egoism, 이기주의), 그리고 보다 심각한 '포스트모더니즘'(Postmodernism, 탈근대주의) 등의 도전이 너무나 거세게 불어닥치고 있는데, 과연 지금 우리는 이러한 거대물결을 이겨내고 기독교적 가치관을 지켜낼 수가 있을까 하는 무지막지한 위기감을 느끼게 되었습니다.

가치관의 문제와 더불어 다음 세대 문제도 오늘 우리에게는 정말 어려운 숙제가 아닐 수 없습니다. 가장 가까운 다음 세대인 청년 세대의 교회 출석 비율은 겨우 4~5%에 불과하고, 청소년 중에 지속적으로 교회에 출석하는 비율은 3~4%에 불과하다고 합니다. 얼마 전까지만 해도 한국교회의 인구구성 비율이 피라미드형이었는데, 최근에는 역피라미드형으로 바뀌었고, 지금은 T자의 형태를 띠고 있다고 하니 이것은 다음 세대 문제에 있어서 정말 시급한 숙제가 아닐 수 없습니다. 흔히 한국교회가 서구교회의 전철을 따르고 있다고 말하지만 사실은 훨씬 더 심각한 상황입니다. 왜냐하면 서구교회의 경우는 복음의 정신이 사회 속으로 뻗어나가 역사, 문학, 예술 등여러 문화 속에 기독교적 정신이 뿌리내리고 있습니다. 하지만 한국의 상황은 아직 교회의 신앙 정신이 사회 속으로 뻗어나가지도 못한 채 교회가 위축되고 있으니 그 결국은 참 생각하기도 싫은 상황이 도래할 수도 있는 것입니다.

이런 문제들을 안고 이런저런 고민을 하는 중에 필자는 한 가지 돌파구를 찾아냈습니다. 그것이 바로 〈성경153올람〉 운동입니다. 여기서 '성경'은 포스트모더니즘 시대에 우리들 가치관의 원천입니다. '153'은 성경의 153가지 핵심 주제를 따라 3년 동안 운동하자는 것입니다. '올람'은 하나님의 원래 계획으로서 우리가 걸어가야 할 옛적 길(렘 6:16)입니다. '운동'은 가정예배를 통하여 다음 세대 신앙 계승을 반드시 이루자는 것입니다. 이 핵심 정신을 한데 모아 놓은 것이 바로 〈성경153올람〉 운동입니다.

결국 〈성경153올람〉 운동은 세속의 거대 시대 풍조를 맞닥뜨리면서 성경의 153 핵심 주제로 말씀을 선포하여 기독교적 가치관을 지켜내자는 것이고, 나아가 심각한 다음 세대 신앙문제를 고민하면서 우리 이후 세대를 다른 세대가 아닌 다음 세대로 세우기 위해 가정예배를 회복하자는 운동입니다. 바로 이 두 가지가 〈성경153올람〉 운동의 핵심 두 기둥입니다.

한국교회에 이 운동을 소개하면서 매뉴얼을 발간하게 되었습니다. 이 책은 한 번만 정독해도 누구든지 이 운동에 동참할 수 있도록 만든 매뉴얼입니다. 이 책이 발간되기까지 많은 분의 수고가 있었습니다. 분당구미교회 교우들은 온몸과 마음으로 이 운동에 동참해 주셨습니다. 장로님과 교역자들의 전폭적인 지지와 격려는 늘 큰 힘이 되었습니다. 이 운동의 가치를 알아주시고 기꺼이 책을 출판해 주신 브니엘 출판사 권혁선님께 깊은 감사를 드립니다.

이제, 이 길밖에 없습니다! 우리의 신앙이 살고, 한국교회가 회복되며, 오고 오는 다음 세대가 기독교적 가치관으로 살아가도록 만드는 방법은 이제 이 길밖에 없습니다!

글쓴이 김대동

PART 01

왜 성경 153올람 운동인가?

CHAPTER 01

지금은
교회와 신앙의 위기 상황

교회 빙하기의 도래

1885년 언더우드와 아펜젤러 선교사의 입국 이후 한국교회는 세계 기독교 역사에 한 획을 긋는 기적과도 같은 성장을 이루었다. 불과 130년이 조금 넘었을 뿐인데 전국에 수만 개의 교회가 세워졌고 수십만 명의 목회자가 배출되었으며 전 세계에서 미국 다음으로 많은 선교사를 파송하는 선교 강국이 되었다.

교회가 세워진 마을은 그 지역의 중심지가 되었고, 교회를 통하여 우리 사회에 많은 지식인과 지도자가 배출되었다. 그야말로 교회는 한국 사회를 이끌어 온 견인차 역할을 잘 감당하였다. 한국전쟁으로 인한 폐허 속에서 집과 땅을 두고 떠나온 피난민에게, 일자리를 찾아 고향을 떠나 도시로 몰려든 사람들에게, 교회는 고향 집과 같은 돌봄을 제공해 주었다. 사람들은 "예수 믿으면 복 받는다"는 말을 눈으로 확연하게 볼 수 있었다.

캄캄한 밤에도 교회 종탑에서 비추는 십자가 불빛이 도시를 밝혀주던 시절이 있었다. 십자가만 세워도 사람들이 몰려든다는 말이 나올 정도로 한국교회는 크게 부흥하고 성장하였다. 그 기세를 확인이라도 하듯이 1970년대에는 여의도광장에 100만 명이 넘는 성도가 모여서 집회를 갖기도 하였다.

하지만 그렇게 계속 성장할 것만 같았던 한국교회가 1980년대 이후 성장의 폭이 둔화하더니 2000년대 이후에 들어와서는 성장은 고사하고 극심한 쇠퇴기를 겪고 있다. 연령대를 따라 교회 구성원들의 인구분포를 그려보면 과거에는 '피라미드형'으로서 아랫부분에 해당하는 교회학교 학생들의 숫자가 월등하게 많아서 안정적인 삼각형 모양을 그릴 수 있었다. 그런데 지금은 노년층과 장년층이 훨씬 많고 청년층에서 청소년층, 어린이층으로 내려오면서 인구가 더 줄어드는 '역피라미드형'의 모습을 하고 있다. 그래서 한국교회를 염려하는 사람들은 이러다가는 머지않아 교회 중직자의 자녀들만 교회학교에 나오게 되는 'T자형'의 모습을 띠지 않을지 크게 우려하고 있다.

교회는 사람이 전부라고 할 수는 없지만 사람이 없으면 교회가 어려워지는 것은 분명한 사실이다. 성도의 숫자가 크게 줄어들고 있어서 구역장, 교사, 성가대원과 같은 교회 봉사자를 세우기가 힘들어지고, 이로 말미암아 교회의 대내외적인 역량은 점점 더 약화하고 있다. 아무리 인구가 줄고 있다 하더라도 사람이 없는 것은 아닌데 교회에 출석하는 성도의 숫자가 급감하는 것이 오늘의 현실이다. 이것은 한국교회에 다가오는 실로 심각한 위기가 아닐 수 없다.

이와 같은 교회의 위기는 또한 성도 개개인의 신앙 위기로 직결되고 있다. 역으로 성도 개개인의 신앙 위기가 교회의 위기를 초래하기도 한다. 한때는 신앙이 삶의 전부였던 때가 있었다. 주일을 기다리고 예배를 사모하며 예배당을 나설 때에는 다시 모일 날을 기다리며 일주일이 멀다 하여 수요예배, 금요집회, 새벽기도의 자리로 달려 나오던 때가 있었다. 그러나 어느 때부터인가 교회를 찾아오는 발걸음이 줄었다. 이제는 부흥과 성장을 부르짖는 목소리는 듣기가 어렵게 되었다. 지금은 안타깝게도 한국교회가 마치 '빙하기'를 맞이한 것만 같다. 과연 무엇이 한국교회와 성도의 신앙에 이런 변화를 주었는지 그 원인을 파악하고 이 어려움을 해결할 수 있는 방법을 찾아야 할 책임과 사명이 이 시대의 한국교회와 성도에게 있다.

교회 빙하기의 원인

무엇이든 변화가 일어나는 데에는 그 변화를 끌어낸 원인이 있다. 성장하던 한국교회가 성장이 둔화하고 쇠퇴하게 된 배경에도 여러 원인이 분명히 있다. 그 원인을 살펴보면 우리는 다음의 몇 가지 내용을 발견할 수 있다.

시대적 변화

먼저 오늘날 한국교회의 성장이 둔화하고 오히려 빙하기를 맞고 있는 가장 큰 이유는 시대의 변화에서 기인한다고 볼 수 있다. 우리가 이것을 피부로 느끼게 된 시점은 우리나라가 경제적으로 많은 성장을 이루고 그 여파로 주 5일제가 본격적으로 시작된 2004년부터라고 여겨진다. 그때부터 사람들은 늘어난 여유 시간을 자기 자신과 가족을 위해서 쓰려는 움직임이 시작되었다. 취미생활, 소모임, 캠핑, 여행 등 여가생활을 즐기는 일에 경쟁적으로 몰두하기 시작하였다. 마치 여가생활을 잘 누리는 사람이 사회적으로 성공한 사람이고 괜찮은 인생을 산다는 의식이 팽배해졌다.

이와 때를 같이 하여 우리나라의 1인당 국민소득이 2만 달러를 넘어서게 되었다. 시간이 많더라도 경제적으로 여유가 없으면 여가생활을 즐기기가 어려운데 우리 사회는 여가생활을 즐길 수 있는 여건들이 하나씩 충족되어 갔던 것이다. 그런데 이에 대해 우리보다 먼저 선진국 대열에 들어선 나라들의 신앙 양태를 연구한 결과 여러 학자가 의미심장한 지적을 한 바 있다. 그것은 다름 아니라 국민소

득이 2만 달러를 넘어가면 그 나라 국민들의 신앙 양태가 변한다는 것이다. 그동안 사람들의 생활에 지대한 영향을 끼쳤던 절대적 신앙이 이제는 상대적 신앙으로 변모한다는 사실이다. 과거에 신앙이 자리했던 그 자리를 다른 어떤 것들이 차지하게 된다는 것이다.

그래서 현대의 많은 그리스도인이 교회 생활이나 믿음 생활을 자신의 여러 가지 생활의 한 영역에 불과한 것으로 생각한다. 그야말로 피자파이 한 조각의 신앙이 되고 말았다. 한 세대 전의 우리 선배들의 신앙이 절대적인 신앙이었다면 지금은 상대적인 신앙이 되고 말았다. 바로 이와 같은 현상이 지난 20년간 한국교회에 물밀듯이 밀어닥쳐 온 것이다. 그 결과 한국교회도 서구교회들처럼 성장이 멈춰버리고 말았다.

교회 지도자들의 일탈

이러한 사회적인 분위기는 곧바로 한국교회에 큰 부담을 끼치고 있다. 이미 우리는 서구 기독교의 흥망성쇠 과정을 통하여 많은 교훈을 받아왔다. 성도들이 썰물처럼 사라지고 무늬만 교회인 건물들, 심지어는 예배당이 매각되어 쇼핑센터나 식당이나 술집으로 변해버린 곳도 많다. 한국교회는 서구교회의 전철을 밟지 않을 것이라고 호언장담했던 때도 있었지만 지금은 한국교회도 급격하게 쇠락의 길을 걸어가고 있다. 최근에는 부도가 나서 교회 문이 닫히고 건물이 매각되는 사례도 상당히 늘어나고 있다.

이런 분위기 속에서 교회에 찬물을 끼얹는 일이 계속해서 언론 매체에 보도되고 있다. 종교 관련 설문조사를 할 때마다 사람들이 한국교회에 크게 바라는 점이 있다는 것을 알 수 있는데, 그것은 다름 아닌 교회의 도덕성 회복이다. 사실 교회의 빙하기를 맞이한 오늘날 교회가 가장 시급하게 해결해야 할 문제 중의 하나도 바로 교회의 도덕성 회복이라고 할 수 있다. 안타깝게도 오늘날 한국교회는 도덕성의 약화로 인하여 온전히 교회의 사명을 감당하지 못하고 있는 것이 현실이다. 그래서 지금 한국교회는 오히려 사회로부터 지탄의 대상이 되고 말았다. 교회가 사회를 걱정해야 하는데 거꾸로 사회가 교회를 걱정하는 상황이 되었다는 것은 너무나 안타까운 일이 아닐 수 없다.

특히 연일 매스컴에 오르내리고 있는 교회 지도자들의 일탈은 갈수록 정도를 더해가고 있다. 시대에 부응하지 못하는 잘못된 신앙 가치관, 진실과 청렴성의 결여, 때때로 신문 방송에 오르내려서 눈살을 찌푸리게 하는 일탈의 모습들, 나아가 교회 연합 기관의 한심한 행태는 안타깝게도 오늘날 한국교회의 영광을 잃어버리게 만들고 있다. 그런 사이에 성도의 신앙도 크게 변질되고 있다. 세상에 선한 영향력을 끼쳐야 할 성도가 그 사명을 잊어버리고 그리스도인이 어떤 사람인지 처음부터 다시 시작해야 할 형편에 이른 것 같다. 이러한 여러 가지 이유가 복합적으로 작용하여 지금 한국교회는 빙하기를 맞이하고 있는 것이다.

얇아진 신앙

과거에는 하나님께 부르짖는 믿음의 성도들이 참 많았다. 소나무 뿌리를 뽑으면서까지 간절히 기도하고 밤을 새워가며 철야기도를 하고 식사를 끊고 금식기도를 하는 성도가 참 많았다. 하지만 지금은 성도의 신앙이 얇아지고, 교회에 대한 충성도(Loyalty)가 많이 약화되고 말았다. 명절이나 공휴일이 끼어 있는 주일에도 주일성수를 목숨처럼 소중히 여겼는데, 그러한 신앙의 전통도 이제는 희미해져 가고 있다. 이것은 이 땅의 그리스도인이 주님의 제자로서의 사명을 망각하고 참된 그리스도인의 모습을 지켜내지 못한 결과이다.

이것은 결국 믿음의 문제이다. 많은 성도의 믿음이 왜곡되고 변질되고 약화되어 버렸다. 바로 이와 같은 모습에 대하여 필자는 안타까운 심정을 가지고 지금 우리의 모습을 설교 중에 이렇게 진단한 바가 있다.

① 교회 안의 신앙과 교회 밖의 삶이 너무 다른 표면적인
   그리스도인
② 주님과의 개인적인 관계의 중요성을 전혀 모르는 형식적인
   그리스도인

③ 교회 사업에 몰두하지만 정작 주님은 잘 모르는 공허한
　　그리스도인
④ 남들에게 보이려고 겉모양만 화려하게 꾸미는 외식적인
　　그리스도인
⑤ 영적 가르침을 무시하고 세상의 방식대로 살아 죄에 빠져 있는
　　세속적인 그리스도인
⑥ 이름만 신앙인이지 전혀 신앙인답지 않은 명목상의
　　그리스도인
⑦ 믿음 없이 교회 출석만 하는 church goer(교회 다니는 사람)
⑧ 신앙과 이념을 구분하지 못하고 자기만 옳다고 주장하는
　　자기의(自己義)의 그리스도인
⑨ 예수님의 사랑과 섬김의 삶에는 별로 관심이 없고 자신의
　　명예와 자리에만 연연하는 욕심 가득한 그리스도인
⑩ 아무리 믿어도 그 성품은 절대 변화되지 않는 화인 맞은
　　그리스도인

　　바로 이런 모습이 오늘날 한국교회 그리스도인의 신앙 모습이
아닐까 생각하며 참 안타까움을 금할 길이 없다. 바로 이와 같은 변
질된 믿음이 결국 오늘날 한국교회와 성도들에게 신앙의 위기를 불
러온 것이다.

코로나의 역습

한국교회와 성도들을 위기의 상황으로 몰아가는 요소들이 이렇게도 강력한데, 거기에 더하여 2020년 2월부터 지구촌에 몰아닥친 코로나19 사태는 교회의 위기를 극복하려는 우리의 노력에 찬물을 끼얹고 말았다. 하루가 멀다고 늘어나는 코로나 확진자의 증가로 방역 당국에서는 모임을 제한하는 조치를 강력하게 취하였다. 개인 간 거리두기가 강화되면서 성경에서 찾아볼 수 없는 '대면 예배', '현장 예배'라는 말이 생겨날 정도로 교회에 모여 예배드리는 일이 아주 어렵게 되는 상황을 맞이하기도 하였다.

교회는 성도들이 모이는 곳이고 함께 예배를 드리면서 성도의 신앙도 성장하고 교회도 성장한다. 하지만 가장 기본적으로 모이는 일조차 힘들게 되면서 교회와 성도는 굉장히 심각한 타격을 받았다. 많은 교회가 영상예배의 플랫폼을 개발하여 제공하고 있지만 이것 또한 쉽지 않은 일이었다. 그래도 노력한 만큼 성도들이 호응하여 교회 중심의 신앙생활을 할 수 있다면 다행인데 점점 영상예배와 매스커뮤니케이션에 익숙해진 성도에게 다시 교회 중심의 신앙을 불어넣는 것이 많이 힘들게 되었다.

지금은 위드 코로나를 지나 포스트 코로나 시대에 접어들었지만 교회가 어떤 모습으로 나아가야 할지 여전히 그 방향성을 가늠할 수가 없을 것만 같다. 코로나 이후 긍정적인 면으로의 변화는 환영할

만한 일이지만 그 변화가 부정적인 방향으로 흘러서 기독교 신앙의 양상이 통째로 변하는 것은 아닐까 하는 우려감마저 들게 하고 있다. 그래서 지금 코로나 이후 우리는 아주 심각한 수준의 교회 빙하기를 겪고 있는 것이다.

교회 빙하기의 극복 방안

이러한 시대적, 목회적 상황 속에서 필자는 성도들이 하나님의 은혜를 회복하는 방법이 무엇일까, 교회가 회복될 수 있는 길은 무엇일까 깊이 고민해 왔다. 많은 조언도 들었고 자타가 인정하는 전문가들의 의견도 참조하였다. 혹은 여러 세미나에 참여하여 어떤 방법이 있을지도 모색해 보았다. 하지만 이런저런 고민 끝에 결국은 교회의 주인이신 하나님께서 교회를 회복시켜 주셔야 한다는 사실을 깨달았다. 그리고 하나님 아버지께서 자녀의 신앙을 반드시 회복시키실 것이라는 확신도 함께 들었다. 그래서 다른 방법이 아닌 오직 하나님의 말씀에서 해결 방법을 찾아나가기 시작하였다. 그 결과로 탄생한 것이 바로 〈성경153올람〉 운동이다.

지금 우리가 처해 있는 세상을 보면 참으로 안타까운 마음이 든다. 절망이 엄습해 올 것만 같다. 숨이 막힌다. 하지만 그리스도인은 좌절하지 않는다. 우리에게는 여전히 희망이 있다. 140년 전에는 이 땅에 기독교인이 한 명도 없었다. 한국교회가 이만큼 부흥하고 성장할 것이라고 예견한 사람도 없었다. 그런데 한국교회가 하나님의 말씀을 붙들었더니 세계 교회가 놀라는 대단한 부흥을 경험하였다. 하나님의 은혜와 능력에는 한계가 없다. 이 사실을 믿고 하나님의 은혜를 사모하면서 〈성경153올람〉 운동으로 하나님의 말씀을 붙든다면 다시 한국교회 회복의 역사가 도래할 것이다. 우리가 모두 하나님의 회복을 기대하면서 삶의 자리에서 힘써 〈성경153올람〉 운동을 펼쳐나가기를 간절히 소망해 본다.

CHAPTER 02

기독교 가치관이 무너지고 있다

이 시대의 가치관

흔들리는 기독교 가치관

우리가 인생을 살아가면서 어떻게, 어느 방향으로 살아야 하겠다는 신념을 갖는 것은 대단히 중요하다. 그 신념이 우리를 그 길로 이끌어간다. 그러니까 마음속의 생각이 그로 하여금 그렇게 말하고 행동하게 하는데, 그 말과 행동이 모여 그의 삶이 되고 인생이 된다. 이처럼 누군가의 삶을 움직이는 마음속의 생각과 신념을 가리켜서 우리는 '가치관'이라고 부른다. 그러니까 가치관은 사람이 살아가는 데 있어서 그 목적지와 방향을 가리켜 주는 지도와 나침반과 같은 역할을 하는 것이다.

그러므로 사람은 자기의 가치관대로 살아갈 수밖에 없는 존재이다. 모든 인간은 자기의 내면을 외면화하며 살아간다. 나는 가치관이 없다고 말할지라도 가치관이 없는 것이 아니라 그것이 그의 가치관이 되는 것이다. 그래서 건강한 가치관을 갖는 것은 인간의 삶에 있어 대단히 중요하다. 건강한 가치관을 가진 사람은 남을 살리는 말을 하고 조화로운 삶을 살아가며 건강한 사회를 이루어간다. 반대로 건강하지 못한 가치관을 가진 사람은 남을 해롭게 하는 말을 하고 불안정한 삶을 살아가며 사람들과 불편한 관계를 만들어서 사회를 병들게 한다. 그러므로 사람이 어떠한 가치관을 가지고 살아가는가 하는 것은 참으로 중요하다. 그 마음의 생각과 신념, 즉 그 사람의 가치관이 결국 그의 인생을 좌우하기 때문이다.

그런데 안타깝게도 오늘날 우리 사회는 가치관의 혼재, 가치관의 혼란, 가치관의 상실 시대를 겪고 있다. 이것은 교회도 마찬가지이다. 그리스도인은 성경의 가르침을 따라 기독교적 가치관으로 살아가야 하는 존재이다. 그러나 오늘날의 교회는 그리스도의 사랑과 섬김을 실천하면서 이 사회가 나아갈 올바른 방향을 제시해주기는커녕 스스로의 위치를 지켜내는 것도 힘겨워하며 거센 세파에 휩쓸리고 있다.

그래서 오늘날 수많은 성도가 마음의 갈피를 잡지 못한 채 기독교적 가치관을 잃어버리고 세속적 가치관의 도전을 받아 심히 흔들리고 있다. 마치 큰 풍랑을 만나서 목적지가 어디인지, 방향이 어느 쪽인지 종잡을 수 없이 표류하는 듯한 느낌을 받을 때가 한두 번이 아니다. "내가 곧 길이요 진리요 생명이니"(요 14:6)라고 말씀하신 주님의 음성은 들리는데 우리는 여전히 그 길로 들어서지 못한 것만 같다. 교회는 사람들을 건져내야 하는 구조선이어야 하는데, 작금의 한국교회는 구조선의 역할을 충실히 감당하지 못하고 오히려 구조를 받아야만 하는 처지가 된 것 같아 씁쓸하기 그지없다.

신앙을 위협하는 심각한 도전들

이러한 혼란스러운 상황을 타개하기 위해서 우리는 현실을 직시할 필요가 있다. 그리고 무엇이 우리 한국교회를 어지럽게 하는지 명확하게 분별해야 한다. 그 후에 이 어려움을 극복할 수 있는 바른 가치관을 제시해 줄 수 있기 때문이다. 오늘날 한국교회를 위협하는 세상적 가치관의 도전은 크게 포스트모더니즘, 맘모니즘, 세속주의, 쾌락주의, 이기주의의 5가지로 정리할 수 있다.

(1) 포스트모더니즘 (Postmodernism)

오늘날의 시대상을 한 단어로 말한다면 포스트모더니즘 시대라 할 수 있다. 인류 문명이 20세기까지 발전하면서 웬만한 분야에서는 보편타당한 질서와 법칙과 가치들이 세워졌다. 그것을 가리켜서

흔히 모더니즘이라고 부르는데, 이것은 지극히 합리적이고 이성적인 가치관이다. 그런데 오늘날은 모더니즘을 해체하고 포스트모더니즘 시대로 강력하게 접어들고 있다. 그래서 전통적으로 축적되어 온 기본적이고 보편적인 도덕률을 거부하거나 무시하는 분위기가 사회 곳곳에 뿌리내리고 있다. 포스트모더니즘은 한마디로 "그건 당신의 생각이고 내 생각은 당신과 다르다"라고 하는 상대주의와 자기중심주의에 기초한 시대정신이다.

이러한 사회적 분위기 속에서는 절대적인 가치관이나 진리를 찾아볼 수 없다. 그래서 각자가 자기 마음에 맞는 대로 법을 만들고 그것이 옳다면서 소리친다. 다수의 의견으로 소수의 의견을 묵살하기도 하고, 소수의 의견을 존중해야 한다면서 터무니없는 주장을 용인하기도 한다. 포스트모더니즘의 사상이 우리 사회 도처에 뿌리를 내려서 무엇이 진리인지, 무엇이 바른길인지 알지 못하게 만들고 있다. 마치 사사 시대의 상황처럼 사람들이 자기 소견에 옳은 대로 행하고 있다.

한마디로 포스트모더니즘은 탈근대주의를 말한다. 근대의 이성중심 사조에 반하는 반이성적인 사조이고, 기존의 절대적 가치 체계를 전면 거부하고 모든 것을 상대주의적 관점에서 바라보는 개념이다. 그렇기 때문에 이런 상대주의적 관점은 기존의 가치체계, 도덕, 윤리, 종교 등을 거부하고, 각자의 생각과 만족을 중요시하는 지극히 개인주의적인 성향을 갖게 만든다. 바로 이와 같은 풍토가 사회 전반에 밀어닥침으로 말미암아 오늘날 기독교적 가치관이 크게 위협받고 있는 것이 오늘날의 현실이다.

(2) 맘모니즘 (Mammonism)

맘모니즘은 오직 돈이면 다 된다는 생각으로 물질을 추구하는 삶이다. 과거에도 돈은 인간 사회에서 중요한 위치를 차지했고 힘과 권력을 휘둘러 왔다. 그런데 20세기 이후 자본주의가 전 세계에 확산하면서 맘모니즘의 위세는 몇 갑절 더 강해졌다. 그야말로 물질이 세상을 움직이는 힘처럼 여겨지고 있다. 돈을 가진 자는 세상을 다 가진 것처럼 떵떵거리지만, 돈을 못 가진 자는 마치 죄인처럼 고개를 숙이며 살고 있다. 결과가 좋으면 다 좋다는 듯이 돈을 많이 벌면 성공한 인생이고, 돈을 벌지 못하며 실패한 인생이라는 도식이 만들어지고 말았다.

이렇게 '맘몬(Mammon)'이라고 하는 물신을 섬기며 사는 이 사회 속에서 사람들은 하나님께서 창조하실 때 주셨던 인간의 고귀한 가치들을 상실해 버렸다. 법도 도덕도 돈 앞에서 맥을 추지 못한다. 돈이면 사람의 목숨도 쥐락펴락할 수 있다고 하는 세상이다. 사람들은 자신도 모르는 사이에 돈의 노예가 되어 평생 돈만 바라보면서 산다. 이 시대는 돈을 하나님처럼 받들며 사는 맘모니즘이 가득한 세상이 되어버렸다.

결국 맘모니즘은 물질만능주의를 말한다. 돈이면 다 된다는 가치관이 팽배해져 있고, 돈이 곧 하나님이고, 그렇기 때문에 너나 나 할 것 없이 돈을 인생의 목적 삼고 살아가는 안타까운 시대이다.

(3) 세속주의 (Secularism)

세속주의는 영적인 세계를 무시하고 이 세상이 전부라고 생각하며 영적인 것조차 이 세상의 일부로 치부하는 가치관이다. 모든 것은 인간의 노력으로 이루어지는 것이며 인간의 사고와 정신이 가치 판단의 기준이라고 여긴다. 기독교의 복음도 이 세속주의를 만나면서 복음의 절대성과 순수성을 잃어버리고 혼합주의로 변질되어 버렸다.

세속주의는 기독교도 세상의 여러 종교 중의 하나라고 주장하는 종교다원주의를 옹호한다. 복음의 절대성을 받아들이지 않고 예수님도 여러 훌륭한 위인이나 성인 중의 한 명이라고 주장한다. 눈에 보이지 않는 천국이나 지옥은 허구일 뿐이라고 하며, 모든 종교는 다 착하게 살라고 가르치는 것뿐이라고 말한다. 인간의 힘으로 종교와 신을 만들어낸 것이지 하나님이 인간을 만든 것이 아니라고 한다. 이처럼 세속주의는 하나님이 실제로는 존재하지 않는다고 주장하면서 무신론과 불신앙을 조장한다. 세상은 지금 세속주의 물결에 잠식당하고 있다.

세속주의는 이 세상이 전부이기 때문에 영적인 삶을 완전히 거부한다. 우리의 삶 전반에 이와 같은 세속주의가 밀어닥치고 있어서 기독교적 가치관은 크게 위협받고 있다. 심지어 교회 안에도 세속주의의 도전으로 말미암아 여호와 하나님 절대 신앙이 많이 약화하고 있다.

(4) 쾌락주의 (Hedonism)

고대 그리스의 에피쿠로스학파에서는 인간 최고의 선을 쾌락이라고 가르쳤다. 절대 행복(아타락시아, ataraxia)은 쾌락의 상태에 있다고 하였다. 이러한 주장은 오늘날에도 많은 사람에게 받아들여지고 있다. 사람들은 인생은 행복하고 즐거워야 한다고 생각한다. 더 좋은 옷을 입고 더 좋은 음식을 먹으며 더 좋은 집에서 잠자는 삶을 꿈꾼다. 산업사회와 물질문명의 발달은 인간의 쾌락주의에 기름을 끼얹은 격이 되었다. 넘쳐나는 물질을 주체하지 못하여 사람들은 소비지상주의의 삶을 살아가면서 오직 쾌락에 몰두하게 되었다.

물론 적당한 즐거움은 우리 몸과 마음을 기쁘게 한다. 하지만 그 정도를 넘어서 지나치게 쾌락을 추구하는 삶은 우리의 몸과 마음뿐 아니라 영혼까지 파괴해 버린다. 처음에는 호기심으로 시작했을지 모르지만 쾌락은 점점 더 그 깊은 곳으로 우리를 끌어들인다. 결국 중독되어 자신을 망치고 관계를 망치고 사회를 망치는 결과를 초래한다. 그러나 어떤 쾌락이라도 우리에게 진정한 만족을 주지는 못한다. 쾌락은 언제나 더 강하고 더 자극적인 것을 요구하기 때문이다. 마치 목마른 사람이 바닷물을 마시면 더욱더 목마른 것처럼, 쾌락은 끝없는 갈증을 불러일으키며 결국 우리를 파멸로 이끌고 만다.

쾌락주의는 결국 우리의 영적 눈이 멀게 만든다. 쾌락주의에 빠지게 되면 기독교적 가치관을 멀리하고 지극히 세속적인 사람이 될 수밖에 없다. 오늘날 그리스도인에게나 교회 속에서나 쾌락주의의 도전은 참으로 거세며, 교회의 본질을 잃어버리게 만들고 있다. 그래서 자기 즐거움을 위하여 예수님을 믿고 자신의 유익을 위하여 교회 생활을 영위하는 어처구니없는 일이 발생하는 것이다.

(5) 이기주의 (Egoism)

오늘날의 사회는 결국 자기 자신에게 모든 관심을 집중시키는 철두철미한 이기주의의 사회이다. 남이야 어떻게 되든 상관하지 않는다. 그저 자기 욕심만 채우며 자기 유익만을 도모하는 삶을 추구한다. 이런 사회가 지속되다 보니 공동체성은 일찌감치 사라진 지 오래다. 이웃과의 관계는 단절되었고 타인으로 지내는 데 더 익숙하다. 심지어는 가족 관계조차 무너져 내리고 있다. 1인 가족이라는 말이 나오는가 싶더니 가족해체라는 표현도 심심치 않게 들린다. 이모든 것은 다 자기만 생각하는 이기주의의 영향이다.

필자는 오랜 시간 목회를 감당하면서 요즘은 이 '이기주의'의 문제에 대해 크게 주목하고 있다. 우리를 만드신 하나님의 뜻은 '하나님 사랑, 이웃 사랑'이다. 그런데 이기주의는 바로 이와 같은 하나님의 원래 계획(Original Design)에 정면으로 위배된다. 그뿐만 아니

라 이기주의는 악한 마귀 사탄이 우리에게 전해주는 가장 심각한 가
치관이다. 사탄은 끊임없이 우리에게 '네가 최고야', '네가 제일 중
요해', '너의 유익을 도모해'라고 소리치며 욕심의 문제를 가지고
우리를 유혹한다.

그렇기에 야고보서 1장 15절은 "욕심이 잉태한즉 죄를 낳고, 죄
가 장성한즉 사망을 낳느니라"고 말씀하시며, 욕심의 문제에 대하여
크게 경고한다. 이 말씀은 결국 인간의 모든 죄악 그 기저에는 욕심,
즉 이기주의가 도사리고 있다는 사실을 분명히 알려주고 있다.

그러므로 오늘날 우리가 진정한 그리스도인으로 살아가려고 하
면 바로 이 이기주의의 문제를 해결해야만 하는데, 너무나 어이없게
도 오늘날 우리는 오히려 이기주의에 잠식당하고 있다. 우리 가치관
의 문제에 어쩌면 가장 큰 악영향을 미치고 있는 것이 바로 인간의
욕심이며, 이기주의의 문제라고 할 수 있다. 진실로 우리는 바로 이
문제에 대하여 깊은 고민을 감당해야 한다.

성경153올람 운동의 가치관

우리가 지켜야 할 기독교적 가치관

그리스도인인 우리에게는 그리스도인으로서 반드시 지녀야 할

기독교적 가치관이 있다. 우리가 예수님을 믿고 세례를 받을 때 고백했던 고백이 바로 그리스도인으로서 우리가 지켜야 할 가치관이다. 또한 예배 때마다 고백하는 사도신경의 신앙고백이 우리가 지켜야 할 가치관이다. 성경을 읽고, 주일예배 때마다 듣는 설교 말씀의 내용은 다름 아닌 그리스도인으로서 지켜야 할 가치관이다. 그래서 오늘날 우리의 신앙을 올바르게 하고 교회의 잃어버린 영광을 회복하기 위하여 가장 중요한 것이 바로 기독교적 가치관을 회복하는 일이다. 바로 이 사명이 오늘날 이 땅을 살아가는 우리 그리스도인에게 주어진 최고의 사명이자 의무라고 할 수 있다.

이미 우리는 지난 2000년 동안의 기독교 역사 속에서 바른 가치관을 회복하기 위한 큰 노력을 기울인 바가 있다. 그중의 하나가 바로 1517년 마틴 루터에 의해서 촉발된 종교개혁 운동이다. 개혁자들이 외친 가치관을 모아서 '종교개혁의 5대 정신(Five Solas)'이라고 부르는데 그것은 다음과 같다.

① 오직 성경(Sola Scriptura)
② 오직 예수(Solus Christus)
③ 오직 은혜(Sola Gratia)
④ 오직 믿음(Sola Fide)
⑤ 오직 하나님께 영광(Soli Deo Gloria)

이 종교개혁의 5대 정신이야말로 우리가 회복해야 할 기독교 가치관의 핵심이다. 그러므로 다시 한번 종교개혁의 5대 정신이라는 기독교적 가치관을 가지고, 우리를 위협하는 세속적 가치관을 담대히 막아내야 할 것이다.

(1) '포스트모더니즘'에서 '오직 성경'으로

포스트모더니즘의 가치관이 문제가 되는 것은 그동안 인류가 전통적으로 축적해 온 지고지순한 가치관들을 부정하고 모든 절대적 가치를 해체해 버리며 상대화시킨다는 데 있다. 이런 풍조에 따라 포스트모더니즘의 가치관은 성경의 정신과 기독교의 절대 진리 역시 상대화시키고 있다. 바로 이런 분위기 속에서 사람들은 자기 소견에 옳은 대로 행하고 있는 것이다.

그러나 그리스도인은 하나님께서 우리에게 전해주신 진리의 말씀을 따라 오직 성경의 진리대로 살아가는 사람이다. 성경의 진리는 절대적이다. 그것은 하나님의 말씀이기 때문이다. 하나님은 우리가 진정으로 살고, 영생의 삶을 살아가도록 오직 성경 말씀을 통하여 하나님의 뜻을 계시해 주셨다. 그러므로 우리가 성경 말씀을 따라 하나님의 절대적 진리에 입각하여 살아갈 때 가장 온전하며 가장 아름다운 삶을 살아갈 수 있는 것이다.

바로 이런 의미에서 종교 개혁자들이 외쳤던 신앙 정신인 '오직 성경으로'(Sola Scriptura)는 이 시대 우리가 붙들어야 할 최고의 가치관이다. 하나님 말씀 안에 우리가 살아가는 방법이 있고 구원의 길이 있으며 영생을 얻는 방법이 다 기록되어 있다. 우리 모든 신앙의 기준이며 삶의 법칙이며 교회의 근거이며 구원의 방법이 오직 하나님 말씀인 성경 안에 다 기록된 것이다.

그러므로 〈성경153올람〉 운동은 성경으로 돌아가서 성경의 핵심 가치관을 담고 있는 153개 주제를 발췌하여 3년 동안 그 가치관을 익혀 오직 하나님의 말씀인 성경의 가치관을 따라 살아가자고 하는 운동이다. 이 운동에 우리가 일로매진할 때 포스트모더니즘의 반이성적이며 상대주의적인 관점을 극복하고, 진리에 우뚝 서서 하나님의 자녀로 아름다운 삶을 살아갈 수 있게 되는 것이다.

(2) '맘모니즘'에서 '오직 예수'로

오늘날 우리 사회는 돈이면 다 된다는 물질만능주의가 팽배하고 있다. 예수님께서는 하나님과 재물을 겸하여 섬기지 못한다고 말씀하셨는데(마 6:24), 이 말씀은 재물이 하나님의 위치만큼 올라설 수 있는 거대한 세력임을 경계하신 것이다. 실제로 사람들은 돈을 신처럼 떠받들고 있다. 종교개혁 시대에도 돈은 성도의 신앙에 큰 위협을 가하였다. 돈으로 면죄부를 구할 수 있었고 그 면죄부가 있으면 천국에 갈 수 있다고 주장하였다. 돈으로 영혼을 사고팔 수 있다는 어리석은 가르침이 횡행하였던 것이다.

하지만 기독교 신앙은 하나님을 섬기기 위한 도구로 우리에게 물질을 주셨다고 분명히 가르치고 있다. 천지 만물은 우리가 잘 다스리고 관리해야 할 것들이다. 그런데 사람이 물질을 제대로 사용하지 못하고 오히려 물질을 사랑하며 섬긴다면 물질에 예속되고 하나님과 전혀 상관이 없는 삶을 살아갈 수밖에 없다. 그러므로 기독교 신앙에서는 돈을 하나님처럼 섬기려고 하는 맘모니즘을 철저하게 배격한다.

우리가 사랑하고 섬겨야 할 대상은 오직 하나님 한 분밖에 없다. 종교 개혁자들이 '오직 예수'(Solus Christus)를 외친 것은 우리가 섬기고 사랑해야 할 분은 예수님밖에 없음을 분명히 한 것이다. 구원을 얻기 위한 다른 어떤 길도 없음을 천명한 것이다. 그 모든 가치관은 우리가 ① 예수님의 사람이 되어 ② 예수님처럼 생각하고 ③ 예수님처럼 행동하고 ④ 예수님과 같은 목적을 가지고 ⑤ 예수님처럼 살아가는 것이다. 나는 죽고 예수님으로 인해 새롭게 사는 것이다. 이렇게 Solus Christus, 오직 예수로 살아갈 때 우리의 삶은 가장 본질적이고, 가장 아름다운 삶이 된다.

(3) '세속주의'에서 '오직 믿음'으로

이 시대의 세속주의는 우리를 하나님으로부터 점점 더 멀어지게 만들고 있다. 이것은 주일성수와 봉사, 헌금 생활 등 우리 신앙의 기반을 다졌던 신앙생활에도 큰 영향을 끼치고 있다. 교회에 와서도 마치 카페에 온 것처럼 편안하게 앉아 있다 가려고 하는 성도가 점점 늘어나고 있다. 그나마 절기 예배는 지키려고 하지만 그 외의 예배는 자기 편한 대로 한다. 도심 한복판에 무속인이 들어와서 자리를 펴고 있는데 그 앞을 기웃거리는 사람도 참 많다. 종교를 믿지 않는다고 하면서도 무엇엔가 불안한 마음이 있어서 여기저기 기웃거린다. 말을 안 해서 그렇지 모든 사람은 영혼의 갈급함이 있다.

기독교의 가치관은 영원한 생명을 바라보는 가치관이다. 결코 눈에 보이는 이 세상이 전부가 아니며 보이지 않는 영원한 세계가 있다. 눈으로 보고 만질 수 있는 물질세계를 뛰어넘어 영원한 영적 세상이 분명히 있다. 그리스도인의 삶은 비록 이 땅에 발을 붙이고 살아가지만 우리의 눈은 하늘을 올려다보며 영원한 세계를 소망하는 삶이다.

종교 개혁자들이 외쳤던 '오직 믿음'(Sola Fide)의 가치관은 우리가 구원받는 길은 오직 믿음밖에 없다는 사실을 천명한 것이다. 그래서 믿음의 가치관은 결국 영혼 구원의 가치관이다. 영원한 천국에서의 삶을 지향하는 가치관이다. 이 땅에서의 삶이 전부라고 하는 세속적인 가치관과는 그 출발부터가 다르며, 살아가는 삶의 모습도 완전히 다를 수밖에 없다.

믿음의 가치관은 우리로 하여금 이 땅은 단지 나그넷길임을 깨닫게 한다. 그리고 우리에게는 분명한 목적이 있음을 알려준다. 우리는 그냥 우연히 존재하게 된 것이 아니라 하나님의 창조로 특별한 목적을 지니게 된 존재이다. 잠시 이 세상에 살고 있지만 이 세상이 우리가 영원히 살 곳은 아니다. 이 땅의 것들이 아무리 좋아 보여도 잠시 후에는 다 두고 떠나야 한다. 우리는 절대로 세속주의에 찌들어 이 세상이 전부라고 생각하며 살아서는 안 될 것이다. 진실로 우리는 하나님 나라에서 영원히 살아갈 존재이다. 우리가 가야 할 곳, 우리가 영원히 살아갈 곳은 바로 하나님 나라이다. 그곳은 오직 믿음으로만 갈 수 있다. 다른 방법이 없다. 그러므로 이제 우리는 Sola Fide, 오직 믿음으로 살아가는 가치관을 반드시 회복해야 하는 것이다.

(4) '쾌락주의' 에서 '오직 은혜' 로

쾌락을 즐기는 것은 인간의 본능이기도 하다. 쾌락을 추구하는 것이 다 죄라고 말할 수도 없다. 행복을 추구하는 것은 인간의 권리라고 헌법에도 명시되어 있다. 하나님도 우리가 행복하게 살기를 원하신다. 아담과 하와에게 에덴동산을 허락하신 것은 그곳에서 행복한 삶을 살기 원하신 하나님의 뜻이었다. 그러나 우리가 분명히 깨닫고 알아야 할 사실이 있다. 행복이 곧 우리 인생의 목적은 아니라는 것이다. 그러므로 쾌락만을 추구하는 것은 진정한 인생의 모습이 아니다. 인생은 절대로 쾌락만을 추구하며 살아갈 수는 없다.

쾌락주의는 우리의 영적 눈을 멀게 만들고 이 세상에서의 즐거움만 탐닉하게 만든다. 그러므로 쾌락주의에 빠져 세상의 즐거움, 그저 잘 먹고 잘사는 것에만 몰두하는 삶은 결코 진정한 의미의 삶이 되지 못한다. 쾌락은 반드시 더 강한 자극의 쾌락을 추구하게 만들므로 그 인생은 쾌락 속에서 함몰될 수밖에 없다.

그러므로 우리가 진정으로 가치 있는 삶을 살아가려고 하면 세상의 즐거움, 육체의 쾌락, 그저 잘 먹고 잘사는 삶을 뛰어넘어 하나님이 우리에게 바라시는 삶을 반드시 회복해야 한다. 바로 이러한 삶이 하나님의 은혜를 사모하는 삶이며 영원에 잇대어 살아가는 삶이다. 우리가 오직 하나님의 은혜로 살아갈 때 우리는 비로소 진정한 삶을 살아가게 된다.

쾌락주의는 그리스도인의 삶을 죄악으로 인도하는 지름길이며, 교회의 본질을 잃어버리게 만들기 때문에 우리는 진실로 오직 하나님의 은혜를 붙들어야 한다. 신구약 성경을 통틀어 가장 중요한 단어는 바로 '은혜'이다. 우리가 구원받은 것도 은혜이며, 교회로 하여금 교회 되게 하는 것도 바로 은혜이다. 은혜야말로 우리가 살아가는 방법이며 우리가 살아가는 이유이다. 은혜 아니면 살아갈 수가 없다. 은혜 아니면 구원받을 수 없다. 은혜 아니면 교회가 교회 될수 없다. 오직 은혜이다. 바로 이 사실을 마음 깊이 자각할 때 진실로 우리는 우리의 그리스도인 됨과 교회의 본질을 회복할 수 있다. 이제 우리는 Sola Gratia, 오직 은혜로 이 시대의 가치관을 회복해야 하는 것이다.

(5) '이기주의'에서 '오직 하나님께 영광'으로

이 세상의 모든 관심은 항상 자기 자신에게로 향한다. 자기가 세상의 중심이라고 생각한다. 모든 영광을 자기 자신에게 집중한다. 삶의 목적도 자신을 드러내는 것이다. 나만 잘 되면 그만이라고 생각한다. 절대 손해 보지 않고, 희생하지 않고, 대접받으려고만 한다. 모든 권리는 다 누리고 책임은 회피한다. 오늘날 세상은 이렇게 자기중심적인 이기주의에 빠져 있다.

그런데 이와 같은 이기주의의 풍조는 완전히 하나님의 가치관을 정면으로 거부하는 현상이다. 오히려 악한 마귀 사탄을 좇는 가치관이다. 그것은 이기주의를 추구하는 지금의 세상이 어떤 세상인지를 보면 확연하게 알 수가 있다. 오늘날 이 세상에는 이기주의가 팽배해져 있어서 사회적 양극화를 불러오고, 수많은 위화감이 존재하며, 사회가 통합되지 못하는 안타까운 모습이 크게 나타나고 있다. 그래서 오직 나의 유익만 추구하며, 나의 명예만 앞세우며, 너무나 무책임한 모습으로 살아가고 있다. 그렇기 때문에 자기 자신의 주장만을 앞세우며 다른 사람에게 쉽게 상처를 입히고도 전혀 반성할 줄 모르는 안하무인격으로 살아가는 모습이 우리 사회 속에 너무나 많다.

그러나 기독교 가치관은 사람 중심의 가치관이 아니라 오직 하나님께 영광을 돌리는 가치관이다. 우리의 영광을 받으실 분은 오직 한 분 하나님이시다. 그러므로 우리 삶의 목적도 오직 하나님께 영광을 돌리는 것이 되어야 한다. 이것은 웨스트민스터 소요리문답 제1문에도 분명히 명시되어 있다. 우리는 사도 바울의 고백처럼 먹든지 마시든지 무엇을 하든지 하나님의 영광을 위해서 한다는 목적을 가지고 살아야 한다. 이것이 오직 하나님께만 영광을 돌리려는 기독교적 가치관이다.

우리가 하나님께 영광을 올려드리려면 어떻게 해야 하는지 하나님께서 이미 다 알려주셨다. 하나님은 이스라엘 민족에게 계명을 주시면서 그 계명을 잘 지키며 살 때 하나님께 영광이 된다는 것을 분명히 알려주셨다. 그런데 그 모든 계명들의 핵심은 바로 '하나님 사랑, 이웃 사랑'이다. 바로 이것이 하나님의 원래 계획(Original Design)이다. 하지만 이기주의는 이 계명과 정반대의 가치관으로서 자기 자신만을 사랑하는 것이다. 그러므로 이기주의는 절대로 하나님께 영광을 올려드릴 수 없다. 진정 우리는 하나님을 사랑하고 또 이웃을 사랑함으로 우리를 창조하신 하나님께 영광을 올려드리며 살아야 한다. 이제 우리는 Soli Deo Gloria, 오직 하나님께 영광을 돌리는 가치관으로 살아가야 한다.

기독교 가치관 회복을 위한 성경153올람 운동

이상에서 살펴보았듯이 오늘날 교회가 절실히 회복해야 하는 것은 바로 기독교적 가치관이다. 우리가 지향하는 기독교적 가치관을 회복하려면 오직 예수님을 붙들고 예수님이라면 어떻게 하실까 하는 마음으로 이 거대한 시대적 흐름을 거슬러 올라가는 용기와 지혜가 필요하다. 그래야 그리스도인들이 세상 풍파에 휩쓸리지 않고 묵묵히 믿음의 길을 걸어갈 수 있다. 지금 우리가 기독교적인 가치관을 회복하지 못한다면 우리의 다음 세대인 자녀들 세대에는 기독교적 가치관 자체가 아예 찾아볼 수 없는 유물이 되어버릴지도 모른다.

지금 이 시대는 포스트모더니즘, 맘모니즘, 세속주의, 쾌락주의, 이기주의가 횡행하는 시대이다. 이런 세속적인 가치관이 우리를 유혹하고 있다. 이미 많은 사람이 그 유혹에 넘어가 세속적인 삶을 살고 있다. 그리고 그 유혹은 기독교적 가치관도 뒤흔들고 있다. 이런 상황 속에서 우리가 펼치고 있는 〈성경153올람〉 운동은 기독교적 가치관을 회복하는 운동이다. 그뿐만 아니라 우리의 다음 세대가 기독교 신앙으로 살게 만들자는 운동이다. 그러므로 지금 당장 우리가 힘써 노력해야 하는 과업이 있다면 바로 하나님께서 주신 건강한 가치관, 기독교적 가치관을 온전히 회복하는 일이다. 그 일이 바로 〈성경153올람〉 운동이다.

지금까지 소개해드린 대로 가치관의 문제와 〈성경153올람〉 운동의 상관관계를 개념도로 그려보면 〈표1〉과 같다.

선행적 가치관 훈련

앞에서 전술한 바와 같이 가치관에 관한 문제는 이렇게도 중요하여서 필자가 목회하는 분당 구미교회에서는 〈성경153올람〉 운동을 전개하기 직전 해에 기독교적 가치관 훈련을 이미 진행한 바가

【 표 1 】〈성경153올람〉운동 개념도

포스트모더니즘
절대적 가치를 해체하고
모든 것을 상대화하는 가치관

① 모든 가치관의
원천인 성경 속에서
153개의 핵심 주제를
찾아서 3년 동안
가치관 중심으로
설교 말씀을 선포함

오직 성경
오직 성경이 우리의 모든 삶과
행위의 규범이 된다고 믿는 가치관

맘모니즘
돈과 물질이면 다 된다고
생각하는 배금주의적 가치관

오직 예수
인생의 최고 목적인 구원은 오직
예수님 안에만 있다고 믿는 가치관

세속주의
오직 이 세상밖에 없다고
주장하는 내세 부정적 가치관

〈 성경153올람 〉
운동

오직 믿음
천국은 반드시 있으며 그곳은 믿음
으로만 갈 수 있다고 믿는 가치관

쾌락주의
수단과 방법을 가리지 않고
즐거움만을 추구하는 가치관

② 설교를 통해 선포
된 가치관을 마음에
새기고, 이어서 가정
예배를 통하여 가치
관을 심화함으로써
다음 세대를 양육함

오직 은혜
인생의 참된 기쁨은 오직 예수님의
은혜로만 주어진다고 믿는 가치관

이기주의
오직 나 중심으로 욕심 가득한
인생을 살아가는 가치관

오직 하나님께 영광
하나님 사랑, 이웃 사랑으로 하나님
의 원래 계획을 실천하는 가치관

있다. 가장 중요한 기독교적 가치관 12개를 선정하여 매월 한 주제씩 집중적으로 말씀을 선포하였고, 온 성도가 이 가치관을 따라 살아가기를 힘써 노력하였다. 어쩌면 이와 같은 선행 작업이 그 이듬해에 진행되었던 〈성경153올람〉 운동을 가능하게 만들었던 중요한 토대가 되지 않았나 싶다.

이에 1년 동안 진행하였던 12개의 기독교적 가치관 훈련의 핵심 개념을 참고삼아서 소개하고자 한다(〈표2〉 참조).

【 표 2 】 12개 기독교 가치관 훈련 핵심 개념

1월 이기를 넘어 이타로	이 세상 사람들 사고와 행동의 밑바탕에는 자기 자신만을 생각하는 이기심이 가득하다. 그러나 하나님은 지극히 이타적인 분으로서 자신을 낮추시고 우리를 위해 모든 것을 내어주신 분이시다. 그리스도인은 이기(利己)의 세상 가운데 하나님을 본받아 이타(利他)의 삶을 실천하는 사람들이다. • 상대방 입장에서 생각하기 　• 나의 지나친 욕심 줄이기 • 불쌍하고 약한 사람들 돕기 　• 부드럽고 친절하게 말하기
2월 부정을 넘어 긍정으로	사람들은 대체로 긍정적인 면보다 부정적인 면을 더 많이 보는 경향이 있다. 부정적인 면을 보고 살아가면 부정적인 인생, 긍정적인 면을 보고 살아가면 긍정적인 인생이 된다. 믿음은 곧 긍정이다. 사람과 사건과 사물을 바라볼 때 긍정적으로 바라보는 태도를 우리 삶에 꼭 지녀야 한다. • 매사에 좋은 점을 바라보기 　• 타인에게 긍정적인 반응하기 • 고난은 지나가리라 생각하기 　• 하나님의 선하심을 신뢰하기
3월 쾌락을 넘어 경건으로	세상은 육신의 정욕과 안목의 정욕과 이생의 자랑을 좇아 끊임없이 쾌락을 추구한다. 쾌락에 물든 삶은 죄를 불러오고 죄의 결국은 사망이다. 그러나 하나님은 진실로 우리를 살리기 위하여 경건한 삶을 명령하신다. 경건의 삶은 세상적 쾌락을 이기고 하나님 안에서 참된 즐거움을 누리게 한다. • 육신의 즐거움을 줄여보기 　• 애써서 고난의 삶 찾아가기 • 교회중심으로 내 삶을 살기 　• 묵상집을 따라 꼭 큐티하기
4월 율법을 넘어 은혜로	율법은 참 좋은 것이지만 모든 것을 법으로 다스리려고 하는 율법주의는 우리를 절망에 빠뜨린다. 율법대로 살아가기에 우리는 너무나 연약한 존재이다. 그래서 하나님은 은혜로 율법을 완성시켜 주셨고 누구든지 예수님을 믿기만 하면 구원을 얻게 해 주셨다. 이것이 가장 기쁜 소식, 복음이다. • 다른 사람을 정죄하지 않기 　• 강박증에 사로잡히지 않기 • 오늘 받은 은혜를 세어보기 　• 이웃에게 은혜 베풀며 살기

5월	세상은 받은 만큼 되갚아주고 싶어 하며 원수를 미워하여 반드시 심판하려고 한다. 하지만 우리가 믿는 하나님은 사랑의 하나님이시다. 하나님은 아무런 조건 없이 끝까지 우리를 사랑해 주셨다. 그리스도인은 사랑의 하나님을 본받아 하나님을 사랑하고, 이웃을 내 몸처럼 사랑하며 살아가야 한다.
미움을 넘어 사랑으로	• 칭찬과 격려의 말 많이 하기 • 잘못과 실수를 용서해 주기 • 가까운 사람 소중히 여기기 • 어려운 이웃에게 도움 주기
6월	세상은 서로의 차이를 인정하지 않고 자신과 다르면 틀렸다고 판단한다. 그래서 끼리끼리 편을 나누고 공동체를 분열시키고 만다. 하지만 하나님은 우리가 통일되고 하나 되는 것을 원하신다. 우리는 예수님을 머리로 하는 몸의 각 지체이다. 지체 의식을 가지고 화합하여 한 몸을 이루어야 한다.
분열을 넘어 일치로	• 서로가 다른 것을 인정하기 • 상대방에게 잘 공감해 주기 • 공동체를 내 몸처럼 아끼기 • 나라의 통일을 위해 기도하기
7월	사람들은 자신이 최고가 되어 하나님처럼 높아지려고 한다. 이렇게 자기를 높이는 교만한 마음이 우리를 죄와 사망의 길로 가게 만들었다. 그러나 예수님은 친히 낮은 곳으로 오셔서 대속물로 자신을 주실 만큼 우리를 섬겨주셨다. 우리도 예수님을 본받아 하나님과 이웃을 섬기며 살아야 한다.
교만을 넘어 섬김으로	• 높아지려는 욕심들 줄이기 • 힘이 있다고 갑질하지 않기 • 사회적인 약자들 잘 섬기기 • 교회의 봉사사역에 동참하기
8월	사람들은 순간적인 위기를 넘기고 자신의 욕심을 충족시키려고 거짓된 말과 행동들을 일삼는다. 그러나 거짓은 자기를 죽이고, 공동체를 망친다. 하나님은 공의로운 하나님이시기에 거짓을 용납하지 않으신다. 하나님 앞에 서 있는 단독자로서 하나님을 굳게 신뢰하며 정직하게 살아가야 한다.
거짓을 넘어 정직으로	• 습관적인 거짓말 하지 않기 • 다른 사람들 험담하지 않기 • 상대방과의 약속 잘 지키기 • 공공질서를 정직하게 지키기

9월 물질을 넘어 영성으로	세상은 많이 소유해야 잘 살 수 있다는 잘못된 가르침에 익숙하다. 이런 생각은 결국 돈이면 다 된다는 맘모니즘으로 치달아 사람들을 물질의 노예로 살아가게 만든다. 그러나 그리스도인은 물질을 뛰어넘는 영성을 지닌 존재로서 선한 청지기가 되어 맡겨주신 물질을 잘 다스리고 잘 사용해야 한다. • 물질로 사람 판단하지 않기 • 과소비와 과욕을 자제하기 • 나의 소유를 이웃과 나누기 • 정성을 다한 헌금 생활 하기
10월 경쟁을 넘어 상생으로	세상은 무한경쟁의 사회로서 다른 사람을 짓밟고 올라가야 성공한다는 생각이 가득하다. 그러나 지나친 경쟁은 결국 남도 죽이고 나도 죽는 결과를 초래한다. 예수님은 십자가를 통해 자신을 희생하심으로 오히려 우리에게 풍성한 생명을 허락해 주셨다. 혼자만 살지 말고 더불어 살아야 한다. • 경쟁에 뒤처진 자 끌어안기 • 상대방에게 먼저 양보하기 • 상대방이 발전하도록 돕기 • 전도하여 생명을 구원하기
11월 불평을 넘어 감사로	불평과 감사는 그 사람의 삶의 태도이다. 좋은 조건에서도 불평하는 사람이 있는가 하면 어려운 조건에서도 감사하는 사람이 있다. 우리가 감사할 때 하나님의 축복을 비로소 완성할 수 있다. 내 인생에 3불(불평 · 불만 · 불신)을 제거하고 감사로 대신 채우면 진정으로 행복한 삶을 살 수 있다. • 매일 감사 일기 작성하기 • 주어진 환경에서 감사하기 • 도움을 준 이에게 감사하기 • 주님께 구체적으로 감사하기
12월 현세를 넘어 천국으로	우리는 하나님으로부터 와서 하나님께로 돌아가는 나그네와 같다. 이 땅에서의 삶은 잠시 머물다가 지나갈 뿐이며 우리의 참된 본향은 하나님의 나라이다. 그러므로 그리스도인은 잠깐이면 곧 없어질 땅의 것들에 집착하지 말고 영원한 하늘의 것들을 바라보며 천국의 소망을 품고 살아가야 한다. • 경건하게 연말연시 보내기 • 지나치게 일희일비하지 않기 • 본향을 사모하며 견디어내기 • 길가는 나그네임을 기억하기

CHAPTER 03

다음 세대의 신앙이 위험하다

다음 세대의 중요성

성경에 나타난 다음 세대

신앙은 어느 시대에나 부모 세대에서 자녀 세대로 전승되어 왔고 그렇게 전승되어야 한다. 여기서 부모 세대를 잇는 자녀 세대를 '신앙의 다음 세대'라고 부른다. 그러니까 다음 세대는 신앙의 부모 세대가 바라보는 자녀 세대이다.

다음 세대를 신앙으로 잘 양육하는 일이 너무나 중요하여 모세는 이에 대해 여러 번 언급하였다. 먼저 구약성경의 수많은 구절 가운데서 가장 중요한 구절이라고 일컬어지는 신명기 6장의 말씀에서 모세는 이렇게 촉구하고 있다.

"이스라엘아 들으라 우리 하나님 여호와는 오직 유일한 여호와이
시니 너는 마음을 다하고 뜻을 다하고 힘을 다하여 네 하나님 여
호와를 사랑하라. 오늘 내가 네게 명하는 이 말씀을 너는 마음에
새기고 네 자녀에게 부지런히 가르치며 집에 앉았을 때에든지
길을 갈 때에든지 누워 있을 때에든지 일어날 때에든지 이 말씀
을 강론할 것이며 너는 또 그것을 네 손목에 매어 기호를 삼으며
네 미간에 붙여 표로 삼고 또 네 집 문설주와 바깥문에 기록할지
니라"(신 6:4-9).

이 구절을 가리켜 '쉐마 이스라엘'(이스라엘아 들으라)이라고 하
는데, 유대인들은 깨금발을 하고 있는 동안에 구약성경을 다 암송해
보라고 하면 이 구절을 암송할 정도로 이 말씀은 이스라엘의 다음 세
대 신앙 교육의 핵심을 이루고 있다. 이 구절의 핵심 정신은 부모가
먼저 마음을 다하고 뜻을 다하고 힘을 다하여 하나님을 사랑하고, 그
리고 이 신앙을 자녀에게 잘 물려주어야 한다는 신앙 정신이다.

그뿐만 아니라 모세는 자기 인생의 말년에 이스라엘 백성들에게
마지막 당부를 하면서 지어 불렀던 노래 가운데 이러한 말씀도 잊지
않았다. 신명기 32장에서 모세는 다음 세대의 신앙 양육에 대하여
이와 같이 말씀하고 있다.

"옛날을 기억하라. 역대의 연대를 생각하라. 네 아버지에게 물으라. 그가 네게 설명할 것이요 네 어른들에게 물으라. 그들이 네게 말하리로다"(신 32:7).

이 말씀에서도 모세는 역대의 연대, 즉 선조들이 어떻게 살아왔는지를 깊이 생각해야 하고 자녀들이 부모에게 질문하였을 때 부모는 여호와 신앙에 대하여 분명하게 교훈해야 함을 말씀한다. 이 모든 내용은 신앙은 결코 당대에 그쳐서는 안 되며, 오고 오는 세대에 계속해서 이어져야 함을 말씀하는 것이다.

그런데 너무나 안타깝게도 여호수아 시대가 다 지나고 동시대 사람들이 다 죽었을 때 그 이후 세대의 모습에 대하여 성경 사사기 2장은 이렇게 기록하고 있다.

"그 세대의 사람도 다 그 조상들에게로 돌아갔고 그 후에 일어난 다른 세대는 여호와를 알지 못하며 여호와께서 이스라엘을 위하여 행하신 일도 알지 못하였더라"(삿 2:10).

여기서 여호수아와 동시대 사람들의 그 이후 세대가 선조들의 신앙을 잘 물려받고, 그 가치를 잘 계승했더라면 분명히 '다음 세대'(next generation)라고 표현하였을 것이다. 그런데 그 이후 세대는 여호와 신앙을 버리고 우상을 섬기며 하나님께서 행하신 일도 알지 못하여 그만 '다른 세대'(another generation)가 되고 말았다. 이것은 참으로 뼈아픈 모습이 아닐 수 없다. 이렇게 다음 세대가 되지 못하고 다른 세대가 되고 말았을 때, 그때부터 이스라엘은 약 350년 동안 길고 긴 영적 암흑기에 접어드는데, 이 기간을 가리켜서 우리는 사사시대라고 부른다. 그러므로 우리의 다음 세대에게 바른 신앙 교육을 통하여 영적 유산을 물려주는 것은 너무나 중요한 문제가 아닐 수 없다.

신약시대 이후에도 신앙의 다음 세대는 교회의 유지와 부흥 성장에 있어서 매우 중요한 요소였다. 그래서 초대교회 때부터 교회는 신앙의 다음 세대들을 위한 교육과 양육에 많은 정성을 들여왔다. 이러한 분위기는 종교 개혁기를 거치면서 더욱 강화되었다. 우리가 잘 아는 웨스트민스터 소요리 문답은 사실 어린아이를 위한 교리교육의 일환으로 마련된 것이었다.

다음 세대를 위한 체계적인 신앙 교육은 주일학교(교회학교)를 탄생시켰고, 우리나라에서는 복음이 전해진 후에 여름성경학교와 수련회를 통하여 더욱 활발히 다음 세대의 양육을 도모하여 왔다. 이러한 다음 세대의 신앙 교육으로 말미암아 교회는 2천 년 동안 명맥을 유지할 수 있었고, 우리 한국교회 역시 선교 역사 100년 동안에 엄청난 부흥을 일구게 되었다. 이렇게 다음 세대 신앙 교육은 그야말로 교회와 기독교 신앙의 근간이 되는 일이다.

서구교회의 역사적 교훈

지난 2천 년 동안 찬란한 기독교 문화를 꽃피웠던 서구의 교회들은 20세기에 이르러 급격한 하락세를 나타내고 있다. 1, 2차 세계대전을 겪고 포스트모더니즘의 물결이 밀어닥치자, 썰물처럼 성도들이 교회를 빠져나가고 말았다. 성도들의 발길이 끊기자 문 닫는 교회도 많아졌고 예배당 건물을 유지비용을 마련하기 위해 세속적인 용도로 사용하기도 하였다.

네덜란드 아넴에 있는 성조지프교회는 한때 1천 명이 넘게 모여서 예배드리던 교회였고 도시의 구심점이었다. 그러나 지금은 스케이트보드 연습장이 되고 말았다. 유럽의 다른 나라도 정도의 차이만 있을 뿐 비슷한 모습을 보인다. 예전에는 교회였는데 지금은 슈퍼마켓, 꽃가게, 서점, 체육관으로 변모한 곳이 부지기수이다. 심지어 교회 건물이 매각되어 팔려나가서 술집으로 운영되는 곳도 많다. 참으로 상전벽해(桑田碧海)와 같은 일이 우리 눈앞에 펼쳐지는 것이다. 이런 모습을 지켜보는 우리로서는 참 참담한 심정을 금할 수가 없다.

그 융성했던 서구교회가 순식간에 이렇게 몰락의 길을 걷게 된 데는 아주 중요한 원인이 있었다. 그것은 다름 아니라 서구교회가 어느 순간부터 다음 세대의 신앙 교육을 소홀히 했기 때문이다. 그 결과 부모 세대와 자녀 세대 간에 신앙의 단절이 찾아왔고 순식간에 교회의 위기를 맞이하게 된 것이다.

더 심각한 한국교회의 고민

서구교회의 다음 세대 위기 상황을 지켜보는 한국교회의 마음도 불편하기는 마찬가지이다. 우리 한국교회는 서구교회의 전철을 밟지 않을 것이라고 장담했던 사람들도 있지만 신앙은 장담하는 것으로 지켜지는 것이 아니다. 당장 우리 눈앞에서도 위기에 처한 한국교회의 모습이 숱하게 펼쳐지고 있다. 이런 이유로 다음 세대에 대한 고민은 지난 10년 동안 한국교회의 각 교단에서 심각한 문제로 이슈가 되고 있다.

사실 어쩌면 한국교회의 다음 세대 위기는 서구교회보다 훨씬 더 염려되는 측면이 있다. 오늘날의 서구교회는 비록 교세가 약화되기는 하였지만 지난 2천 년의 세월을 이어오는 동안 복음이 교회에 전해지고 교회가 성도들을 변화시킨 후에는 그 복음이 사회로 흘러 들어가 철학, 문학, 예술, 윤리, 정치와 문화 속에 깊숙하게 뿌리내렸다. 그래서 서구사회를 둘러보면 어디를 가더라도 기독교 문화와 정신이 사람들 마음과 도시에 살아 있음을 느낄 수 있다. 그래서 그들은 단지 교회만 나가지 않을 뿐이지 자신은 그리스도인이라는 정체성을 어느 정도 가지고 있는 것이 사실이다. 사랑과 선행, 헌신과 봉사, 노블레스 오블리주 같은 기독교적인 가치관을 그들의 삶 속에서 실천하고 있으며, 이러한 정신이 지금도 그 사회를 지탱하고 있다.

그러나 한국교회의 경우는 서구교회의 경우와 다르다. 한국교회가 복음의 씨앗이 교회에 떨어져 성도들을 변화시키고 그 결과로 교회가 크게 부흥하기는 하였다. 하지만 이 복음이 사회 속으로 온전히 흘러 들어가지 못하였다. 이렇게 기독교 문화와 가치관이 사회 속에서 꽃피우지도 못한 상태에서 지금 교회가 그만 심각하게 약해져 가고 있는 것이다. 우리는 이 사실에 대하여 아주 큰 위기감을 가져야만 한다. 이제 이런 모습으로 한 세대 혹은 두 세대가 지나가고 난 이후에 다음 세대의 신앙은 과연 어떻게 될 것인가 하는 문제는 우리에게 여간 어려운 숙제가 아닐 수 없다.

위기에 직면한 다음 세대

인구 감소에 직면한 다음 세대

가파르게 성장하던 한국교회의 성장세가 주춤하고 하향곡선을 그리게 된 원인을 조사하다 보면 우리나라의 인구분포도와 비슷한 양상을 보인다는 점을 알 수 있다. 기미독립선언문을 보면 1919년 당시의 우리나라의 인구는 2천만 명으로 추산하고 있었다. 그로부터 100년이 지난 지금은 대한민국은 5천만 명이 넘고 북한도 2천5백만 명을 헤아리고 있다. 100년 동안 그 인구가 무려 4배 가까이 증가한 것이다. 이렇게 인구가 증가할 때 교회 역시 급성장을 이루었다. 특히 1960년대 이후 도시화가 이루어지면서 도시 인구는 급격히 늘어났고 교회도 그와 보조를 맞추어 크게 부흥하고 성장하였다. 그러던 한국교회에 인구 감소의 전조가 보이기 시작한 것은 1970년대에 정부 주도의 가족계획이 전국적으로 시행되면서부터였다고 할 수 있다.

그때는 몰랐지만 당시에 태어난 아이들이 1980년대에 초등학생이 되고, 1990년대에 사회에 발을 내딛자 인구분포도에 이상이 오고 있는 것을 감지하게 되었다. 그런 변화와 함께 남아선호사상도 줄고, 하나만 낳아서 잘 기르자는 말이 무슨 구호처럼 퍼져나갔다. 성인 둘이 결혼하여 자녀 하나를 낳는 분위기가 일반화되면서 자연히 우리 사회의 인구는 줄어들게 되었다. 그래서 지금은 아이들보다 어르신들의 숫자가 더 많은 고령화 사회에 접어들고 말았다. 이처럼 우리의 다음 세대는 자연스럽게 인구가 줄어드는 세대에 속해 있다. 교회는 과거 교인 수 성장 위주의 목회 방향에서 한걸음 비켜서서 인구 감소 시대를 대비해야 할 때를 맞이하게 된 것이다.

역사가 오래된 교회에서 발간한 기념사 책들을 보면 과거에 찍은 전교인 단체 사진을 볼 수 있다. 그 사진들은 하나같이 수많은 아이가 앞에 앉아 있고 그보다 숫자가 적은 어른들이 뒤에 서 있는 모습이다. 그야말로 교인들의 연령별 분포가 거의 피라미드형이었다는 것을 알 수 있다. 하지만 지금은 인구수의 감소로 인하여 어른은 많고 어린아이들은 적은 역피라미드형의 모습을 보이고 있다. 더 심각한 교회의 경우는 어르신들만 많고 어린아이는 급격히 줄어드는 T자형 구도를 그리기도 한다. 이처럼 한국교회는 지금 심각한 노령화 현상을 보이고 있다.

특별히 젊은 세대의 교회 이탈이 가속화되어 청년, 대학생을 대상으로 한 설문조사에 따르면 꾸준히 신앙생활을 하는 청년 기독교인의 비율이 채 3% 정도밖에 되지 않는다는 조사도 나오고 있는 실정이다. 청소년의 비율은 더 낮은 형편이다. 이와 같은 비율은 자연적 인구 감소에 따른 청소년 및 청년 세대의 감소일 뿐만 아니라 젊은 세대가 교회를 찾지 않는다는 것을 나타내고 있는 것이기 때문에 우리는 이 비율을 심각하게 받아들여야 한다. 그러므로 다음 세대 목회는 앞으로 교회의 체질 개선을 위해 필요한 과제이며, 교회의 존립과도 깊은 연관이 있는 문제로 접근해야 한다. 이 당면한 과제를 풀지 못할 경우 한국교회는 유럽교회가 이미 걷고 있는 길을 걸어갈 수밖에 없을 것이며, 기독교 신앙 존립 자체가 어려울 수도 있음을 반드시 기억해야 한다.

168 : 1에 직면한 다음 세대

인구 감소에 의한 자연적인 성장의 감소 외에 우리의 다음 세대가 감소하는 이유로 우리가 눈여겨보아야 할 대목이 있다. 그것은 다음 세대를 위한 신앙 교육의 시간이 절대적으로 부족하다는 것이다. 과거에는 교회가 그 지역의 지식과 정보의 중심지 역할을 감당하기도 하였고, 어린아이들조차도 주일예배, 성경 공부, 주일 오후 예배, 수요 예배까지 모여 교회가 신앙 교육의 역할을 톡톡히 하였으며 모든 삶이 교회 중심으로 진행되었다.

하지만 국민교육의 수준이 높아지면서 교회의 교육적인 역량을 학교와 사설교육기관에 대부분 다 빼앗기고 말았다. 그래서 교회는 오직 신앙 교육의 장소로만 자리매김하게 되었다. 게다가 우리나라의 높은 교육열은 교회교육 자체를 위협하는 양상으로 전개되었다. 이미 학원가에서는 주일 아침부터 교육 프로그램을 가동하고 있다. 아이들 입장에서는 교회에 가서 예배를 드려야 하는지, 아니면 학원에 가서 공부해야 하는지 선택해야 하는 상황에 맞닥뜨리게 된 것이다. 이런 혼란한 상황에서 부모들은 신앙 교육은 다음에 해도 된다며 뒷전으로 미루고 당장 공부할 것을 원하는 모습을 보여 왔다. 그래서 우리의 다음 세대들은 교회에서 예배드리는 주일예배 시간 1시간조차도 제대로 지키지 못하는 실정이 되고 말았다.

바로 이와 같은 현상을 반영하여 교회 교육에 대해서 '168:1의 원칙'이라는 말이 생겨났다. 하루 24시간을 1주일 동안 합치면 168시간이 된다. 그런데 거기서 우리 자녀들이 교회에 나와 신앙 교육을 받는 시간은 주일예배 1시간밖에 없다. 물론 이 1시간도 매우 중요하지만, 이 1시간이 나머지 167시간을 극복해 내기는 매우 어려운 실정이다. 심지어는 교회에 나와 앉아 있으면서도 그 1시간을 온전히 신앙 교육에 쏟지 못하는 형편이기도 하다. 그야말로 우리의 다음 세대는 168:1의 싸움에 직면한 상태에 있는 것이다.

그러므로 다음 세대 신앙 전승을 위해서는 무엇보다 가정과 부모 세대의 적극적인 협력이 필요하다. 가정에서 연속성 있는 신앙 교육과 거룩한 가치관 형성을 위한 노력을 통하여 1시간을 보충하고 강화할 수 있어야 한다. 결국 나머지 167시간을 잘 선용하는 것이야말로 자녀 세대의 신앙 교육을 강화하고, 거룩한 다음 세대로 양육받게 할 수 있는 것임을 기억해야 한다. 바로 이런 의미에서 신앙 교육의 주체는 부모이어야 하고, 신앙 교육의 장소는 가정이 되어야 하는 것이다.

진실로 신앙의 부모들은 옆집 아줌마의 말이나 맘카페의 대화에 휘둘려서는 안 된다. 부모 자신은 신앙생활을 하면서도 자녀 교육만큼은 세속적인 가치관의 지배를 받도록 방치해서도 안 된다. 자녀에게 공부를 잘 시킨 것이 자녀의 신앙 교육을 잘 시킨 것이라고 착각해서도 안 된다. 자녀들에게 하나님 나라에 대한 믿음과 영원성을 전해주기보다는 세상의 성공을 추구하며, 교회와 신앙을 덜 중요한 문제로 인식하게 만들어서는 안 된다. 그러나 실전에서 한국교회의 성도들이 신앙의 다음 세대인 자녀들에게 그런 선한 영향력을 잘 끼치지 못하고 있다. 이것은 참으로 안타까운 일이다. 지금이라도 168:1의 치열한 영적 전투를 펼치고 있는 우리의 다음 세대들에게 교회와 부모는 신앙의 든든한 지원군이 되어야 한다.

사회적 불안에 직면한 다음 세대

청소년기의 터널을 통과한 우리 다음 세대들이 청년 대학생이 되면 그들 앞에 확 트인 고속도로만 보이는 것이 아니다. 또다시 몇 개의 캄캄한 터널이 그들을 맞이한다. 그래서 오늘날 우리 사회의 청년들은 숱한 터널을 통과하는 중에 인생의 참된 빛을 보지 못하는 세대가 되어가고 있다.

대학 입시의 지옥과도 같은 관문을 벗어나면 곧바로 '대학 등록금'과 '취업'이라고 하는 문이 다음 세대들의 길을 막고 있다. 그들에게 청춘의 낭만을 꿈꾸는 것은 부르주아의 이상처럼 들릴 수 있다. 대학 등록금 마련을 위해서 방과 후에 아르바이트 자리를 알아보아야 하는 청춘이 너무나 많다. 학자금 대출도 만만치 않게 부담이 된다. 대학 졸업을 앞두면 취업에 대한 압박감이 굉장히 크다. 정부에서는 해마다 일자리를 늘리겠다고 하지만 정부의 약속이 제대로 지켜지지 않고 있다. 그 사이에 우리 청년들은 깊은 좌절을 경험하고 있다.

연애와 결혼, 출산을 포기한다는 '3포 세대'라는 말이 유행처럼 번졌다. 내 집 마련과 인간관계까지 포기한다는 '5포 세대'라는 말도 등장하였다. 여기에다가 꿈과 희망까지 포기한다는 '7포 세대'라는 말이 나올 정도로 우리의 가장 가까운 다음 세대인 청년들은 심한 아픔을 겪으면서 살고 있다. 이렇게 우리의 다음 세대들이 하나씩 포기하면 그것은 또 저출산과 인구 감소, 그리고 노령화 사회라는 심각한 위기로 이어질 수밖에 없다. 그야말로 심각한 악순환이 반복되는 것이다. 이렇게 우리의 다음 세대는 다양한 사회적인 불안 요소에 직면해 있다.

건강한 다음 세대 세우기

다음 세대 사역의 주안점

전술한 바와 같이 우리의 다음 세대는 인구 감소, 168:1의 한계, 사회적인 불안 요소로 인하여 영적으로 심각한 타격을 입고 있다. 그들을 건강하게 회복시켜 영적으로 양육해야 할 책임이 이 시대의 한국교회에 있다. 한국교회의 위기는 우리의 미래 세대인 어린이, 청소년, 청년들이 교회에 남아있지 않게 되는 데서부터 시작된다. 그러므로 지금은 다음 세대를 위한 교육과 투자가 진지하게 고민되어야 할 때이다. 이러한 때에 지나온 우리 모습을 돌아보고, 우리의 잘못된 점을 반성하는 것이 절실히 필요하다. 그래서 다시 한번 하나님 말씀과 진리 앞에서 현재 우리의 모습을 냉정히 평가해 보고, 다음 세대의 생명을 살리기 위한 헌신적인 노력을 기울여야 할 때다.

이미 통합 측 교단은 지난 2010년에 제95회 총회의 주제를 "다음 세대와 함께 가는 교회"로 설정하고, 교단 표어를 "한국교회의 미래, 자녀들의 신앙 교육으로!"라고 정한 바가 있다. 이에 맞춰 한 해 동안 연구하고 실천한 일도 많았다. 하지만 다음 세대를 키워내는 것은 한 해의 구호로 완성될 수는 없는 것이다. 긴 안목을 가지고 끈기 있게 접근해야 한다. 다음 세대의 신앙 양육을 한 부서의 행사 정도로만 여기지 말고 전교회적인 차원에서 고민하고 방안을 마련해 가야 한다. 오히려 아예 다음 세대 양육이 모든 목회의 주안점이 되도록 해야 한다. 교회는 지금의 세대에서 다음의 세대로 이어지는 신앙의 공동체이기 때문이다.

그러므로 '정말 예수님을 잘 믿는 세대'를 일으키는 것을 다음 세대 목회의 주안점으로 삼아서 단순한 인생의 성공이 아니라 신앙과 믿음의 성공을 바라고 살아가게 만드는 '거룩한 세대 순환'(Holy Generation Circulation)을 불러일으키는 것이 다음 세대 양육의 주안점이라 할 수 있다. 만약 지금 다음 세대를 일으키지 못한다면 한국교회의 미래는 오지 않을 수도 있다.

다음 세대 양육의 핵심

거듭 말하지만 다음 세대를 위한 양육은 단순하게 교회학교에만 국한되는 문제가 아니다. 전 연령층이 동참하는 통합적인 양육이 이루어져야 비로소 가능하다. 교회 내에서는 노년부-장년부-청년부-

청소년부-아동부-미취학아동부로 이어지는 전 연령의 양육 시스템이 함께 이루어져야 한다. 사실 신앙의 대를 이어가는 일에 있어서 가장 중요한 것은 자녀들이 부모의 신앙을 직접 몸으로 체험할 수 있게 해 주는 것이다. 자녀들은 자기 부모가 어떻게 예배드리고 기도하고 찬송하는지 곁에서 보면서 배울 수밖에 없다. 그런데 우리의 현실은 자녀들과 항상 따로 떨어져 예배를 드리기 때문에 신앙의 대를 이어주는 일이 쉽지 않다. 부모의 신앙을 자녀에게 본으로 보여주고 자녀들이 자연스럽게 보고 배울 수 있어야 한다.

그러므로 우리의 다음 세대인 자녀들이 일상에서도 신앙을 붙잡을 수 있도록 교회와 가정이 연계되어 있어야 한다. 특히 가정에서 드리는 가정예배를 강화할 수 있도록 교회가 도와주어야 하고, 매일 묵상을 할 수 있도록 훈련하고 챙겨주어야 한다. 이렇게 교회-가정이 함께 손을 맞잡고 우리의 다음 세대들의 신앙을 돌봐주어야 하는 것이 필수적이다.

교회는 하나님의 백성들을 양육할 책임이 있다. 사람이 태어나서 오랜 시간 동안 부모의 양육을 받으면서 성장하듯 성도들도 교회의 가르침과 상담과 돌봄을 통하여 성장해 간다. 교회는 교인의 상처를 치유하는 병원의 역할도 해야 하고, 성도들을 맡아 자라나게 하는 탁아소의 역할도 해야 하고, 하나님 나라의 훈련된 자들로 만들어가는 훈련소의 역할도 감당해야 한다. 교회는 종교 개혁자들이 외친 것처럼 성도의 어머니와 같다.

다음 세대 양육의 핵심은 청년세대로부터 일어나는 새가족 구성의 생애 주기적 순환뿐만 아니라 현재의 부모 세대들이 영적 각성을 일으켜 신앙의 모범운동을 이루어내고, 이러한 롤 모델(role model)을 따라 상호적 학습 성장을 이뤄내는 것이라 할 수 있다. 부모 세대의 신앙 교육과 건강한 사고의 전환 없이는 또 다른 영적 단절만을 맞이할 뿐임을 분명히 기억하며, 모든 세대의 신앙 갱신 운동으로써 다음 세대의 양육이 이루어져야 할 것이다.

다음 세대를 위한 성경153올람 운동

모세의 뒤를 이어 여호수아가 이스라엘 백성의 지도자가 되었고, 그의 인도를 따라 이스라엘 백성은 요단강을 건너 가나안 땅을 정복해 나갔다. 먼저 주요 거점을 정복한 여호수아는 지파별로 땅을 나누어주었으며, 계속해서 지파별로 땅을 정복해 나가도록 독려하였다.

이런 중에 시간은 흐르고 흘러 마침내 여호수아도 세상을 떠날 때가 가까워졌다. 그래서 여호수아는 백성을 세겜에 불러 모으고 계약갱신을 도모하였다. 먼저 하나님께서 여기까지 인도해 주심을 상기시키며 "그러므로 이제는 여호와를 경외하며 온전함과 진실함으로 그를 섬기라. 너희의 조상들이 강 저쪽과 애굽에서 섬기던 신들을 치워 버리고 여호와만 섬기라"(수 24:14)고 촉구하였다. 이어서 여호수아는 이스라엘 백성들을 향하여 이렇게 결단을 촉구하였다.

> "만일 여호와를 섬기는 것이 너희에게 좋지 않게 보이거든 너희 조상들이 강 저쪽에서 섬기던 신들이든지 또는 너희가 거주하는 땅에 있는 아모리 족속의 신들이든지 너희가 섬길 자를 오늘 택하라. 오직 나와 내 집은 여호와를 섬기겠노라"(수 24:15).

이것은 이스라엘이 하나님과 맺은 계약을 새롭게 하고, 계약갱신을 통하여 이스라엘의 신앙을 새롭게 하기 위함이었다. 이러한 계약갱신 촉구에 대하여 이스라엘 백성은 결단코 여호와를 버리고 다른 신들을 섬기지 않을 것이며, 오직 우리 여호와 하나님만 섬길 것이라고 결단하였다.

그러나 참 안타깝게도 여호수아와 그 세대의 사람들이 다 죽고 나자 이스라엘은 급격히 하나님을 버리고 우상을 섬기며 악을 행하고 말았다. 바로 이 모습에 대하여 사사기 2장 10절은 "그 세대의 사람도 다 그 조상들에게로 돌아갔고 그 후에 일어난 다른 세대는 여호와를 알지 못하며 여호와께서 이스라엘을 위하여 행하신 일도 알지 못하였더라"(삿 2:10)라고 기록하고 있다. 이것은 참으로 안타까운 모습이 아닐 수 없다. 이 구절은 참 안타깝게도 여호수아 이후의 세대가 '다음 세대'(next generation)가 되지 못하고 '다른 세대'(another generation)가 되고 말았음을 알려준다.

이렇게 여호수아 이후의 세대가 다음 세대가 되지 못하고 다른 세대가 되고 말았을 때 그 뒤에 찾아온 역사가 바로 이스라엘의 최대 암흑기 사사시대이다. 이 시대는 350년 동안 이어졌으며 이스라엘 역사 전체를 통틀어 최대의 암흑기였다. 결국 사사시대의 암흑기는 여호수아 이후의 세대가 다음 세대가 되지 못하고 다른 세대가 되어버린 결과였다. 이 이야기는 오늘날 우리에게 다음 세대를 신앙으로 길러내는 것이 얼마나 중요한지를 깊이 일깨워준다.

결국 우리에게 신앙의 다음 세대에 관한 문제는 우리 기독교 신앙의 '본질'이 무엇이냐는 질문을 던지고 있다. 본질의 말뜻은 실존주의의 개념을 빌려 표현하자면 "그것으로 하여금 그것 되게 하는 것이 그것의 본질"이라고 할 수 있다. 교회로 하여금 교회 되게 하는 것이 교회의 본질이다. 그리스도인으로 하여금 그리스도인 되게 하는 것이 그리스도인의 본질이다. 어쩌면 오늘날 한국교회의 현실은 본질을 잃어버린 결과라고 감히 진단할 수 있다. 미래 세대가 불투명하고 다음 세대의 신앙이 심히 염려되는 것은 우리 모두가 본질을 잃어버렸기 때문인 것이다.

이제 우리는 본질을 회복하고, 다음 세대를 위해 새로운 마음가짐을 가져야 할 때다. 이렇게 우리의 본질을 찾아가는 신앙 운동이 바로 〈성경153올람〉 운동이다. 하나님께서 우리에게 보여주신 '옛적 길'을 찾아가는 운동이다. 교회로 하여금 교회 되게 하고 성도로 하여금 성도 되게 하는 운동이다. 이렇게 우리가 〈성경153올람〉 운동으로 교회의 본질을 회복하고 우리의 다음 세대에게 그리스도인의 본질을 회복하게 한다면 한국교회는 반드시 교회의 잃어버린 영광을 회복할 수 있으리라 확신한다.

CHAPTER 04

하나님의 새 일,
올람운동이 답이다

필자는 2013년 안식년을 가지는 중에 하와이 코나 열방대학에서 진행하는 '목회자 부부 세미나'에 참석한 적이 있었다. 2주간 진행된 세미나를 통해 필자는 목회의 새 지평이 열리는 큰 은혜를 경험하였다. 특별히 세 분의 강사들이 각각의 주제를 가지고 열강을 해 주셨는데, 그중에 세 번째 강사였던 크레이그 힐 목사님의 강의는 '축복'에 대해 아주 깊은 통찰을 갖게 해 주었다.

그분의 강의 중에 예레미야 6장 16절에 대한 언급이 있었고, 이 구절 가운데 있는 '올람'이란 히브리어 단어를 필자는 처음으로 접하게 되었다. 이 구절에 나오는 '올람'은 '옛적 길'이란 뜻이며, 영원한 것, 시조 이전의 것, 하나님의 본래 것으로부터 온 것, 즉 하나님께서 영원 전부터 프로그램해 놓으신 것을 뜻하는 단어라는 설명을 들었다.

바로 이 설명을 들었을 때 필자는 이 개념이 참 중요하다는 것을 직관적으로 느낄 수가 있었고, 평소에 성경의 큰 흐름을 익히기를 좋아하였던 필자에게 이 단어는 큰 영감을 주었다. 그뿐만 아니라 이 '올람'의 개념은 필자가 참 좋아하는 '하나님의 원래 계획'이란 개념과도 깊이 통할 수 있는 개념이어서 오랫동안 마음속에 깊이 간직하여 왔다. 그러던 중에 금번에 성경의 가치관을 익히고 그 가치관대로 살며, 가정예배를 통하여 다음 세대를 신앙으로 양육하자는 〈성경153올람〉 운동을 전개하면서 이 운동의 핵심 타이틀로 바로 이 '올람'이란 단어를 사용하게 되었다.

올람의 의미

〈성경153올람〉 운동을 진행하면서 가장 중요한 개념이자 핵심 타이틀은 바로 '올람'(צלום)이다. 이 단어는 본래 예레미야 6장 16절에 나와 있는 히브리어 단어이다.

> "여호와께서 이와 같이 말씀하시되 너희는 길에 서서 보며 옛적 길 곧 선한 길이 어디인지 알아보고 그리로 가라. 너희 심령이 평강을 얻으리라"(렘 6:16a).

이 구절 가운데 '옛적 길'로 번역된 단어의 히브리어가 바로 '올람'이다. 이 '올람', '옛적 길'은 하나님께서 창조 때부터 정해 놓으신 길이며, 우리 인간이 걸어가야 할 본래적인 길이라 할 수 있다. 이 길은 곧 '선한 길'이며, 이 길을 걸어갈 때 우리가 '평강'을 얻게 된다고 말씀하고 있다.

19세기 이후 급속도로 발전한 과학기술과 함께 포스트모더니즘을 비롯한 여러 세상적 가치관은 오늘날 기독교를 크게 위협하고 있다. 지금 우리는 기독교적 진리를 절대적 가치로 믿고 받아들이고 있지만 요즘 밀려드는 여러 거센 도전들은 기독교적 가치관을 상대적 가치로 몰락시키고 있다. 오늘날 이 시대를 살아가는 우리 그리스도인과 교회의 최대 사명은 세상의 여러 가치관을 극복해 내고 절대적 기독교 가치관을 온전히 지켜내는 것이다.

우리가 반드시 기억해야 하는 것은 2,000여 년이 흘러오는 동안에 교회는 수도 없이 공격에 휩싸였고, 그럴 때마다 변질된 것을 극복하고 회복하는 역사를 반복해 왔다는 것이다. 이러한 모습은 이미 성경에서도 나타나고 있는데 바울은 골로새교회에 보내는 편지에서 이렇게 말씀하고 있다.

"너희가 서로 거짓말을 하지 말라. 옛사람과 그 행위를 벗어 버리고 새 사람을 입었으니 이는 자기를 창조하신 이의 형상을 따라 지식에까지 새롭게 하심을 입은 자니라"(골 3:9~10).

이 말씀은 우리가 새 사람이 되는 것은 옛사람과 그 행위 위에 새로운 것을 덧씌우는 것이 아니라 옛사람과 그 행위를 모두 벗어버리고 완전히 새롭게 되어야 한다는 것을 알려준다. 우리가 새롭게 되는 것은 겉으로 드러난 행동 몇 개를 고치는 것이 아니라 우리의 존재 자체가 새로워져야 한다는 것이다. 그 나무에 그 열매가 열리는 것처럼 이것은 뿌리에 관한 문제이며, 우리의 근본이 완전히 달라져야 한다. 바로 이런 의미에서 〈성경153올람〉 운동은 이 시대 하나님께서 우리에게 바라시는 하나님의 '새 일'이라 할 수 있다.

그러므로 예레미야 6장 16절에서 말씀하시는 올람, 옛적 길은 변질된 가치관과 생각들, 잘못 새겨진 신앙의 모습을 완전히 벗어 버리고 새롭게 걸어가야 할 가장 본질적인 길이다. 그 길은 바로 우리를 창조하신 하나님의 형상을 회복하는 길이며, 우리가 평생에 걸어가야 할 길이며, 이를 통하여 비로소 우리는 평강을 얻게 되고, 마침내 영원에 이르게 되는 참으로 복된 길인 것이다.

하나님의 원래 계획

필자는 '하나님의 원래 계획'(Original Design)이란 표현을 참 좋아한다. 이 말은 지금 여기에서 우리가 그리스도인으로서 어떤 삶을 살아야 할지 잘 알려주고 있다. 우리는 우연히 만들어진 존재가 아니라 하나님의 창조로 인하여 이 세상에 존재하게 되었다. 그러므로 우리는 하나님께로부터 왔고, 하나님의 형상(Image of God)을 지니고 살아가는 존재이다. 그리고 창조주 하나님은 또한 섭리주 하나님이 되셔서 지금도 우리를 섭리하시며 오직 당신의 계획에 따라 우리를 이끌어 가고 계신다. 바로 이 사실은 우리 존재의 근본에 관한 가장 중요한 내용이며, 우리 믿음의 뿌리라고 할 수 있다. 바로 이런 의미에서 우리는 하나님의 원래 계획을 분명히 깨달아 알아야 하며, 우리의 삶은 오직 하나님의 원래 계획을 따라 살아가야만 하는 것이다.

하나님은 자신의 형상을 따라 우리를 창조하시며 분명한 목적을 가지고 계셨는데, 바로 이 목적을 일컬어 '하나님의 원래 계획 (Original Design)'이라 부르는 것이다. 창세기 1장에서 하나님은 당신의 목적에 따라 아담과 하와를 창조하시고 하나님과 교제하는 복을 더하여 주셨다. 이렇게 하나님과 교제하며 하나님과 친밀감을 누리며 살아가는 것이 우리 신앙생활의 핵심이다. 그래서 이와 같이 하나님과의 깊은 친밀감 속에서 참 행복을 누리면서, 하나님을 사랑하고 이웃을 사랑하며 살아가는 것이 우리를 향하신 하나님의 원래 계획이다.

하지만 인간은 뱀의 유혹에 빠져 범죄하여 타락하였다. 이로써 하나님과의 관계는 완전히 단절되어 인간은 비참한 상태에 빠지고 말았다. 이런 인간을 하나님은 끝까지 사랑해 주셔서 예수님을 통하여 구원의 은총을 허락해 주셨다. 이제 우리에게는 오직 예수님을 믿음으로 말미암아 구원받을 수 있는 길이 활짝 열리게 된 것이다. 따라서 예수님은 하나님의 원래 계획을 우리에게 회복해 주셨고, 우리는 예수님을 통하여 하나님께 나아갈 수 있는 존재가 되었다. 그래서 우리 구주 예수님을 우리가 잘 믿고, 창세 전부터 하나님께서 열어 놓으신 올람, 옛적 길을 온전히 걸어갈 때 우리는 가장 아름답고 가장 행복한 삶을 살아갈 수 있게 되는 것이다.

선한 길, 평강의 길

〈성경153올람〉 운동은 결국 하나님의 원래 계획을 회복하여 처음 계획하신 '올람', 옛적 길을 따라 우리 하나님과 동행하도록 하는 데 있다. 지금 우리가 어떤 길을 걸어가고 있는지 깨닫게 해주고 내 인생의 좌표를 수정하게 하여서 다시금 그 옛적 길로 돌아가게 만드는 운동이 〈성경153올람〉 운동이다.

이렇게 〈성경153올람〉 운동을 통하여 옛적 길을 회복할 때 우리의 삶은 하나님의 놀라운 은총을 경험할 수 있게 된다. 예레미야 6장 16절은 우리가 걸어가는 '올람', 옛적 길은 '선한 길'이라고 말씀하시고, '평강을 얻는 길'이라고 말씀하고 있다. 옛적 길은 하나님의 원래 계획이며, 믿음의 조상들이 걸어온 길이다. 바로 그 길이 선한 길이며, 좋은 것으로 향하는 길이라는 것이다. 이 말을 보다 쉽게 표현하자면 옛적 길은 선한 길이며, 선한 길은 곧 우리가 행복에 이르는 길, 축복에 이르는 길이라는 뜻이다. 그래서 이렇게 우리가 하나님이 원하시는 옛적 길을 걸어갈 때 진정으로 마음에 평강을 얻게 되는 것이다.

우리 인생을 여러 가지로 설명할 수 있겠지만, 각자가 자신이 정한 길을 걸어가는 것이라고 말할 수 있다. 어떤 사람은 이 길을 걸어가고 어떤 사람은 저 길을 걸어간다. 출발선상에서는 그 길이 별반 다를 바가 없다고 하지만, 나중에는 엄청난 차이가 나게 되는 것이다. 우리가 걸어가야 할 인생길에 대하여 시편 1편에서는 참 아름다운 교훈을 전해주고 있다.

"복 있는 사람은 악인들의 꾀를 따르지 아니하며 죄인들의 길에 서지 아니하며 오만한 자들의 자리에 앉지 아니하고 오직 여호와의 율법을 즐거워하여 그의 율법을 주야로 묵상하는도다. 그는 시냇가에 심은 나무가 철을 따라 열매를 맺으며 그 잎사귀가 마르지 아니함 같으니 그가 하는 모든 일이 다 형통하리로다"(시 1:1~3).

이 말씀은 인생의 여러 길 가운데 죄인의 길을 걸어가지 아니하고 의인의 길을 걸어가는 것에 대해 촉구하고 있다. 죄인의 길을 걸어가지 아니하고 의인의 길을 걸어갈 때 결국은 시냇가에 심은 나무가 되어서 철을 따라 열매를 맺으며 그 잎사귀가 마르지 아니함 같게 되고, 결국은 그가 하는 모든 일이 다 형통하게 될 것이라고 말씀한다. 이 말씀은 올람, 옛적 길을 우리가 걸어갈 때에 그 길은 곧 선한 길이며, 결국에는 평강을 얻게 된다는 사실을 잘 설명해 주고 있다.

성경153올람 운동

오늘날 사람들은 잘못된 가치관에 현혹되어서 '올람', 옛적 길, 선한 길을 걸어가지 않으려고 한다. 〈성경153올람〉 운동은 심혈을 기울여 선정한 성경의 153개 주제를 깊이 살펴봄으로써 '올람', 옛적 길을 보여주고 깨닫게 해주어서 우리 모두가 함께 선한 길, 평강의 길을 걸어가자는 운동이다.

〈성경153올람〉 운동은 포스트모더니즘과 여러 세속적 가치관에 의해 무너진 하나님의 나라를 회복하기 위한 운동이다. 이는 이 땅을 살아가는 세대를 넘어 우리의 다음 세대까지 이어져야 한다. 성경을 중심으로 기독교적 가치관을 회복하여 진정으로 우리가 살고, 우리의 다음 세대까지 참 생명의 삶을 살아갈 수 있도록 해야 하는 것이다.

지금도 하나님께서는 옛 모습과 그 행위를 벗어던지고 새로운 길을 걸어가도록 우리에게 요청하고 계신다. 우리는 세속적 가치관을 벗어버리고 기독교적 가치관으로 무장하여 새 시대를 살아가야 한다. 이를 위해 교회는 열심을 다해 하나님 말씀을 중심으로 기독교적 가치관을 가르치고, 성도들은 가정예배를 통하여 자녀에게 하나님 나라를 반드시 전해주어야 한다. 이 길만이 생명의 길이며 영원으로 나아가는 길이며 우리 가정을 살리고 다음 세대를 하나님의 세대로 자라나게 하는 유일한 길이다.

PART 02

성경153올람 운동,
이렇게 진행하라

CHAPTER 01

성경153올람,
이렇게 시작하라

〈성경153올람〉 운동은 한마디로 기독교 가치관을 체득하여 이 가치관을 따라 살아가게 만드는 훈련이다. 그리고 이것을 가정예배로 한 번 더 학습하여 우리의 다음 세대를 신앙으로 양육하는 운동이다. 그러므로 이 운동은 두 개의 기둥으로 떠받쳐지는 운동인데 하나는 통합 세대를 기독교 가치관으로 훈련하는 것이며, 또 하나는 다음 세대를 가정예배로 양육하는 것이다.

기독교 가치관의 원천은 다름 아닌 성경이므로 성경 전체를 아우르는 가장 핵심 된 153개의 본문을 선정하고, 이를 기독교적 가치관으로 구체화하는 것이 가장 먼저 진행되어야 할 선행 작업이다. 이렇게 153개의 본문을 정하였기 때문에 이 훈련은 3년 과정으로 진행된다. 그리하여 3년 동안 성경 전체를 구체적으로 살펴보게 되

고, 이렇게 성경 전체를 아우르며 기독교의 핵심 가치관을 습득하게
되는 것이다.

3년간의 가치관 훈련은 교회와 가정을 두 축으로 하여 진행하게
된다. 주일예배뿐만 아니라 교회학교까지 동일한 주제로 매 주일 말
씀을 선포하여 가치관 훈련을 하고, 이 내용을 가지고 주중에 가정
예배를 드리는 것이다.

교회에서의 진행

▶ 말씀 선포

우리 가치관의 원천은 성경이다. 그래서 성경의 153개 주제를 순
차적으로 주일 설교를 통해 선포하며, 이를 통해 기독교 가치관을
훈련한다. 또한 설교 영상을 주중에도 쉽게 확인할 수 있도록 교회
홈페이지와 유튜브에 올리고, 이를 통해 성도들이 주중에도 말씀을
되새길 수 있도록 한다. 교회학교 역시 장년들과 동일한 본문 말씀
을 통해 공과 공부까지 진행하여 가치관 훈련을 실행한다.

▶ 교회 주보 활용

매 주일의 설교를 보다 깊이 있게 이해하고 잘 습득할 수 있도록
그 주일의 설교를 요약하여 주보에 싣는 것이 좋다. 설교가 본문 주

변의 상황을 아우르며 선포되기 때문에 성경의 큰 흐름을 따라 영적 진리를 체득할 수 있게 된다. 성도들이 예배 전에 미리 설교 요약을 읽으며 말씀의 내용을 살펴보고 말씀의 주제를 먼저 확인하게 되면 설교에 대한 이해가 더욱 풍성할 수 있다. 또한 교회 홈페이지에도 설교 요약을 게시하여 성도들이 수시로 말씀을 살펴볼 수 있도록 돕는다. 이를 통해 먼 거리에 있는 성도나 영상으로 예배드리는 성도, 그리고 당장 주보를 확인하지 못하는 성도들도 교회 홈페이지를 통해 미리 내용을 살펴보고 가치관 훈련을 위한 설교에 더욱 집중하도록 할 수 있다.

▶ 올람편지 발송

이미 선포된 설교 메시지를 가지고 가정예배를 드린 후에는 핵심 메시지를 이미지(그림파일)로 제작하여 금요일 오전 10시에 전교인에게 제공한다. 이때 성도들은 올람편지를 카톡이나 문자 등과 같은 SNS를 통해 흩어져 살아가는 모든 가족, 일가친척, 수많은 지인에게 전파한다. 이를 통해 설교 말씀 선포와 가정예배로 익힌 가치관을 최종적으로 요약하여 마음에 새기도록 하고, 이것을 이웃에게 전도용으로 사용할 수도 있다. 올람편지는 구미교회가 개설한 '성경153올람' 카톡 채널에 매 주일 등재하고, 교회 내적으로는 구역의 카톡 망과 교회학교 각 부서의 카톡 망을 통해 매주 전교인에게 전파한다.

가정에서의 진행

▶ 가정예배문

가정예배문은 지난 주간에 선포된 말씀과 주제를 따라 작성한다. 이는 지난 주간에 선포된 말씀을 이번 주간에 가정에서 다시 한번 가치관 훈련을 하도록 하자는 취지이다. 교회는 매 주일 주보 삽지를 통해서 가정예배문을 전교인에게 배포한다. 또한 교회 홈페이지에도 매 주일 업로드 하여 어디서든지 가정예배문을 스마트폰이나 PC 등을 통해 다운 받아서 가정예배를 드릴 수 있게 한다.

▶ 가정예배 드리기

가정예배문은 ① 함께 찬양하기 ② 함께 본문 읽기 ③ 함께 생각하기 ④ 함께 관찰하기 ⑤ 함께 나눠보기 ⑥ 함께 기도하기 ⑦ 함께 축복하기의 7개 항목으로 되어 있다. 이것은 귀납적 성경 공부의 핵심인 관찰-해석-적용을 확장해 놓은 것이다. 그리고 가정예배문은 풀텍스트(full-text)로 작성되어 있어서 가정예배문의 진행을 따라가기만 하면 누구나 쉽게 가정예배를 드릴 수 있다.

여기서 중요한 것은 가정예배를 드리고 싶을 때 아무 때나 드리는 것이 아니라 온 가족이 함께 특별한 요일과 시간을 정해 놓는 것이 중요하다. 왜냐하면 이렇게 시간과 장소를 정해 놓고 가정예배를 드리는 것 자체가 분명한 신앙의 결단이 이루어지기 때문이다.

가족이 멀리 떨어져 있는 경우에도 가정예배를 드릴 수 있다. 먼 거리에 있는 가족에게 가정예배문을 주중에 미리 보내고, 줌이나 영상통화를 통해 함께할 수 있다. 만일 이것조차도 여의치 않다면 약속한 시간에 함께 가정예배문을 읽는 것으로 동참할 수 있다. 그래서 어떡하든지 모든 가족이 함께 가정예배를 드릴 수 있도록 하는 것이 중요하고, 가정예배는 흉내만 내어도 복을 받는다는 사실을 분명하게 알려주어야 한다.

▶ 가정예배문 바인더 활용

가정예배를 드린 후에는 그날 가정예배에 사용한 가정예배문을 바인더에 반드시 보관하도록 한다. 왜냐하면 이 가정예배문이 그 가정의 신앙 역사 자료가 되기 때문이다. 또한 지난 가정예배문에 기록한 가족들의 기도 제목을 가정예배 중에 한 번 돌아보면서 자기 가정의 기도 제목에 응답해 주신 하나님의 은혜와 섭리를 확인하고, 온 가족이 하나님의 살아계심을 경험하는 놀라운 영적체험을 하게 된다. 나아가 가정예배문 바인더를 잘 보관하여 후손에 물려주면 이것은 그 가문의 훌륭한 영적 유산이 되고 신앙 계승의 중요한 자료가 될 수 있다.

기대하는 바

기독교적 가치관 체득

교회와 가정을 통해서 한 주제를 가지고 2주 동안 기독교적 가치관을 훈련하게 됨으로써 더욱 깊이 있는 가치관 훈련이 이루어질 수 있다. 교회에서 설교 말씀을 듣고, 한 주간 그 말씀을 삶의 자리에서 묵상하고 실천한다. 그리고 1주 후 가정예배를 통해 다시 한번 기독교적 가치관을 학습한다. 특별히 가정예배를 통해 가정과 삶 속에서의 구체적이고 실천적인 내용을 나누고 훈련함으로써 성경의 정신을 몸과 마음에 체득하게 된다. 이렇게 교회와 가정이 연계된 2주간의 훈련을 통해 성도들은 해당 주제에 대해 충분히 기독교적 가치관을 훈련하게 되는 것이다.

다음 세대로의 신앙 계승

가정예배를 통하여 자연스럽게 가정 안에서 자녀들에게 신앙이 계승될 수 있다. 단순히 말씀을 읽고 기도하고 찬양하며 예배드리는 습관만을 배우고 훈련하는 것이 아니라, 부모가 가진 신앙과 기독교 가치관도 계승하게 될 것이다. 또한 가정예배 안에서 하나님의 살아 계심과 역사하심을 확인하게 될 때 그 가정은 놀라운 신앙의 유산을 이어가게 될 것이다.

행복한 가정으로의 변화

〈성경153올람〉 가정예배문을 따라 가정예배를 진행하면서 자연스럽게 성경의 지식을 습득하고 말씀의 의미를 이해하게 된다. 이 과정에서 가족들은 서로의 생각과 경험을 나누게 됨으로써 아름다운 가치관을 공유할 수 있게 된다.

이렇게 가정예배를 드릴 때 우리는 영적인 유익은 물론 행복한 가정을 이룰 수 있는 수많은 유익까지 함께 얻을 수 있다. 가정예배를 드리면서 그동안 단절되었던 가족 간의 대화가 회복되고, 이를 통해 서로의 생각과 고민을 나누면서 가족 간의 무한한 친밀감이 생겨나는 것이다. 온 가족이 서로 친밀감을 느끼며 살아가는 것은 행복한 가정을 일구는 가장 중요한 첩경이다.

성경153올람 운동의 진행 예시

【 표 3 】 일정표

주 일	월	화	수	목	금	토
말씀 선포					올람 편지 발송	
가정예배문 삽지			가정예배			

【 표 4 】〈성경153올람〉 운동 진행도

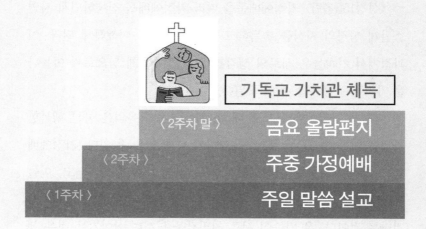

	기독교 가치관 체득
〈 2주차 말 〉	금요 올람편지
〈 2주차 〉	주중 가정예배
〈 1주차 〉	주일 말씀 설교

CHAPTER 02

성경의 핵심
153주제를 아는가?

가치관의 원천인 성경

〈성경153올람〉 운동은 성경을 익히고, 성경의 가치관을 체득하여 그 가치관대로 살아가는 운동이다. 가치관이란 인간이 삶이나 어떤 대상에 대해서 무엇이 좋고 무엇이 옳고 무엇이 바람직한지를 판단하여 그것을 추구하는 세계관이다. 그래서 가치관은 한 사람의 삶을 결정하는 핵심 변수라 할 수 있다. 가치관은 자신을 비롯하여 자신이 속한 세계를 평가하는 근본적인 기준이자 태도이며 도덕적 판단의 기준이 되고 올바른 삶을 살아가는 척도가 된다. 결국 인생이란 그 사람이 지닌 가치관에 달려 있다고 해도 과언이 아니다. 사람은 자기 가치관대로 살아가는 것이다.

그리스도인 가치관의 원천은 다름 아닌 바로 성경이다. 그러므로 이 운동을 전개해 나가는 가운데 가장 중요한 주 텍스트는 바로 성경이다. 이 성경 속에서 우리는 기독교적 가치관을 끌어내고 그것을 학습하며 우리 모든 삶의 규범으로 삼아 그 가치관대로 살아가야 하는 것이다.

성경의 153개 주제 선정

그리스도인은 기독교적 가치관으로 살아가는 존재이며, 기독교 가치관의 원천은 바로 성경이다. 성경은 우리 기독교의 모든 것을 다 담고 있는 Text-Book, 교과서이다. 성경은 모든 그리스도인의 삶의 표준이며 모든 행위의 규범이다. 뿐만 아니라 성경은 오늘날 우리가 직면하게 되는 모든 문제와 질문에 대하여 확실한 대답을 주시는 생명과 구원의 책이다. 인생의 확신, 진정한 자기 탐색, 삶의 의미와 목적, 영적인 갈급함 등 그 모든 진지한 질문에 대한 해답이 바로 성경 속에 다 녹아들어 있는 것이다. 그래서 디모데후서 3장에서는 "너는 배우고 확신한 일에 거하라"고 말씀하시면서 성경과 성도의 관계에 대하여 참 중요한 교훈을 말씀하고 계시는 것이다.

"그러나 너는 배우고 확신한 일에 거하라. 너는 네가 누구에게서

배운 것을 알며 또 어려서부터 성경을 알았나니 성경은 능히 너로 하여금 그리스도 예수 안에 있는 믿음으로 말미암아 구원에 이르는 지혜가 있게 하느니라. 모든 성경은 하나님의 감동으로 된 것으로 교훈과 책망과 바르게 함과 의로 교육하기에 유익하니 이는 하나님의 사람으로 온전하게 하며 모든 선한 일을 행할 능력을 갖추게 하려 함이라"(딤후 3:14~17).

이 말씀에서 첫째로 '성경의 목적'은 구원에 이르는 지혜가 있게 하는 것이다(15절). 둘째로 '성경의 기원'은 하나님의 감동으로 된 것이다(16a절). 셋째로 '성경의 용도'는 교훈과 책망과 바르게 함과 의로 교육하기에 유익한 것이다(16b절). 마지막 넷째로 '성경의 결과'는 하나님의 사람으로 온전하게 하며 모든 선한 일을 행할 능력을 갖추게 하려 함인 것이다(17절). 이처럼 성경은 우리들 가치관의 원천이며, 모든 가치관 훈련의 참된 교과서이다.

성경은 약 40명의 저자에 의해서 1,600년에 걸쳐 기록된 하나님의 말씀이다. 구약은 39권이며 신약은 27권으로 되어 있는데, 이 둘을 합하면 성경은 모두 66권으로 구성되어 있다. 그리고 66권 전체의 장 수는 모두 1,189장이며, 이 중에 구약이 929장이고, 신약이 260장이다. 그리고 구절 수로는 31,173절인데 구약이 23,214절이고, 신약은 7,959절로 구성되어 있다. 그런데 1,189장, 31,173절의

한 구절 한 구절이 우리 인생을 인생답게 만드는 생명과 구원의 말씀이 되는 것이다.

이 구절들은 우리를 교훈하기도 하고 책망하기도 하며 위로와 소망을 주기도 하고 사명을 주기도 한다. 우리에게 주어진 삶을 정말 아름답게 사는 방법은 오직 이 성경 안에 다 기록되어 있다. 그뿐만 아니라 성경은 무엇보다 오늘날 모든 인류를 구원하는 '구원의 책'으로 우리에게 주어졌다. 그래서 우리는 이 성경으로 말미암는 구원의 놀라운 소식을 진정 귀로 듣고 마음으로 읽고 깊은 묵상 가운데서 깨닫게 됨으로 말미암아 진정 구원에 이르게 되는 것이다.

이와 같이 방대한 성경의 모든 내용을 하나하나 다 묵상하자면 평생이 걸려도 모자랄 것이다. 이에 성경의 큰 흐름을 따라 구속사의 맥락을 충분히 고려하여 특별히 그 가운데서 가장 핵심적이고 중요한 내용 153가지를 오랜 심사숙고 끝에 하나님의 은혜로 선정할 수 있었다. 특히 전체 신구약 성경 66권 중에서 하나의 책도 빠짐이 없도록 본문의 전후 맥락과 주제의 연결성을 고려하여 심혈을 기울여 선정하였다.

153의 의미

〈성경153올람〉 운동에서 특별히 153이라는 숫자는 십자가 사건

이후 실망과 좌절에 빠진 제자들이 갈릴리 바다로 돌아갔을 때 경험했던 사건에서 가져왔다. 그때 제자들은 밤새도록 수고하여도 물고기 한 마리 잡지 못하였는데, 그 현장에 부활의 주님께서 나타나셔서 "그물을 배 오른편에 던져라" 말씀하셨다. 바로 그 명령에 순종하여 제자들이 그물을 배 오른편에 던졌을 때 그물에 물고기가 가득하였고 그것을 끌어올려 세어보았더니 모두 153마리였다.

이 153이라는 숫자는 부활하신 예수님께서 실망과 좌절에 빠진 제자들을 회복시켜 주시고 살려주시고 새로운 사명을 허락해 주신 것을 의미한다. 이 의미에 따라 초대교회 당시에는 물고기(익투스)가 그리스도인을 상징하는 기호로 사용되기도 하였다. 이처럼 우리도 베드로와 제자들이 바다에서 153마리의 물고기를 건진 것과 같이, 성경 전체에서 153개의 핵심 주제를 건져 올려서 그 말씀을 먹고, 그것으로 살고, 그 정신을 실천하며 진짜 그리스도인으로 살아가자는 의미이다.

성경의 153개 주제 목록

이렇게 해서 선정된 성경 153개의 본문은 주일 강단에서 선포될 뿐만 아니라, 자녀들과 함께 드리는 가정예배의 본문이 되기도 하기 때문에 특별히 기독교적 가치관을 체득할 수 있는 본문으로 심혈을 기울여 확정하였다. 그리고 최종적으로 선정한 153개 각 주제를 간결하고 명확하게 설명하는 핵심 문장이 담긴 팸플릿으로 제작하여서 전 성도들에게 배부함으로써 미리 말씀을 묵상할 수 있도록 하였다.

이에 위의 여러 기준을 가지고 심혈을 기울여 선정한 성경의 153개 핵심 주제는 다음과 같다.

001 창조 / 창 1:1~5 / 하나님이 천지를 창조하시니라

002 하나님의 형상 / 창 1:26~31 / 하나님이 보시기에 심히 좋았더라

003 가정 / 창 2:18~25 / 둘이 한 몸을 이룰지로다

004 타락 / 창 3:1~13 / 아담아 네가 어디 있느냐

005 죄의 심화 / 창 4:1~15 / 네 아우 아벨이 어디 있느냐

006 홍수와 심판 / 창 6:1~8 / 내가 그것들을 지었음을 한탄함이니라

007 바벨탑 / 창 11:1~9 / 그들을 온 지면에 흩으셨더라

008 아브라함을 부르심 / 창 12:1~9 / 내가 네게 보여 줄 땅으로 가라

009 언약의 재확인 / 창 15:1~11 / 네 자손이 이와 같으리라

010 소돔의 멸망 / 창 18:22~33 / 열 명으로 말미암아 멸하지 아니하리라

011 약속의 실현 / 창 22:1~19 / 네가 나의 말을 준행하였음이니라

012 온유의 사람 / 창 26:12~25 / 아버지가 부르던 이름으로 불렀더라

013 축복의 사람 / 창 28:10~22 / 내가 너를 떠나지 아니하리라

014 야곱의 씨름 / 창 32:13~32 / 이스라엘이라 부를 것이니라

015 꿈꾸는 자 / 창 37:1~11 / 네가 꾼 꿈이 무엇이냐

016 성결의 사람 / 창 39:1~6 / 범사에 형통하게 하심을 보았더라

27 구름기둥과 불기둥 민수기 9:15~23 여호와의 명령을 따라 행진하니라
하나님은 언제나 이스라엘 백성들을 보호하시고 인도하십니다. 그 확실한 증거가 바로 구름기둥과 불기둥입니다. 구름기둥과 불기둥으로 인도하시는 하나님께 늘 민감하여 순종하며 살아가야 그 그리스도인의 올바른 행진입니다.

28 탐욕의 무덤 민수기 11:31~35 기브롯 핫다아와라 불렀더라
이스라엘은 광야생활 내내 불평·불만·불신 3종과 함께여 있었습니다. 불평은 환경에 대하여, 불만은 사람에 대하여, 불신은 하나님에 대한 원망입니다. 3종은 내 인생을 망치는 독소이므로 우리는 반드시 이것을 제거해야 합니다.

29 가데스바네아 반역사건 민수기 14:26~38 믿음의 사람만 생존하니라
가나안 땅을 정탐한 후에 백성들은 하나님의 역사를 믿지 못하고 하나님을 반역했습니다. 그 결과 이스라엘 백성들은 가나안 땅에 들어가지 못하고서 광야에 부정을 버리고 광적인 삶을 사는 것이 비로 되었습니다.

30 아론의 지팡이 민수기 17:1~13 원망을 내 앞에서 그치게 하리라
하나님은 생명력 없는 아론의 지팡이에 싹이 나게 하심으로 하나님의 신적 권위에 세워주신 영적 지도자의 권위를 세워주셨습니다. 교회와 가정 통해서 우리는 하나님께서 세워주신 영적 권위를 존중하고 따를 줄 알아야 합니다.

31 놋뱀 사건 민수기 21:4~9 쳐다본즉 모두 살더라
광야길을 가나안에 이스라엘 백성들은 계속해서 불평과 불신에 새로 진행됩니다. 하나님의 함께를 믿지 아니하였을 불뱀에게 놋뱀을 통하여 치유하셨습니다. 단지 쳐다본즉 살게 된 것은 예수님의 십자가를 예표합니다.

32 쉐마 이스라엘 신명기 6:4~15 이스라엘아 들으라
율법의 성장은 '쉐마 이스라엘'로 요약됩니다. 신앙교육의 주체는 부모입니다. 그 현장은 가정입니다. 우리는 다음세대에게 하나님의 말씀을 잘 가르쳐 믿음의 가문을 이루어야 합니다.

33 약속의 땅 신명기 11:8~17 여호와의 눈이 항상 그 위에 있느니라
하나님은 가나안 땅을 이스라엘 백성들에게 주신 젖과 꿀이 흐르는 땅이라고 말씀하셨습니다. 그 이유는 언제나 그 땅이 다른 땅보다 더 좋아서가 아니라 언제나 하나님께서 돌보아주시고 연보하며 연결하지 함께 하시는 땅이기 때문입니다.

34 도피성 신명기 19:1~13 무죄한 피를 흘리지 말라
도피성은 부지중에 잘못을 범한 사람을 보호하여 무죄한 피를 흘리지 않게 하기 위한 하나님의 은혜의 지혜의 섭리입니다. 구약의 도피성은 신약에 와서 예수님의 십자가 사건이 되었습니다. 예수님께 피하는 자는 구원을 받습니다.

35 약자보호법 신명기 24:5~22 해곱에서 종 되었던 것을 기억하라
우리는 약자보호법을 통해 연약한 자들, 곧 여성과 가난한 자, 힘을 노동자, 연자례로 인해 고통을 당하는 자녀와 부모, 난민과 미망인에 대한 관심과 사랑을 보여주셨습니다. 하나님을 따라 우리도 약자를 잘 보살펴야 합니다.

36 순종과 불순종 신명기 28:1~14 순종하면 모든 복이 네게 임하리라
신명기 신학의 핵심은 순종인데 복과 생명이야 불순종에는 심판과 저주라는 사실입니다. 개인과 국가는 이 극명한 대조를 마음 잡기 세계에 하나님께 순종하는 삶을 살아야 합니다. 그 결과 하나님은 복과 생명을 허락해주실 것입니다.

1 창조 창세기 1:1~5 하나님이 천지를 창조하시니라
우리가 사는 세상은 하나님의 계획 가운데 창조되었습니다. 어떠고가 우연히 존재하게 된 것이 아닙니다. 성경은 태초에 하나님이 천지를 창조하셨고 모든 존재의 근원임을 밝히고 있습니다. 창조신앙이 기독교신앙의 근간입니다.

2 하나님의 형상 창세기 1:26~31 하나님이 보시기에 심히 좋았더라
하나님은 사람을 만드실 때 독특하게 하나님의 형상을 닮은 존재로 만드셨습니다. 사람은 하나님을 닮은 존재, 하나님과 늘 함께하는 존재로 창조되었습니다. 이것은 인간의 놀라운 사실입니다.

3 가정 창세기 2:18~25 돌이 된 줄을 이루지로다
하나님이 가장 먼저 만드신 기관은 가정입니다. 하나님은 사람을 만드실 때 아담에게서 이브로 오시며 서로 돕는 배필이 되게 하셨습니다. 가정은 부부관계가 중심이며, 가정의 대화부분은 부모를 떠나 합하여, 한 몸을 이루는 것입니다.

4 타락 창세기 3:1~13 아담아 네가 어디 있느냐
긴급한 뱀은 하나님의 금함을 의문에 빌어서, 거짓과 교묘한 하나를 유혹하였습니다. 이에 넘어간 아담과 하와는 결국 죄를 짓고 타락하였으며, 그 뒤로 모든 인류는 아담의 길을 좇아 죄악과 사망에 거하는 자들이 되고 말았습니다.

5 죄의 심화 창세기 4:1~15 네 아우 아벨이 어디 있느냐
하나님이 번성제기간서 제대로 대를 하지 실패하였습니다. 가인은 동생 분하여 안벨이 범하였고, 결국 가인은 아우 아벨을 쳐죽이고 말았습니다. 타락한 이후로, 에덴동에서 시작된 죄악은 점점 더 심화되어 나갔습니다.

6 홍수 심판 창세기 6:1~8 내가 그들들을 지었음을 한탄함이니라
사람들이 번성해가면서 죄악은 더욱 더 심화되었습니다. 사람들이 죄악의 길을 걷는 사람들을 실패하여 지면에서 쓸어버리기로 작정하셨습니다. 그러나 오직 여호와 하나님께 은혜를 입었습니다.

7 바벨탑 창세기 11:1~9 그들을 온 지면에 흩으셨더라
바벨탑 사건은 원죄세(11:1~9)의 결론입니다. 인간은 죄악을 통해 점점 자극히 교만하여지면서 스스로 이름을 내려고 하였습니다. 이것은 하나님 없이 살겠다는 자극히 교만한 생각이며, 이로써 결국 원죄는 실패로 역사가 되고 말았습니다.

8 아브라함을 부르심 창세기 12:1~9 너희가 네게 보여 줄 땅으로 가라
하나님은 아브라함을 불러서 구속사의 새 역사를 시작하셨습니다. 하나님은 두 가지의 약속을 주셨는데, 그것은 땅에 관한 약속과 후손에 관한 약속입니다. 이 두 가지는 민족을 이루어 하나님을 이루심입니다.

9 언약의 재확인 창세기 15:1~11 내 자손이 이와 같으리라
아브라함은 우리와 똑같은 성정을 가진 사람으로서 하나님의 약속을 믿지 못하고, 무더져 갔습니다. 이제 하나님은 하늘의 별 같이 많고 헤아릴없을 언약을 재확인시켜 주셨습니다. 이것을 믿었을 때 이를 그의 의로 여겨주셨습니다.

10 소돔의 멸망 창세기 18:22~33 열 명으로 말미암아 멸하지 아니하리라
하나님의 인간의 겸손하고 간절한 기도에 응답해 주십니다. 소돔을 두고 아브라함 사이에 이루었지가 계속되었는데, 마침내 하나님은 의인 열 명만 있어도 멸하지 않겠다고 말씀하셨습니다. 우리는 그 은혜 때문에 삽니다.

11 약속의 실현 창세기 22:1~19 네가 나의 말을 준행하였음이라
하나님은 말씀하신 대로, 노년의 아브라함에게 약속의 아들 이삭을 주셨습니다. 이제 아브라함은 이삭을 제물로 바치라는 하나님의 명령을 듣고 오직 하나님만을 신뢰하며 철저히 순종함으로써 믿음의 조상이 되었습니다.

12 은유의 사랑 창세기 26:12~25 아버지가 부르던 이름으로 불렀더라
우물을 빼앗으자하는 주변의 악한 사람들을 인해 힘들어 하는 이삭에게 하나님은 나타나셔서 아버지 아브라함과 맺은 언약을 재확인시켜 주셨습니다. 이처럼 하나님의 약속을 굳게 신뢰하는 아이삭 잘 은유한 삶을 살았습니다.

13 축복의 사랑 창세기 28:10~22 내가 너를 떠나지 아니하리라
진정한 축복은 부의 정신이 노예로 우리와 함께 하시는 것입니다. 내 인생의 아브라함 아담과 이삭의 하나님이 무너질 때에를 두 고를 기도는는 것뿐입니다. 한신의 역을 통해서 하나님을 굳게 붙잡고 살아가면 하나님은 우리와 함께 하십니다.

14 야곱의 씨름 창세기 32:13~32 이스라엘이라 부를 것이니라
우리는 인생 가운데 야곱의 노예야도 무리 힘든을 통해 많은 경험하게 됩니다. 그럴 때마다 우리도 야곱처럼 살아가는 자가 지나 과거와의 인생에 모든 일을 해결할 수 있는 분은 오직 하나님 한분뿐이니지 깨달았습니다.

15 꿈꾸는 자 창세기 37:1~11 네가 꾼 꿈이 무엇이냐
요셉은 17세 때에 꿈을 꾸었습니다. 꿈은 하나님 생각여에 생아게 그의 삶을 이끄는 하나님의 미래입니다. 꿈은 힘 놀리를 가능하게 요셉은 꿈을 통하여 성결한 사람이 되어 최선을 다하여 모든 고난을 이겨냈습니다.

16 성결의 사랑 창세기 39:1~6 범사에 형통하여 하심을 보았더라
하나님께서 함께 하는 이라한 형통은 삶을 살게 됩니다. 이 복이 우리가 살아가는 사람이 어떤 유혹도 물리칠 수가 있었고, 심히 유혹에 넘어하지 않았습니다. 그러므로 우리는 하나님께서 함께 하는 삶을 살아야 합니다.

17 하나님의 섭리 창세기 45:1~8 나를 이리로 보낸 이는 하나님이시라
하나님의 섭리는 크고 위대합니다. 그러나 인간의 눈에는 숨겨져 있습니다. 그것을 온전히 깨닫을 수가 없습니다. 그래서 우리는 하나님의 크고 위대한 계획을 확신하며 자신에게 주어진 삶에 최선을 다해야 합니다.

18 모세를 부르심 출애굽기 3:1~12 내 발에서 신을 벗으라
하나님은 모세를 부르셔서 이스라엘을 해방시키는 사명을 주셨습니다. 하나님은 이스라엘 백성의 고통을 들으시고 그들을 구원해주기 위해 모세를 보내셨습니다. 모세야말로 하나님의 구원사역을 완성하는 성도가 되어야 합니다.

19 유월절 출애굽기 12:29~42 여호와 앞에 대대로 지킬 것이니라
애굽에 모든 장자가 죽어나가는 무서운 재앙 앞에서 유월절의 은혜로 이스라엘 백성들을 구원해 주셨습니다. 그러므로 이스라엘은 하나님의 구원을 기억하여 오고 오는 모든 세대에 하나님의 유월절을 지켜야 합니다.

20 홍해 도하 출애굽기 14:10~20 너희를 위하여 행하시는 구원을 보라
이스라엘 백성 앞에 홍해가, 뒤에 애굽의 군대가 몰아오는 상황에서 하나님은 홍해를 갈라 그들을 건너게 하셨습니다. 이처럼 부르짖고 기도하는 사람은 홍해가 갈라지는 막힌 것이 열려지는 은혜를 얻게 됩니다.

21 광야의 식탁 출애굽기 16:13~20 이것이 무엇이냐
아무 것도 없는 광야에서 하나님은 이스라엘 백성들에게 만나를 내려주셨습니다. 그대에 이스라엘은 이것이 무엇이냐며 탄성을 질렀습니다. 하나님께서 내려주시는 일용할 양식에 대하여 우리는 날마다 감사하며 살아야 합니다.

22 여호와 닛시 출애굽기 17:8~16 모세가 손을 들으면 이스라엘이 이기나니
이스라엘 백성은 수 없었던 싸움들 두 승을 듣고 그는 기도하는 것뿐이었습니다. 우리를 대신하여 예수님이 지금도 하늘 보좌 우편에서 간절히 기도하고 계십니다. 하나님께서 우리를 거룩한 동역을 이루어야 합니다. 이것이야말로 우리가 영적 전쟁에서 승리하는 비결입니다.

23 시내산 계약 출애굽기 19:1~6 제사장 나라가 되리라
하나님은 모든 민족 가운데 이에서 이스라엘을 계약을 체결해 주셨습니다. 시내산 계약은 구약 모든 계약들의 기초입니다. 이것부터 이스라엘은 계약 백성으로서 하나님의 뜻을 온 세상에 증거하는 사명자로서 살아가야 합니다.

24 성막 출애굽기 40:34~38 여호와의 영광이 성막에 충만하였더라
성막은 하나님이 임재하시는 처소를 가리킵니다. 이스라엘은 모든 성막과 성물을 만들고 세워 날마다 하나님의 임재를 느꼈습니다. 우리가 살아가는 예 순간마다 하나님의 임재를 늘 바로 그곳이 무료인 성막이 될 것입니다.

25 5대사 7일기 레위기 4:1~12 속죄한즉 사함을 받으리라
레위기의 핵심은 제사입니다. 제사가 있다가도 있습니다. 제사는 스스로를 제물로 바쳐 사하시는 방편이며, 결국 제사는 예수님의 십자가 사건에서 완전하게 성취되었습니다. 우리는 예수님을 믿으므로 죄를 용서받습니다.

26 거룩과 사랑 레위기 19:1~4 너희는 거룩하라
하나님은 이스라엘 백성을 거룩하게 하셨습니다. 하나님의 자녀로서 안식일 준수와 우상숭배 금지 등을 통하여 거룩한 삶을 살아야 합니다. 약자를 보호하고 거짓 금지 등을 통하여 이웃과의 경계 속에서 사랑을 실천하며 살아야 합니다.

60 성전 중심의 신앙 대하 7:11~18 내 눈과 마음이 여기에 있으리라
역대기는 포로기 이후에 성전 회복에 가장 큰 관심을 기울이고 있습니다. 솔로몬이 성전을 준공한 후에 하나님은 성전을 통해 역사하시고 복을 내려주시겠다고 약속해 주셨습니다. 이스라엘 신앙의 핵심은 바로 성전 중심의 신앙입니다.

61 성전의 재건 스 3:8~13 성전의 기초가 놓임을 보았더라
하나님께서는 포로기 이후에 무너진 성전의 재건될 수 있도록 역사하셨습니다. 이렇게 성전이 재건된다는 것은 이스라엘이 하나님의 백성으로서의 지위를 회복한다는 의미였으며, 하나님과 함께 살아가고자 하는 거룩한 다짐이었습니다.

62 에스라의 개혁 스 10:1~4 율법대로 행할 것이라
스룹바벨 성전 재건 후에 에스라는 백성들의 개혁을 단행하였습니다. 혈통의 순수성을 더럽히고 우상숭배의 근원이었던 이방인 아내와 그 소생을 내보내었습니다. 이것은 이스라엘이 거룩함의 정체성을 회복하는 것이었습니다.

63 느헤미야의 헌신 느 1:4~11 종의 기도를 들으시옵소서
왕의 포로귀환의 책임자인 느헤미야는 무너진 예루살렘 성벽 재건을 위해 부름 받은 지도자입니다. 그는 하나님께 분포로 돌아가 이 일을 감당할 수 있게 해달라고 기도하였습니다. 이것은 거룩함을 내려놓은 지극한 헌신의 모습니다.

64 느헤미야의 개혁 느 13:15~22 안식일을 거룩하게 하라
느헤미야는 하나님의 말씀을 따라 먼저 이방인을 축출하는 개혁을 단행하였습니다. 그리고 성물을 정확하고 레위인을 복귀시켜 성전의 전대 기능을 회복시켰습니다. 나아가 안식일을 온전히 지켜 거룩한 삶을 살도록 촉구하였습니다.

65 민족의 회복 에 4:13~17 죽으면 죽으리라
바사제국 시대에 위기에 처한 유다 민족을 구하기 위해 모르드개는 에스더에게 신앙적 결단을 촉구하였습니다. 이 말을 듣고 에스더는 죽으면 죽으리라는 결단으로 왕에게 나아가 유다 민족을 살렸습니다. 참된 신앙은 언제든 살립니다.

66 고난의 신비 욥 1:13~22 하나님을 원망하지 아니하니라
욥은 온전하고 정직하여 하나님을 경외하며 악에서 떠나 자였습니다. 이해할 수 없는 극심한 고난이 찾아왔지만 그는 하나님을 원망하지 않았습니다. 이것은 모든 것이 하나님의 주권 안에 있음을 고백하는 신앙의 모습을 보여줍니다.

67 주권적 섭리 욥 42:1~10 주여 내게 알게 하옵소서
욥은 고난에 대한 친구들의 주관적 섭리를 인정하고 끝내 자신의 무지함과 교만을 철저히 회개하였습니다. 이때에 하나님은 욥을 가볍게 넘치시고 은혜의 섭리에 응답하여 주셨습니다. 이것이 인생을 뛰어넘는 하나님의 은혜입니다.

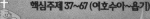

구미교회 성경153올람
핵심주제 37~67 (여호수아~욥기)

성경153올람운동은 하나님 말씀의 가장 중요한 주제들을 엄선하여 성경의 가슴줄기를 담아낸 성경의 가이드라인 성경표 틀입니다. 거룩한 영의 운동입니다. 이번 호에는 37~67까지의 역사서(여호수아~에스더)와 성경의 중간에 배치되는 부분으로서, 이곳에 성경의 역사의 질서배열을 통하여 하나님 백성들이 이렇게 살아야 할 모습을 담은 말씀의 영입니다.

37 여호수아의 소명 수 1:1~9 강하고 담대하라
하나님은 여호수아를 불러 모세를 대신하여 가나안 정복을 명령하셨습니다. 이를 위하여 여호수아에게 강하고 담대하며, 율법을 다 지켜 행하라고 말씀하셨습니다. 그러하면 항상 형통하게 해 주실 것이라고 약속하셨습니다.

38 여리고성 수 6:12~21 여호와께서 이 성을 주셨느니라
가나안에서 제일 먼저 맞닥뜨린 여리고성은 난공불락의 성이었습니다. 그러나 이스라엘은 오직 하나님의 방법에 순종하여 그 견고한 여리고성을 정복할 수 있었습니다. 그리스도인이 승리하는 비결은 오직 하나님께 순종하는 것입니다.

39 긍정의 갱신 수 14:6~12 이 산지를 내게 주소서
갈렙은 여호수아 함께 가나안 정복에 앞장섰습니다. 그는 땅을 분배할 때 그는 아직도 정복하지 못한 험난한 산지를 달라고 요청하였습니다. 그는 하나님의 배우심을 확실히 믿고 담대히 살아가는 긍정의 사람이었습니다.

40 안약의 갱신 수 24:14~18 오직 나와 내 집은 여호와를 섬기겠노라
여호수아는 가나안 정복을 마친 후에 이스라엘 백성들을 불러 이제부터 너희 섬길 자를 택하라고 촉구하였습니다. 이것은 언약의 갱신을 통하여 우상을 버리고 오직 여호와만 섬기며 다음 세대를 이어가는 거룩한 모습입니다.

41 다른세대와 다른세대 삿 2:6~15 다른 세대는 여호와를 알지 못하였더라
여호수아가 죽고 난 후에 일어난 다른 세대는 여호와를 알지 못하고 하나님을 알지 못하니 다른 길에 실패할 수밖에 없었습니다. 우리의 다음 세대가 다른 세대가 되지 않도록 우리는 하나님의 역사를 반드시 전해야 하는 책임이 있습니다.

42 기드온과 300용사 삿 7:1~8 삼백 명으로 너희를 구원하리라
하나님의 구원은 군사력에 있지 않습니다. 하나님은 말씀에 순종하는 자 300명만 가지고도 미디안과의 전쟁에서 승리하게 만들어주셨습니다. 우리도 수많은 영적 싸움에서 승리하기 위해서는 오직 하나님께만 순종해야 합니다.

43 믿음의 선택 룻 1:15~18 나의 하나님이 되시리라
룻은 남편이 죽었음에도 불구하고 시어머니 나오미의 참된 믿음의 선택을 결심하였습니다. 이를 보시고, 하나님은 룻의 가문에 그를 인도하사 다윗 왕을 만들어 주셨습니다. 우리의 가정도 하나님의 살피를 받는 믿음의 명령가들이 되어야 합니다.

44 사무엘의 소명 삼상 3:1~9 주의 종이 듣겠나이다
여호와의 말씀이 희귀한 시대에 사무엘은 부르심을 받았습니다. 하나님의 음성을 들은 사무엘은 주의 종이 듣겠나이다 하나님 장이 아닌 행복했습니다. 우리도 하나님의 말씀을 듣고 순종하는 때에 하나님의 영광을 드러내는 사람이 될 수 있습니다.

45 벧세메스로 가는 소 삼상 6:10~16 벧세메스 길로 바로 행하니라
언약궤를 실은 수레를 끌고 가는 암소로 하나님께 좌우로 치우치지 않고 벧세메스를 향해 나아갔습니다. 목적지에 도착한 암소는 번제물로 하나님께 드려졌습니다. 이것은 묵묵히 십자가의 길을 걸어가는 예수님을 예표하고 있습니다.

46 실패한 사울 삼상 15:17~23 순종이 제사보다 나으니라
이스라엘의 첫 왕인 사울은 겸손함으로 출발하였습니다. 그는 끝내 교만으로 패망하고 말았습니다. 순종이 제사보다 낫고, 듣는 것이 숫양의 기름보다 낫습니다. 하나님은 인간적인 타협과 판단이 아닌 말씀에 온전히 순종하기를 원하십니다.

47 승리한 다윗 삼상 17:41~49 전쟁은 여호와께 속하였느니라
다윗은 전쟁의 승패가 하나님께 달려 있다고 확신하였습니다. 그는 담대히 나아가 골리앗과의 전쟁에서 여호와만을 의지하여 믿음을 가지고 결국 승리할 수 있었습니다. 오직 하나님을 향한 신앙의 원동만이 참된 승리의 비결임을 우리는 확신해야 합니다.

48 다윗 계약 삼하 7:8~17 그의 나라를 견고하게 하리라
하나님은 성전을 건축하고자 하는 다윗의 마음을 기뻐하시며 그에게 언약을 베풀어주셨습니다. 하나님은 다윗을 이스라엘의 주인으로 삼고, 그의 가문을 통하여 이스라엘을 다스리며, 그 나라를 견고하게 해주시겠다고 약속하셨습니다.

49 다윗의 범죄와 회개 삼하 12:7~15a 내가 여호와께 죄를 범하였노라
다윗이 밧세바와 방세바를 취하자 하나님은 나단 선지자를 보내셔서 다윗의 죄를 책망하셨습니다. 그 말을 들은 다윗은 철저하게 회개하였으며, 하나님은 그를 용서해 주셨습니다. 죄인이 하나님 앞에 설 수 있는 것은 회개밖에 없습니다.

50 지혜를 구한 솔로몬 왕상 3:4~15 내게 지혜로운 마음을 주노라
하나님은 솔로몬이 드린 일천 번제를 보시고 그에게 소원을 물으셨습니다. 솔로몬은 자기 유익이 아닌 백성을 잘 다스릴 수 있는 지혜를 구하였습니다. 하나님은 매우 흡족해하시며 구하지 않은 부귀와 영광까지도 허락해 주셨습니다.

51 왕국의 분열 왕상 12:12~20 우리가 무슨 관계가 있느냐
솔로몬의 아들 르호보암 시대가 되었을 때 백성들은 르호보암에게 자비로운 통치를 부탁하였습니다. 그러나 르호보암은 말을 듣지 않자 백성들이 모두 등을 돌렸고, 결국 왕국은 남유다와 북이스라엘로 분열되고 말았습니다.

52 엘리야의 승리 왕상 18:30~40 여호와 그는 하나님이로다
갈멜산에서 엘리야는 아세르를 섬기는 악한 선지자 850명과 대결하였습니다. 하나님은 간절히 기도한 엘리야에게 불을 내려 응답하심으로 하나님의 살아계심을 나타내셨습니다. 이 세상에 여호와 하나님 외에 다른 신은 없습니다.

53 엘리사와 나아만 왕하 5:8~14 회복되어 깨끗하게 되었더라
나병으로 고통 받던 나아만 장군은 나아만은 하나님의 사람 엘리사를 찾아갔습니다. 엘리사의 말대로 하여 나아만은 요단강에 일곱 번 씻은 후에 깨끗이 회복되었습니다. 나를 내려놓고 하나님의 순종할 때 참된 치유와 회복이 있습니다.

54 히스기야의 기도 왕하 20:1~7 네 기도와 눈물을 보았노라
병들어 죽게 된 히스기야는 통곡하며 하나님께 간절히 기도하였습니다. 하나님은 히스기야의 기도를 들으시고 그의 생명을 15년이나 연장시켜 주셨습니다. 기도는 삶의 문제와 위기를 극복할 수 있는 가장 좋은 방법입니다.

55 요시야의 종교개혁 왕하 22:3~13 곧 그의 옷을 찢으니라
남유다의 16대 왕인 요시야는 성전을 수리하는 중에 율법책을 다시 발견하였습니다. 그 율법책을 낭독하면서 왕 요시야 왕은 자신의 마음을 찢으며 종교개혁을 단행하였습니다. 가정과 민족의 회복은 말씀의 회복부터 시작합니다.

56 왕국의 멸망 왕하 25:1~7 바벨론으로 끌고 갔노라
통일왕국 이후 남북이스라엘로 분열되었던 이스라엘은 결국 각각 앗수르와 바벨론에게 멸망당하였습니다. 이는 그들이 끝내 하나님의 뜻을 거역한 것에 대한 하나님의 심판이었습니다.

57 에베소의 축복 대상 4:9~10 그 근심되는 것을 허락하셨더라
포로기 이후 기록된 아베스의 축복은 이스라엘이 여전히 하나님의 백성임을 확인해주는 것이었습니다. 그 축복과 더불어 따라오는 아베스의 축복 이야기는 인생 역전을 이루는 가장 큰 능력이 오직 하나님께 있음을 보여줍니다.

58 언약궤 안치 대상 15:25~29 여호와의 언약궤를 메어 올렸더라
포로기 이후 역대기가 가장 중요시하는 것은 언약궤입니다. 역대기는 언약궤를 뒤 후에 가장 먼저 한 일이 여호와의 언약궤를 예루살렘으로 메어 올리는 일이었다고 말해줍니다. 이는 하나님 말씀 중심의 신앙을 다시 강조하고 있습니다.

59 다윗의 감사 대상 29:10~19 여호와와 송축을 받으시옵소서
다윗은 언제나 하나님께 감사하는 삶을 살았습니다. 모든 것이 다 하나님께로부터 온 것임을 기억하며 베풀어주신 은혜와 사랑을 잊지 않았습니다. 다윗과 같은 고백이 있을 때 비로소 온전한 충성을 하나님께 드릴 수 있습니다.

95 하나님의 공의 암 5:21~27 정의를 같이 공의를 강 같이
하나님의 백성된 우리가 가져야 할 영적 의무는 무엇인가 그것은 바로 하나님의 공의와 정의가 넘치는 세상으로 만들어가는 것입니다. 이러한 영적 책임감을 가지고 하나님의 뜻을 밝히 세상을 밝게 만드는 자로 살아야합니다.

96 애돔의 심판 옵 1:1~21 애돔에 대하여 심판하시니라
하나님께서는 자신의 지혜를 자랑하던 교만한 애돔을 심판하셨습니다. 우리는 하나님 외에 그 어떤 것도 의지해서는 안됩니다. 세상의 의지할 대상이 아닙니다. 우리는 오직 하나님 앞에 겸손하고 감사하는 태도로 살아가야 합니다.

97 니느웨의 구원 욘 4:1~11 내가 어찌 아끼지 아니하겠느냐
온 우주의 창조주이신 하나님께서는 이방인들까지도 구원하시기 원하셨습니다. 잘못 주신 박넝쿨을 통하여 요나에게 사소한 것의 귀중함을 깨닫게 하셨듯이, 하나님은 우리의 대적조차도 구원하기 원하시는 분임을 반드시 알아야합니다.

98 정의와 사랑 미 6:6~9 여호와께서 네게 구하시는 것
미가는 하나님께서 이스라엘에 행해한 종교적 타락과 불의를 심판하실 것이라고 경고하였습니다. 하나님이 원하시는 것은 제사의 불일이 아닙니다. 하나님은 우리가 정의를 행하고, 하나님 앞에서 겸손하고 겸손하게 살아가길 원합니다.

99 니느웨의 심판 나 1:1~8 니느웨에 대한 경고의 말씀이라
나훔 백성들은 하나님이 본체로 백성이 주신 기회를 받아들이지 못하였습니다. 결국 하나님의 도움은 하나님의 심판 앞에 두려움 수밖에 없었습니다. 이 교훈을 기억하고 돌이켜 하나님의 신앙으로 늘 향한 삶을 살아가야 하겠습니다.

100 하박국의 노래 합 3:16~19 여호와로 말미암아 기뻐하리로다
언제나 악인이 형통하고 의인이 신음을 겪는 모습을 보기도 합니다. 그러나 이것은 영원하지 않습니다. 하나님의 정의를 심판하심을 깨닫고, 이 때 하나님께서는 반드시 의인이 여호와로 말미암아 즐거워하고 기뻐하게 하실 것입니다.

101 여호와의 날 습 3:14~20 너로 말미암아 기뻐하시니라
믿는 자에게는 여호와의 날이 구원함을 기뻐하는 날이지만 믿지 않는 자에게는 심판의 날일 것입니다. 하나님은 임음으로 심판을 견디고 살진 자들을 기뻐하시며 그들이 친하 만민 중에서 영화와 칭찬을 얻게 하실 것입니다.

102 성전의 영광 학 2:1~9 이 성전의 나중 영광이 더 크리라
하나님께서는 포로 생활에서 귀환한 백성들에게 하나님의 성전을 지으라고 말씀하셨는데, 이것은 하나님을 향한 우선순위를 되찾으라는 명령입니다. 그들이 순종하여 일어나서 성전의 영광을 다시 회복시켜 주셨다고 약속하셨습니다.

103 하나님의 영 슥 4:1~10 오직 나의 영으로 되느니라
우리가 하나님의 일을 하려면 반드시 하나님의 말씀에 순종해야만 합니다. 참된 축복은 인간의 힘과 능력으로 얻을 수 있는 것이 아닙니다. 오직 하나님의 영이 베푸시는 크고 놀라운 은혜임을 명심해야 합니다.

104 심판과 구원 말 4:1~6 율례와 법도를 기억하라
여호와의 크고 두려운 날이 이르기 전에 하나님은 반드시 자신을 돌이켜야만 합니다. 오직 여호와의 율례와 법도를 기억하며 하나님을 경외하여야 합니다. 마지막 때에 하나님의 명령을 따르지 않은 악인은 반드시 심판받게 될 것입니다.

구미교회 성경153올람
핵심주제 68~104(시편~말라기)

'성경153올람'은 성경에서 가장 중요한 핵심주제 153개를 찾아 성경의 기초상을 세우는 성경의 거시화입니다. 이 책에서는 '구미교회 성경153올람'의 핵심주제 68~104까지를 다루었습니다. 우리의 삶과 지혜에 큰 도움이 되길 바랍니다.

68 복 있는 사람 시 1:1~6 모든 일이 다 형통하리로다
복 있는 사람은 오직 여호와의 율법을 즐거워하며 그 율법을 주야로 묵상하는 사람입니다. 어떻게 살아가 될지 원리를 아시는 사람은 하나님의 말씀을 따라 성경적 가치관으로 살아야 합니다. 하나님은 그런 사람에게 형통함을 주십니다.

69 하나님의 탄식함 시 13:1~6 여호와여 어느 때까지니이까
다윗도 하나님께서 자신에게 얼굴을 숨기시는 것이 아닌가 하는 생각을 할 때가 있었습니다. 하지만 그래도 오직 하나님만 의지하며 구원의 기쁨을 누렸습니다. 성도는 어떤 순간에도 오직 하나님을 의지해야 하고 기도에 힘써야 합니다.

70 목자되신 왕 시 23:1~6 여호와는 나의 목자시니
하나님을 만족한 양을 곁에 두려고 하신 것이 바로 목자이신 하나님입니다. 언제나 늘 만한 물가로 인도하시고 보호해 주시고 인도하 부족함 없이 채워주시는 하나님이십니다. 그러므로 우리는 하나님 안에 거할 때 영원한 생명을 누릴 수 있습니다.

71 하나님을 갈망함 시 42:1~11 여전히 찬송하리로다
사슴이 시냇물을 찾기에 갈급함 같이 우리의 영혼도 하나님을 향합니다. 원수들이 비웃고 대적할지라도 하나님은 우리에게 소망을 주고 낙심하지 않도록 하나님의 도우심으로 말미암아 여전히 찬송하게 될 것입니다.

72 하나님을 의지함 시 56:1~13 나의 눈물을 주의 병에 담으소서
다윗은 블레셋에게 핍박을 받았을 뿐 아니라 생명의 위협을 상황에서도 하나님을 의지하였습니다. 우리가 하나님을 의지하면 하나님이 우리 편이 되어 주셔서 무엇도 힘든 상황에서 우리를 건져 주십니다. 우리를 두려움 없게는 주님을 의지하면 됩니다.

73 성전을 사모함 시 84:1~12 주의 집에 사는 자들은 복이 있나니
우리는 하나님의 성전을 즐거워하며 살아가야 합니다. 주의 궁정에서의 한 날이 다른 곳에서의 천 날보다 나은 것은 하나님의 임재가 있기 때문입니다. 하나님을 가까이하는 자에게 하나님은 힘과 복을 베푸시고, 해의 방패가 되시며 좋은 것을 주십니다.

74 인생의 지혜 시 90:1~12 지혜로운 마음을 얻게 하소서
인생의 연수가 힘겹고 강건해도 빨리 지나고 그 속에 자랑은 수고와 슬픔뿐입니다. 꽃이 피었다가 곧 지듯 인생도 잠깐일 뿐입니다. 우리는 인생이 유한하다는 것을 깨닫고 하나님을 의지하는 것이 지혜입니다.

75 신앙가정의 복 시 128:1~6 복되고 형통하리로다
여호와를 경외하며 그분의 길을 걷는 자는 그 수고가 헛되지 않으며 형통하고 복되게 되었습니다. 그러므로 가정을 행복하게 하는 창된 지혜는 진정으로 하나님을 경외하는 것입니다.

---

76 지혜에 관한 교훈 잠 3:1~10 범사에 그를 인정하라
지혜로운 사람은 하나님의 말씀을 마음에 새기고 실천하는 사람입니다. 그는 언제나 마음을 다하여 여호와를 의지하며 범사에 하나님을 인정하는 삶을 살아갑니다. 하나님은 이런 사람에게 은혜를 베푸시고 그의 길을 인도해 주십니다.

77 성실에 관한 교훈 잠 6:6~19 개미를 보고 배우라
하나님께서는 개미에게서 지혜를 배우라고 말씀하십니다. 게으르고 나태함이 불성취고 악한 자로 살아가지 말고 성실하게 모습으로 미래를 준비하라고 명령하시는 것입니다. 악한 게으름과 떠나 바른 믿음을 가지고 살아가야 하겠습니다.

78 말에 관한 교훈 잠 15:1~7 온순한 혀는 생명나무니라
지혜로운 사람은 유순하고 선한 말을 통해 생명을 살리는 사람입니다. 악인과 선인을 갈림하는 바른 말에 하나님이 기뻐하신 언어습관을 가지고 살아가야합니다. 바른말을 하기보다 온순한 말을 하여 사람을 살리는 성도가 됩시다.

79 결혼에 관한 교훈 잠 16:1~9 너의 행사를 여호와께 맡기라
인간이 아무리 지혜를 자랑한다고 좋은 계획을 세워도 그 일을 이루시는 분은 하나님이십니다. 이것을 깨달아 겸손히 하나님 계획으로 우리가 겸손한 하나님의 도우심을 구하면 하나님은 우리 삶을 주관하시고 성취해 주십니다.

80 인생무상 전 1:1~11 헛되고 헛되니 모든 것이 헛되도다
참고 살다 보면 사람들에게 인생은 그저 허무할 뿐입니다. 전도서는 유신론적 허무주의를 통해 창조지식의 창조주이신 하나님 없이 살아가면 모든 이야기하였습니다. 심판의 때를 준비하여 바른 신앙의 태도를 가져야 합니다.

81 사랑의 노래 아 2:10~17 일어나서 함께 가자
아가서는 솔로몬과 술람미 여인의 사랑 노래입니다. 이는 우리를 향한 하나님의 지고지순한 사랑을 비유적으로 표현한 것입니다. 우리를 사랑하셔서 함께 가자고 부르시는 하나님과 남다른 동행의 교제하는 삶을 살아가야합니다.

82 이사야의 소명 사 6:8~13 내가 여기 있나이다 나를 보내소서
죄악이 가득한 이스라엘을 회복하기 위하여 하나님은 부르신 죄악도 회로 물든 이 땅을 회복하기 위하여 하나님을 부르십니다. 우리는 하나님의 부르심에 내가 이 있나이다 나를 보내소서라고 응답하여야 합니다.

83 메시아 예언 사 11:1~9 여호와를 아는 지식이 충만할 것이라
이사야는 장차 도래할 하나님의 나라를 예언하였습니다. 이 하나님의 나라는 공의와 정의가 이루어지고, 여호와를 아는 지식이 충만한 나라입니다. 이는 예수님을 통하여 시작되었고, 여호와를 아는 지식으로 충만해 질 것입니다.

84 하나님의 초청 사 55:1~6 목마른 자들아 물로 나아오라
사람들은 영원한 목마름과 배고픔을 위해 수고하지만 이는 하나님의 말씀으로만 해결됩니다. 은혜가 풍성하신 하나님은 우리를 물로 부르십니다. 하나님 앞에 나아가 그 일을에 귀를 기울일 때 우리의 영혼은 살아납니다.

---

85 하나님의 선지자 렘 28:1~11 여호와께서 보내신 선지자라
하나님께서는 예레미야를 통하여 이스라엘 백성들에게 하나님께서 명령하신 70년을 들려주셨습니다. 거짓 선지자들의 거짓말이 헛됨을 말합니다. 이 때가 지나면 그들을 만나 주시고 응답하시며 회복시켜 주실 것이라고 약속하였습니다.

86 새 언약 렘 31:31~34 새 언약을 맺으리라
하나님께서는 이스라엘 백성들과 맺은 언약을 파기되었지만, 이 이만은 하나님께서 그들의 마음에 두실 새 언약입니다. 하나님께서는 그들의 마음에 율법을 기록하시고 죄를 사해주시고 하나님이 되어 주실 것입니다.

87 경건한 사람들 렘 35:1~11 명령한 대로 행하였느니라
레갑 족속은 이스라엘과 함께 살며 사회 신앙의 자유로운 모습이었습니다. 그들의 조상들이 명령한 대로 행하여 정착하지 않고 유목하며 살아가기 위하여 항상화였다. 세상의 유혹에 현혹되지 않고 거룩하게 구별된 삶을 살아가야 할 것입니다.

88 슬픔의 노래 애 3:19~26 내 고초와 재난을 기억하소서
예레미야는 하나님께 대한 순종의 반역을 탄식한 애가로 크게 슬픔으로 애가를 지어 불렀습니다. 예레미야처럼 우리도 나의 영적인 상태와 우리 민족의 모습을 보며 깊이 회개하는 삶을 살아가야 합니다. 예레미야처럼 우리도 나아가야 합니다.

89 마른 뼈 환상 겔 37:1~10 너희가 살아나리라
에스겔 선지자는 마른 뼈의 환상을 통해 영적 생명력을 잃어버린 이스라엘이 다시금 회복할 것을 예언하였습니다. 하나님께서는 이러한 회복을 하실 대상은 없습니다. 우리가 이 사실을 붙든다면 잘못 회복의 생명을 누리게 될 수 있습니다.

90 생명 강 환상 겔 47:6~12 그 물이 성소를 통하여 나옴이라
하나님께서는 에스겔에게 성전에서 흘러나오는 물은 생수 강에서 보며, 모든 곳들을 회복시킬 것입니다. 모든 회복의 출발은 성전입니다. 예수님을 모시고 우리 각자가 성전이 되어, 생수되신 예수님을 우리를 통해 세상을 회복시키게 가능합니다.

91 뜻을 정한 다니엘 단 1:8~21 자기를 더럽히지 아니하니라
비록 바벨론의 포로로 살아왔지만 다니엘과 세 친구는 뜻을 정하여 자신을 더럽히지 않았습니다. 신앙은 위기 때에 진정한 모습이 드러나게 되었습니다. 하나님은 이 거룩한 뜻을 세운 자들에게 한결같은 은혜와 지혜를 베푸십니다.

92 하나님의 묵시 단 12:1~4 마지막 때까지 이 말을 간수하라
하나님은 다니엘을 통하여 미래의 때와 큰 환난이 있을 것이라고 말씀하셨습니다. 일부만 환란 열매를 지혜 있는 자가 영적 경성의 빛과 다윗의 행한 사람을 옳은 데로 돌아오게 하는 자가 되라 한다고 기록하여왔습니다.

93 인애와 긍휼 호 6:1~11 여호와께 돌아가자
호세아는 이스라엘 백성이 하나님께 돌이키는 때로를 그 사랑하시는 백성들을 눈깔지를 회복하게 합니다. 언제나 우리를 회개하기 기다리시는 하나님은 정한 뜻은 하나님을 백성들이 여호와께로 돌아와 구원을 받는 것입니다.

94 영적 회복 욜 2:28~32 내 영 만민에게 부어주리라
여호와의 날은 이들에게는 심판의 날로, 또는 어떤 이들에게는 구원의 날이 됩니다. 이 사실을 기억하고 모든 마음을 하나님께 돌아와야 합니다. 그런 하나님께서는 긍휼히 여겨 주시고, 성령을 통하여 회복시켜 주십니다.

구미교회 성경153올람
✝ **핵심주제 105~153(마태복음~요한계시록)**

성경153올람은 성경에서 가장 중요한 핵심주제 153개를 뽑아 선정한 것입니다. 이 올람에는 앞에서 105~153까지는 신약성경의 사복음서(마태복음~요한복음)와 역사서(사도행전), 서신서(로마서~유다서), 예언서(요한계시록)에 해당하는 부분으로서, 예수 그리스도와 구원과 교회의 복음 전체 내용에 대하여 알아가고 있습니다.

---

141 바울의 증언 딤후 4:1~8 나의 떠날 시각이 가까웠도다
디모데후서는 바울이 기록한 마지막 편지입니다. 바울은 복음 앞에서 끝까지 믿음을 지켜낸 승리의 믿음을 전하였습니다.

142 생활신앙 딛 2:1~14 자기 백성이 되게 하려 하심이라
디도서에는 성도의 신앙생활과 가정생활의 지침을 기록하고 있습니다.

143 관용의 삶 몬 1:8~19 사랑으로써 간구하노라
빌레몬서는 도망친 노예 오네시모의 관용을 다루고 있습니다.

144 배교의 경고 히 6:1~12 끝까지 소망의 풍성함에 이르라
히브리서는 배교의 시대에 믿음을 끝까지 지켜낼 것을 교훈하고 있습니다.

145 행함의 믿음 약 2:14~26 행함으로 내 믿음을 보이리라
야고보서는 믿음은 죽은 믿음이 아니라 행함이 있는 믿음임을 강조하고 있습니다.

146 나그네 교회 벧전 1:13~25 나그네의 때를 두려움으로 지내라
베드로전서는 나그네 된 성도가 거룩한 삶을 살아가야 할 것을 교훈합니다.

147 제자의 신앙 벧후 3:8~13 주의 날이 도둑같이 오리라
베드로후서는 제자로서 가져야 할 참된 믿음의 자세를 교훈합니다.

148 사랑의 사귐 요일 4:7~21 하나님은 사랑이라
요한일서는 하나님과 우리의 사랑의 교제를 다루고 있습니다.

149 사랑의 계명 요이 1:4~11 계명을 따라 행하라
요한이서는 사랑의 계명을 따라 행할 것을 교훈합니다.

150 사랑의 영접 요삼 1:2~12 진리를 위하여 일하라
요한삼서는 진리를 위하여 일하는 자를 영접할 것을 교훈합니다.

151 이단 경계 유 1:17~23 거룩한 믿음 위에 자신을 세우라
유다서는 이단의 미혹에서 벗어나 거룩한 믿음 위에 자신을 세울 것을 교훈합니다.

152 교회와 종말 계 3:7~13 네 면류관을 빼앗지 못하게 하라
빌라델비아교회는 작은 능력을 가졌으나 믿음을 지킨 충성의 교회였습니다.

153 천국의 소망 계 21:1~7 새 하늘과 새 땅을 바라보도다
천국은 거룩한 곳으로 새 하늘과 새 땅을 소망하며 바라보는 곳입니다.

---

105 오시는 메시야 마 1:18~25 그 이름 예수 임마누엘
마태복음은 구약의 예언대로 메시야로 오신 예수님을 증언합니다.

106 예수님의 시험 마 4:1~11 다만 그를 섬기라
시험에 든 예수님은 말씀으로 마귀를 이기셨습니다.

107 팔복과 산상수훈 마 5:3~12 심령이 가난한 자는 복이 있나니
산상수훈은 복음을 깨달은 참된 성도의 삶을 가르칩니다.

108 베드로의 신앙 마 16:13~20 너희는 나를 누구라 하느냐
베드로는 예수님을 그리스도시요 살아계신 하나님의 아들이라고 고백하였습니다.

109 가장 큰 계명 마 22:34~40 어느 계명이 크니이까
하나님 사랑과 이웃 사랑은 율법과 선지자의 강령입니다.

110 치유의 기적 마 2:1~12 네 죄 사함을 받았느니라
예수님은 중풍병자를 치유하시며 죄 사함을 선포하셨습니다.

111 부활의 기적 막 5:35~43 소녀야 일어나라
예수님은 죽은 소녀를 살리시는 부활의 기적을 행하셨습니다.

112 다스림의 기적 막 6:45~52 내 나라이로되 두려워 말라
풍랑을 잠잠케 하신 예수님은 만물을 다스리는 분이십니다.

113 축사의 기적 막 9:14~29 그 아이들에서 나왔느니라
예수님은 귀신 들린 아이를 고쳐 주셨습니다.

114 섬김의 종 막 10:35~45 섬기는 자가 되라
예수님은 섬김을 받으러 온 것이 아니라 섬기려 오셨습니다.

---

115 사마리아인 비유 눅 10:25~37 누가 이웃이 되겠느냐
누가복음은 영생을 얻는 자가 이웃을 사랑하라고 교훈합니다.

116 어리석은 부자 비유 눅 12:13~21 누구의 것이 되겠느냐
예수님은 탐심을 물리치고 하나님께 대하여 부요한 자가 되라고 하셨습니다.

117 탕자의 비유 눅 15:11~24 잃었다가 다시 얻었노라
탕자의 비유는 돌아오는 죄인을 용서하시는 아버지의 사랑을 보여줍니다.

118 삭개오의 회심 눅 19:1~10 잃어버린 자를 구원하려 함이라
예수님은 죄인 삭개오를 찾아가 구원해 주셨습니다.

119 거듭남 요 3:9~21 영생을 얻게 하려 하심이라
하나님이 세상을 이처럼 사랑하사 독생자를 주셨습니다.

120 오병이어 요 6:1~15 여기 한 아이가 있으니이다
예수님은 오병이어로 오천 명을 먹이는 기적을 행하셨습니다.

121 선한 목자 요 10:7~18 나는 선한 목자라
예수님은 양을 위하여 목숨을 버리는 선한 목자이십니다.

122 십자가 수난 요 19:28~30 다 이루었다
예수님은 십자가에서 인류의 죄를 대속하는 구속사역을 완성하셨습니다.

123 예수님의 부활 요 20:11~18 내가 주를 보았다
예수님의 부활은 죽음을 이기신 승리의 증거입니다.

124 증인의 사명 행 1:1~11 내 증인이 되리라
사도행전은 성령을 받은 성도가 땅 끝까지 주님의 증인이 되어야 함을 교훈합니다.

125 성령강림 행 2:37~47 온 백성에게 칭송을 받으니
성령강림으로 초대교회는 성령 충만한 믿음의 공동체가 되었습니다.

126 바울의 회심 행 9:1~9 나는 네가 핍박하는 예수라
예수님을 핍박하던 사울이 회심하여 바울이 되었습니다.

127 안디옥교회 행 11:19~26 큰 무리가 주께 더하더라
안디옥교회는 이방 선교의 중심이 된 교회였습니다.

128 마게도냐 환상 행 16:6~10 건너와서 우리를 도우라
성령은 바울의 복음 전파를 주관하셨습니다.

129 이신칭의 롬 1:8~17 믿음으로 말미암아 살리라
로마서는 믿음으로 의롭다 함을 얻는 복음의 진리를 교훈합니다.

130 성령의 법 롬 8:1~11 생명의 성령의 법
생명의 성령의 법이 죄와 사망의 법에서 우리를 자유케 하였습니다.

131 성도의 삶 롬 12:14~21 선으로 악을 이기라
성도는 선으로 악을 이기는 삶을 살아야 합니다.

132 지체 의식 고전 12:12~27 너희는 그리스도의 몸이라
성도는 그리스도의 몸을 이루는 지체입니다.

133 참된 사도직 고후 12:1~10 내가 약할 그 때에 강하리라
바울은 약함 가운데 강하게 하시는 하나님의 은혜를 증언합니다.

134 자유의 삶 갈 5:1~15 사랑으로 서로 종노릇 하라
그리스도께서 주신 자유를 사랑으로 섬기는 데 사용해야 합니다.

135 일치의 삶 엡 4:1~10 하나 되게 하신 것을 지키라
성령이 하나 되게 하신 것을 힘써 지켜야 합니다.

136 겸손의 삶 빌 2:1~11 너희 안에 이 마음을 품으라
예수님의 낮아지심과 같이 겸손한 마음을 품어야 합니다.

137 가정의 삶 골 3:18~25 주께 하듯 하라
성도는 가정 안에서 주께 하듯 서로 섬겨야 합니다.

138 믿음의 삶 살전 2:1~12 믿는 자의 본이 되었느니라
데살로니가교회는 믿음의 본이 된 교회였습니다.

139 종말의 삶 살후 2:1~12 그 날이 이르기까지 믿음을 지키라
재림의 날을 기다리며 믿음을 굳게 지켜야 합니다.

140 경건의 삶 딤전 4:6~16 경건에 유익하니
그리스도 예수의 좋은 일꾼은 경건에 이르도록 자신을 연단해야 합니다.

CHAPTER 03

말씀 선포로
가치관을 가르치라

말씀 선포의 기초

말씀 선포의 정의

목회의 꽃은 설교이다. 대부분의 목회자는 목회 현장의 수많은 사역 가운데서 설교를 가장 소중히 여긴다. 목회자의 관점에 따라 여러 가지 목회 사역의 내용이 결정되지만, 목회 현장의 다변화에도 불구하고 가장 많은 관심과 심혈을 기울이는 것은 설교이다. 그러므로 대부분의 목회자는 설교자이기를 바라고, 또 설교를 잘하기를 소망한다. 이렇게 본다면 목회의 꽃은 설교라는 말이 하나도 틀린 말은 아닌 것이다.

그런데 꽃을 피운다는 것이 결코 쉽지 않다. 충분한 자양분을 흡수하려는 뿌리의 힘찬 노동과, 햇빛을 향한 잎사귀의 활발한 광합성 작용으로 나무가 건강하게 자라야 하고, 그 후에도 오랜 인내 끝에 때가 되어 피는 것이 꽃이다. 이와 마찬가지로 깊은 기도를 통하여 충분한 성령의 진액을 공급받고, 위로부터 임하시는 말씀의 조명을 받아 하늘 아버지의 깊으신 뜻을 깨달을 때 비로소 우리의 설교는 꽃을 피울 수 있는 것이다.

목회의 꽃인 설교를 잘 감당하기 위해서 무엇보다 중요한 것은 설교가 무엇인가 하는 그 정의를 확실히 깨닫는 것이다. 설교에 대해서는 학자에 따라 여러 정의가 있을 수 있지만, 이 시간은 설교학 강의 시간이 아니므로 필자가 생각하는 가장 핵심적인 정의를 피력하고자 한다.

단도직입적으로 말해서 설교는 '하나님의 뜻을 선포하는 것'이다. 우리를 향하신 하나님의 뜻이 있는데, 그 하나님의 뜻을 회중에게 온전히 선포하는 것이 바로 설교이다. 이 정의는 아주 일반적이고 당연한 진술이지만, 가장 중요하고도 핵심적인 진술이 아닐 수 없다. 그래서 하나님의 뜻을 설교자가 먼저 깨닫고, 깨닫게 된 하나님의 뜻을 가장 적절한 방법으로 온전히 선포할 때 설교의 목적이 달성되는 것이다.

필자의 설교 철학

필자 역시 설교를 가장 소중히 여긴다. 설교의 꽃을 피우기 위해 부단한 노력을 기울이고 있다. 아니 몸부림친다고 말하는 것이 더 맞을지도 모르겠다. 그러나 필자는 설교의 대가는 아니다. 내용이나 전달(delivery)에 있어서 그렇게 탁월한 능력이 있는 것도 아니며, 타고난 이야기꾼도 아니다. 그저 평범한 설교자에 불과하다. 그러나 한 가지 내세울 만한 것이 있다면 성실함이다. 바로 이 한 가지를 이유로 아래에 나의 설교 방법에 대해 공유하고자 한다.

(1) 설교는 시의적절해야 한다.

설교는 타이밍이 참 중요하다. 지금 회중이 어떤 상황에 있으며 우리 주변 환경은 어떠하며 회중의 마음의 상태는 어떠한지를 잘 살펴서 가장 시의적절한 내용으로 설교해야 한다. 설교가 시의적절하지 않을 때 상황과 분리된 공허한 외침이 되기 쉽다. 시의적절한 설교는 '공감'을 위해서도 가장 중요한 조건이 된다.

(2) 형태는 분석 설교를 지향하는 것이 좋다.

대지 설교가 필요할 때가 있으나 일반적으로는 구태의연한 느낌이 들고, 제목설교는 자칫 자기가 하고 싶은 말만 하게 되는 위험성이 있다. 본문과 제목을 정하기까지는 설교자의 의도가 반영되겠지만 그 후에는 설교자가 하고 싶은 이야기를 하는 것이 아니라 성경 본문이 말씀하시게 해야 한다. 이를 위해 필자는 본문을 깊이 분석하여 메시지를 발견하고 그것을 선포하는 분석 설교를 지향하고 있다. 분석 설교란 주어진 본문의 자리, 배경, 상황 등을 면밀히 분석하여 논리성을 따라 합리성을 가지고 선포하는 설교 형태라 할 수 있다. 여기서 논리성이란 우선 한편의 설교가 앞뒤의 말이 서로 맞지 않는 비논리성을 극복하여 청중의 귀에 자연스럽게 들려야 한다는 뜻이다. 합리성은 신앙의 신비성을 배제한다는 뜻이 아니라 설교가 이해될 수 있도록 기승전결의 구조를 갖추어야 한다는 뜻이다.

(3) 성경 본문이 말씀하시게 해야 한다.

설교의 핵심 메시지는 반드시 성경에서 찾아야 하고, 성경 본문의 이야기가 설교의 주가 되도록 해야 한다. 이를 위해 설교 도입부는 시의적절한 멘트나 간단한 예화로서 충분하다. 그 후에는 빨리 본문으로 들어가서 본문에서 승부를 걸어야 하며, 본문의 정신에 충실해야 한다. 자기주장이나 변명이 아닌 하나님의 뜻이 선포되도록 해야 한다. 너무나 많은 예화를 사용하는 것도 지양하고, 본문을 정해 놓고 너무 다른 이야기를 많이 해도 안 된다.

(4) 한 편의 설교에 한 가지 개념만 집중한다.

약 30분 동안 진행되는 설교는 이것저것을 다 나열하여 판매하는 가판대가 되어서는 안 된다. 설교는 평생 하는 것이므로 한 설교에 한 가지 개념을 집중적으로 강조하는 것이 좋다. 그래야 회중의 집중력도 높아지고 설교의 영향력도 커지며 이런 설교를 회중도 잘 기억할 수 있게 되는 것이다.

(5) 전체 설교는 철저하게 논리성을 갖추어야 한다.

한 편의 설교는 처음부터 끝까지 전체적으로 철저하게 논리성을 갖추어야 한다. 어떤 TV 드라마보다, 어떤 에세이보다 철저하게 논리성을 갖추어야 비로소 그 설교가 회중에게 '들리는 설교'가 될 수 있다. 논리성이란 우선 말이 되게 하자는 것이다. 그러나 논리적이라고 해서 관념적이거나 딱딱하지 말아야 하며, 그 내용은 구체적이고 생활적이어야 한다.

(6) 설교에 있어서 가장 중요한 것은 공감이다.

설교는 케리그마, 즉 선포이다. 이것은 설교가 변증이나 설명이 아니라 하나님의 뜻을 선포하는 것이라는 말이다. 그러나 그렇다고 해도 그 선포를 일방적인 외침으로 이해할 필요는 없다. 선포하되 공감을 얻어야 하고 외치되 마음을 움직여야 한다. 설교의 영향력은 결국 마음의 변화로부터 출발하므로 설교자는 회중의 공감을 얻을 수 있도록 부단한 노력을 기울여야 한다.

(7) 내가 선포하는 설교 안에 나를 포함시킨다.

흔히 설교자가 가지는 착각 가운데 하나는 자기가 저들보다 낫다는 생각이다. 자기가 회중보다 믿음도 낮고 행동도 낮고 그래서 저들을 책망하고 교훈하여 깨우치려는 생각으로 설교하는 경우가 참 많다. 그런데 솔직히 이런 설교를 들을 때 역겨움을 느낀다. 그러므로 어떤 내용을 선포하든 그 선포의 대상에 자기를 포함시키는 고백적인 설교를 하는 것이 좋다.

(8) 설교자는 이야기꾼이 되어야 한다.

선천적이건 후천적이건 설교자는 일단 이야기꾼이 될 필요가 있다. 같은 상황이라도 묘사하는 방법에 따라 그 몰입도는 완전히 달라지므로 흥미 있게 이야기하는 법을 반드시 익혀야 한다. 예를 들면, "① 기차가 달려오고 있다. ② 한 아이가 철로에서 놀고 있다. ③ 아주 위험한 상황이다." 이렇게 묘사하기보다는 "① 한 아이가 철로에서 놀고 있다. ② 그런데 저 멀리서 기차가 달려오고 있다. ③ 아이는 그 상황을 알지 못하고 있다"라고 말하는 것이 훨씬 더 긴박감 있게 전달되는 것이다.

(9) 표정과 전달은 자연스러워야 한다.

설교를 전달할 때 표정과 몸짓과 말투는 자연스러워야 한다. 자연스러운 것이 가장 힘 있는 것이다. 설교자가 모든 태도에 있어서 자연스러울 때 회중에게 이상한 느낌을 주지 않게 된다. 내용이 좋다고 할지라도 이상한 말투, 과잉 행동의 몸짓 등이 있다면 이것은 감동을 반감시키는 결과를 가져올 수밖에 없다. 목회도 설교도 자연스러운 것이 참 좋다.

(10) 풍성한 설교를 위하여 독서에 최선을 다한다.

그 누구라도 샘은 마를 수밖에 없는 것이므로 자기 영혼의 샘을 끊임없이 풍성하게 채우는 노력이 필요하다. 이를 위한 노력에는 여러 가지가 있겠지만 가장 중요한 것이 독서이다. 그러므로 우리가 계속 설교자이기를 바란다면 한 주간에 한 번씩은 서점을 찾아야 한다. 그곳에서 지식과 영성의 샘을 발견하고 보충해야만 우리의 설교가 더욱 풍성해지는 것이다.

나의 설교 방법

(1) 본문 정하기

설교 관련 모임에서 강의하는 중에 본문을 어떻게 정하는지 질문을 받은 적이 있었다. 그런데 대부분의 목회자가 주중에 본문과 제목을 정하여 설교하고 있었다. 한 주일 전에 설교할 본문과 제목을 미리 주보에 알려주는 경우도 조금 있었다. 그런데 필자는 항상 한 달 치의 본문과 제목을 미리 정하여 주보에 게시하고 있다. 그래서 매월 마지막 주간이 되면 다음 달에 행할 네 편의 설교 본문과 제목을 정하느라 진이 빠진다. 그러나 이렇게 해 놓으면 시간을 두고 계속 묵상하고 보충할 수가 있어서 설교가 굉장히 풍성해진다.

책을 읽고 느낀 점, 생활 속에서 경험한 일, 묵상을 통해 체득한 내용들이 설교 속에 스며들어서 이미 설교 준비를 하는 중에 스스로 은혜를 경험할 수 있다. 그리고 한 달 네 편의 설교는 각각 개별 구성을 해도 좋고, 한 달 동안의 시리즈로 정할 수도 있다. 그러나 아무리 시리즈로 정한다고 해도 연속 설교는 바람직하지 못하며, 각각의 설교는 반드시 독립되어 고유성을 가지게 하는 것이 좋다.

하지만 위와 같은 경우는 일반적인 상황의 이야기이고, 〈성경 153올람〉 운동을 하는 중에는 성경 전체에서 153개의 본문이 이미 선정되어 있기 때문에 훨씬 수월할 수 있다.

(2) 본문 묵상하기

설교자는 반드시 묵상하는 자가 되어야 한다. 왜냐하면 우리는 묵상을 통하여 메시지를 발견할 수 있기 때문이다. 평이하고 메시지가 없는 설교가 되지 않기 위해서는 끊임없이 묵상하고 깊이 묵상해야 한다. 화려한 문장을 구사한다고, 좋은 예화를 많이 사용한다고 그 설교가 풍성해지는 것은 아니다. 깊은 묵상이 하나님의 뜻을 발견하게 하고 깊은 묵상이 의미가 풍성해지도록 돕는다. 설교는 사실 의미의 덩어리이다. 설교 한 편을 들었는데도 회중이 어떤 의미를 느끼지 못한다면 그 설교는 참으로 공허한 것이 될 수밖에 없다. 사람은 의미 없는 데는 가지 않는다. 설교의 의미가 약하다면 그 설교는 지루하고 공허할 수밖에 없다.

묵상이 이렇게 중요한데 필자는 새벽 묵상을 많이 활용하는 편이다. 우선 한 주간의 초반에 본문을 열심히 읽어둔 다음 매일 새벽 기도회를 인도할 때 열심히 기도도 하지만, 그 시간의 절반 정도는 설교를 위한 묵상을 한다. 이미 읽어둔 본문을 가지고 이렇게도 생각해 보고 저렇게도 생각해 보면 놀랍게도 머릿속에 어떤 의미, 주님이 주시는 메시지가 떠오른다. 그러면 그것을 잘 메모해 두었다가 설교에 녹아들게 할 수가 있는데, 결국 이것은 생명력이 넘치는 설교를 선포하는 데 있어 가장 중요한 출발점이다.

(3) 원고 작성하기

필자는 금요일이면 다가오는 주일의 주보를 작성한다. 그중에서도 심혈을 기울이는 것이 두 가지 있는데, 하나는 주보 전면에 나오는 목양 칼럼이고, 또 한 가지는 그 주일의 설교 요약이다. 이 두 가지는 담임 목회 이후 줄곧 해오는 작업이다. 이 작업은 필자에게 여러모로 유익했는데, 글쓰기의 훈련이 되고 요약 능력을 길러주고 준비된 설교를 할 수 있도록 만들어주었다. 대부분의 목회자가 지난 주일의 설교를 요약해서 주보에 싣는 경우가 많은데 이것은 어쩌면 비효율적인 노력이 될 수 있다. 생각해 보라. 얼마나 많은 성도가 지나간 설교를 읽고자 하겠는가? 그래서 설교 요약을 싣는다면 설교하는 그 주일의 설교 요약을 주보에 싣는 것이 훨씬 좋다. 이것은 설교자에게는 설교를 정리하고 요약할 기회를 주며, 회중에게는 설교를 듣는 데 아주 유용한 자료로 활용될 수 있다.

그리고 필자는 주로 금요일 오후에 설교원고를 작성하는데, 원고 작성할 때의 느낌은 한 문장 한 단어가 축자영감이라는 생각이 들 때가 많이 있다. 왜냐하면 어떤 때는 설교 한편을 주석 하나 보지 않고 단 1시간 만에 작성하는 경우가 있기 때문이다. 이것은 설교원고를 작성할 때 성령께서 주시는 은혜이기도 하지만 한 주간 아니 한 달 동안에 열심히 묵상한 결과이기도 하다. 그렇게 묵상이 풍성하면 원고를 작성할 때 그것이 하나의 통일된 메시지로 아름다운 조화를 이루게 된다. 그리고 필자는 설교원고를 완전한 문장으로 작성하고 토씨까지 완벽하게 기록한다. 물론 필자가 실지로 설교할 때 원고에 얽매여 원고대로만 하는 것은 아니다. 그러나 설교문은 완벽한 문장으로 기록하는 것이 좋다. 이렇게 함으로써 전체 설교의 구성력을 높일 수가 있고 문장력도 기를 수가 있기 때문이다. 목사는 평생 말하고 글 쓰는 사람인데 이왕이면 이런 능력까지 기르는 것이 목회에도 아주 유용하다. 한편 설교 문장은 가장 쉬운 말로 작성하고 글로 기록하지만 문어체가 아니라 구어체 문장으로 작성하려고 노력한다. 보통 필자는 A4용지를 가로놓기로 하여 두 단으로 나누고 약 4장 분량으로 설교원고를 작성하는데 그 끝을 스테플러로 찍게 되면 마치 책과 같은 모양이 된다.

(4) 설교 실행하기

필자는 설교원고 작성이 끝난 토요일은 온통 설교 연습에 시간을 할애한다. 설교의 내용도 중요하지만 그 내용을 잘 전달하는 것도 중요하기 때문이다. 소위 말하는 딜리버리(Delivery, 전달)에 있어 필자가 가장 중요하게 생각하는 것은 '자연스러움'이다. 표정도 자연스러워야 하고, 제스처도 자연스러워야 한다. 말투 역시 자연스러운 것이 좋은데 너무 거룩한 톤으로 하지 말고 대화하듯이 자연스럽게 하는 것이 좋다. 중요한 것은 시선인데 반드시 회중을 바라보고 설교해야 한다. 저 멀리 뒷면 벽을 본다든지, 양쪽 창문으로 고개를 돌려 버린다든지, 혹은 고개를 숙이고 그저 원고만 본다든지 하는 것은 설교의 효과를 반감시키게 된다. 그리고 필자는 주일 낮 예배 설교 시간은 아무리 길어도 30분을 넘기지 않으려고 하고, 전체 예배 시간은 1시간을 넘기지 않으려고 한다. 지금 우리가 사는 이 시대가 속도와 변화의 시대인데 시대를 무조건 따라갈 필요는 없지만 여러 가지 경험으로 미루어 볼 때 1시간 동안 진하게 예배드리면 족하다고 본다.

"설교하기 위해서는 강도 건너가지만 설교를 듣기 위해서는 길도 건너가지 않는다"는 말이 있다. 말하기는 좋아하고 듣기는 싫어하는 우리의 모습을 지적하는 말이다. 이제부터 어떤 설교를 하든 그 선포의 대상에 자신을 포함하면 좋겠다. 이것은 곧 자기를 향해 설교하자는 것이다. 성도를 목회하기 전에 자기를 먼저 목회하자는 것이다. 이런 인식의 전환이 우리의 설교를 겸손하게 하고, 결국 고백적인 설교가 되게 만들어준다. 여러 독자의 설교 현장을 성령께서 조명하여 주심으로써 풍성한 은혜가 차고 넘치게 되기를 간절히 소망한다.

성경153올람의 말씀 선포

설교의 예시

〈성경153올람〉 운동에 있어서 설교는 대단히 중요하다. 왜냐하면 이 운동의 한 기둥인 가치관 훈련은 설교 선포를 통해서 이루어지기 때문이다. 그래서 가치관 훈련의 차원에서 작성하고 선포한 설교의 예시를 2편 정도 소개하고자 한다. 153개 전체의 설교 내용을 찾아보기 원한다면 이 책과 함께 더불어 곧 출간 예정인 〈성경153올람 설교〉(가제)란 책을 참조하면 된다.

- 제목 : 하나님이 천지를 창조하시니라
- 본문 : 창세기 1:1-5

　　오늘은 참으로 역사적인 주일입니다. 하나님께서 시작하신 '새 일', 〈성경153올람〉 운동을 이제 오늘부터 구체적으로 시작하는 주일이기 때문입니다. 정말 가슴이 벅차고, 아주 대단한 영적 흥분이 마음속에 차오릅니다. 이제 이 '새 일'을 통해서 하나님께서 역사하시고, 한국교회를 새롭게 하실 것을 생각하니 너무나 감개무량합니다. 이 거룩한 영적 운동에 정말 기꺼이, 정말 함께하는 마음으로 동참해 주시기를 간절히 바랍니다.

　　이제 드디어 오늘 첫 번 주제의 말씀을 여러분에게 선포해 드리고자 합니다. 다시 한번 간곡히 부탁드립니다. 지금 이 일은 정말 이 시대에 하나님이 명령하신 '새 일'이고, 우리 교회가 영적 전쟁의 선봉에 서서 행하는 너무나 귀하고 의미 깊은 일입니다. 그리고 여러분 개인에게도 어쩌면 다시는 찾아오지 않을 기회일지도 모릅니다. 그동안 살아오며 성경을 한 번도 읽지 않은 분도 계실 텐데, 이번에 작정하고 동참하시면 좋겠습니다.

바로 이런 의미에서 가능하면 성경을 새로 사서 〈성경153올람〉 전용으로 쭉 읽어나가는 것도 참 좋겠습니다. 그래서 〈성경153올람〉이 진행되는 동안에 설교나 가정예배 메모도 하고, 또 진도에 맞춰서 여러분 스스로 성경을 정독하면 여러분 평생에 가장 아름다운 3년이 될 것입니다.

창세기 1장 1절, 성경의 첫 문장은 이렇습니다. "태초에 하나님이 천지를 창조하시니라" 성경의 첫 문장이 이렇다는 것은 아주, 굉장히, 중요한 의미를 내포하고 있습니다. 사실 성경은 하나님이 어떻게, 왜 존재하게 되셨는지, 그리고 천지창조 이전에는 하나님이 뭘 하고 계셨는지, 이런 것들에 대하여 전혀 설명하지 않습니다. 왜냐하면 히브리적 사고에 있어서 그것은 당연한 것이기 때문입니다. 이것을 독일말로 'Sollen', '당위' 라고 하는데, 성경은 하나님이 계신 것은 당연한 것이기 때문에 곧바로 태초에 하나님이 천지를 창조하셨다고 기록하고 있는 것입니다.

하나님이 태초에 천지를 창조하셨는데, 하나님의 창조에는 3가지 특징이 있습니다.

첫째는 '무로부터의 창조' 입니다(크레아치오 엑스 니힐로, Creatio ex nihilo). 성경에서 '창조하다' 라는 동사는 두 가지로 나타나고 있는데, 하나는 '바라' 이고 다른 하나는 '아싸' 입니다. 이 두 단어는 용법이 좀 다른데 '바라' 는 아무 재료 없이 무로부터의 창조를 말할 때 쓰는 단어이고, '아싸' 는 이미 있는 어떤 재료를 가지고 뭘 만들 때 사용하는 단어입니다. 창세기 1장에 사용된 단어는 모두 '바라' 입니다. 하나님께서 아무것도 없는 무로부터 이 모든 천지 만물은 창조하셨다는 사실을 말하는 것입니다.

둘째로, 하나님의 창조는 '혼돈과 무질서로부터 질서와 조화' 를 이루신, 지극히 아름다운 창조라는 것입니다. 2절을 보시면, "땅이 혼돈하고 공허하며 흑암이 깊음 위에 있고 하나님의 영은 수면 위에 운행하시니라" 말씀하십니다. 여기 나오는 '혼돈'과 '공허', 이 두 단어는 히브리말로 '토후' 와 '보후' 라고 하는데, 토후는 '황폐함'을 뜻하고, 보후는 '공허함'을 뜻하는 단어입니다. 거기에다가 흑암이 깊음 위에 있다고까지 말씀하였으니까 이 모든 상황을 종합하면 그야말로 카오스, 혼돈의 상태인데, 이런 중에 하나님께서는 6일 창조를 통하여 이 세상을 정말 질서 있고 조화롭게 만드셨다는 사실입니다. 그러므로 우리는 창조주 하나님을 꼭 본받아서, 혼돈이나 무질서를 극복하고, 우리 모든 삶의 현장에서 온전히 질서와 조화를 이루는 삶을 반드시 살아야 하는 것입니다.

셋째로, 창조의 모습 가운데 중요한 또 한 가지는 하나님은 천지 만물을 창조하실 때 '말씀으로 창조' 하셨다는 것입니다. 첫째 날, 하나님께서 "빛이 있으라" 말씀하시니까 그대로 빛이 있게 되었습니다. 그리고 이러한 패턴은 여섯째 날까지 계속해서 반복되는데,

하나님은 6일 동안 계속해서 오직 말씀으로만 모든 만물을 창조하십니다.

하나님 말씀은 이렇게도 중요하고, 권능이 가득 찬 말씀이기 때문에, 우리는 믿음의 삶을 살아갈 때 정말 하나님 말씀에 순종하고, 오직 하나님 말씀으로 날마다 승리하는 삶을 살아야 하는 것입니다.

이렇게 창조 때의 특징 3가지를 꼭 기억하시고, 이제 창조 이야기 속으로 더 깊이 들어가 보겠습니다. 하나님은 6일 동안에 모든 천지 만물을 창조하셨습니다. 첫째 날은 빛을 만드셨고 둘째 날은 궁창, 즉 하늘을 만드셨고 셋째 날은 육지와 바다와, 각종 식물들을 만드셨고 넷째 날은 일월성신, 각종 광명체를 만드셨고 다섯째 날은 하늘의 새와 바다의 물고기를 만드셨고 마지막 여섯째 날에는 모든 육축과 사람을 만드셨습니다.

그런데 하나님께서 6일 동안 천지 만물을 창조하실 때에, 창세기 1장에 제일 많이 등장하는 단어가 있습니다. 그것은 바로 "각기 종류대로"(10회)라는 표현입니다. 이 말씀은 생물이 아메바에서부터 진화해서 오늘날 인간이 된 것이 아니라, 모든 생물은 애초부터 그 종으로, 각기 종류대로 만들어졌다는 것을 말씀하는 것입니다.

이제 바로 이 대목에서 저는 '창조론'과 '진화론'에 대해서 말씀 드리지 않을 수 없습니다. 이 이야기는 많이 하지는 않겠습니다. 왜냐하면 이것은 괜한 논쟁을 불러일으킬 뿐이고 결국 그 사람의 믿음의 문제이기 때문입니다. 그래서 이에 대해 간단히 몇 말씀만 드리면, 창조론은 하나님께서 모든 천지 만물을 만드셨다는 사실을 믿는 것입니다.

이에 비해 세상에서는 이 모든 우주 만물이 절대자 창조주가 만든 것이 아니고, 그냥 우연히 있게 되었다고 말합니다. 아무런 이유가 없습니다. 그냥 그렇게 있게 되었다는 것입니다. 그런데, 보세요. 지금 제가 안경을 쓰고 있습니다. 그런데 이 안경은 누가 분명히 만들어서 있는 것입니다. 이 안경이 저절로 있게 되었다는 것은 도무지 있을 수가 없는 일입니다.

우주 만물이 우연히 그냥 있게 되었다고 하는 이런 설명은 사실 과학자들이 금과옥조처럼 여기고 있는 열역학 제1 법칙에도 위배되어서 스스로 모순을 안고 있습니다. 열역학 제1 법칙은 폐쇄된 체제 안에서 에너지의 형태는 변하지만 에너지의 총량은 결코 변하지 않는다는 법칙으로 에너지 보존의 법칙이라고 부르기도 하고, 질량 불변의 법칙도 이 법칙에 속하는 같은 개념입니다.

과학자들이 금과옥조로 여기는 이 법칙에 의하더라도, 아무것도 없는 무에서 그냥 우연히 이 우주 만물이 있게 되었다고 하는 것은 도무지 있을 수가 없는 것입니다. 이것은 열역학 제1 법칙에 위배됩니다. 그래서 결국 이 모든 우주 만물은 어떤 절대자, 우리 하나님이 만드신 것이고, 그 결과 모든 우주 만물은 존재하게 된 것입니다.

그다음에 생명의 기원에 대해서 지금 세상 과학이 설명하고 있는 것은 열역학 제2 법칙에 완전히 모순됩니다. 열역학 제2 법칙은 물질계를 자연 상태로 방치하면 물질의 에너지의 엔트로피(entropy, 무질서도)가 증가하지, 결코 낮아지지 않는다는 법칙입니다. 이 법칙은 에너지 질 저하의 법칙인데, 예를 들면 목재 책상을 방치하면 부패해서 원자 및 분자 상태로 분해되는 것이지, 목재에서 싹이 나고 잎이 나서 나무가 되지는 않는 것입니다. 그래서 우연히 그냥 무기물로부터, 조건이 맞아떨어져서 생명체가 만들어진다는 것은 열역학 제2 법칙에도 위배되는 것으로써 이것은 도무지 있을 수가 없는 일입니다.

그리고 생물학적 실험으로도 그 유명한 파스퇴르의 실험에서 이미 밝혀졌는데, 그 실험의 결과는 무기물로부터 생명을 만들어낼 수 있는 것이 아니라, 생명체는 오로지 생명체로부터만 나온다는 사실이 입증되었습니다. 그러므로 우리는 생명의 기원이라고 하는 것은 오직 하나님께서 각기 그 종류대로 생물을 만드신 것이고, 특별히 우리 인간은 하나님께서 처음부터 인간으로 만드신 것이라는 사실을 분명히 믿어야 합니다.

본래 과학이라고 하는 것은 언제나 어디서나 관측이나 측정이 가능하고, 누가 실험을 해도 똑같이 객관적인 결과가 나올 때 이것을 과학적 사실이라고 말합니다. 그런데 지금 세상은 우주 만물이 있게 된 것도, 생명의 기원 문제도, 그냥 우연히 그렇게 있게 되었다고 하니까 도대체 이것을 어떻게 과학이라고 할 수 있습니까?

그래서 설명이 안 되면 설명을 못 하겠다고 해야 하는데, 하다 하다 설명이 안 되니까 우주의 기원을 빅뱅, 대폭발로 설명하는데, 여전히 빅뱅 이전에는 어떤 상태인지, 누가 이 빅뱅을 일으켰는지 아무것도 설명하지 못하고 있습니다. 그래서 사실은 빅뱅도 진화론도 하나의 가설일 뿐이고, 가설인 것을 과학적 사실로 가르치는 것은 무리가 있는 것입니다. 우리나라 교과서에서는 이것을 무조건 과학적 사실이라고 가르치고 있는데, 그나마 서구 사회에서는 과학적 사실로 가르치기도 하지만, 어느 정도는 가설이라고도 설명하고 있습니다.

여러분, 이런 이야기는 끝도 없이 할 수 있습니다만, 쓸데없는 논쟁이 될까 봐 여기까지만 하겠습니다. 그리고 사실 우리가 성경을 읽으면서 과학적 논쟁을 할 필요는 없습니다. 성경이 과학적 사실을 포함하고 있지만 성경은 과학책이 아니기 때문입니다. 성경은 기본적인 사실(fact) 외에 훨씬 더 많은 의미, 무엇보다 훨씬 더 많은 믿음을 설명하려고 하는 것이지 과학적 사실을 설명하려고 하는 책은 아니기 때문입니다.

그래서 이제는 여기에서 방향을 돌이켜서, 하나님께서 나를 창조하셨다는 이 사실이 나에게 도대체 어떤 의미가 있느냐 하는 문제에 집중하고자 합니다.

1. 우연의 가치관

앞서 말씀드린 것처럼, 우주의 기원, 생명의 기원, 진화론, 이런 것들을 설명하는 세상의 과학은 철저하게 한 가지 개념에 맞닿아 있는데, 그것은 바로 '우연의 가치관'입니다. 그러니까 우주 만물이 존재하게 된 것도, 생명체가 출현하게 된 것도, 그 생명체가 점점 진화를 거듭하여 인간이 되었다고 말하는 이 모든 설명의 기저에는 바로 이 '우연'이라고 하는 가치관이 깊이 내재되어 있는 것입니다. 모든 것이 다 우연입니다. 이 우주, 이 세상 모든 자연 만물은 그냥 우연히 처음부터 존재한 것이고, 생명체가 출현하게 된 것도 다 우연이고, 그래서 지금 '나'라고 하는 이 존재 역시 우연히 있게 되었다는 것입니다.

그러나 여러분, 하나밖에 없는 내 인생을 어떻게 우연에 걸 수 있겠습니까? 과학적이지도 않고, 아무런 의미도 없는 우연에 어떻게 내 인생을 맡길 수가 있겠습니까? 우리는 결코 그럴 수가 없습니다. 내가 우연히 존재하게 되었다는, 그리고 내 생명이 다한 다음에 그냥 소멸할 수밖에 없다는 이런 가치관에 내 인생을 걸 수는 없습니다. 결코 그럴 수 없습니다.

2. 창조의 가치관

그렇다면 여러분, 우리는 도대체 어디에다 우리의 인생을 걸 수 있겠습니까? 그것은 오직 하나밖에 없습니다. 바로 '창조의 가치관'입니다. 하나님이 천지 만물을 창조하시고 나도 만드셨다고 분명히 믿는 신앙, 바로 이 창조신앙이 나의 가치관이 되어야 합니다. 이 창조신앙은 너무너무 중요해서 모든 신앙의 뿌리 신앙, 근본 신앙, 기초신앙, 원초적인 신앙이 됩니다. 생각해 보십시오. 하나님이 모든 천지 만물을 만드셨다고 믿는 사람이 임마누엘 신앙, 고난의 신앙, 섭리의 신앙을 왜 믿지 못하겠습니까? 그래서 창조신앙은 모든 신앙의 출발점입니다.

그러면 여러분, 이렇게도 중요한 창조신앙의 핵심 내용은 무엇일까요? 저는 이 창조신앙이 너무너무 중요해서 제 나름대로 3가지로 구성해 보았습니다.

1) 첫째는, 창세기 1장이 확실히 알려주는 대로, 하나님께서 모든 천지 만물, 모든 우주 만물을 만드셨다는 사실입니다.

2) 둘째는, 우주 만물을 만드신 하나님이 나도 만들어주셨다는 사실입니다.

3) 셋째는, 나를 만드신 하나님이 나의 모든 삶을 책임져 주신다는 것입니다. 우주 만물을 만드신 하나님이, 나도 만들어주셨고, 그래서 하나님은 나의 모든 삶을 책임져 주십니다. 바로 이것이 창조

신앙입니다. 이 3가지를 기억하면 정말 가슴이 벅차오르고 용기백배해지고 내 인생의 의미가 충만해지고 정말 활기찬 인생을 살아갈 수 있게 되는 것입니다.

그래서 이 세 가지 창조신앙을 여러분이 잘 기억할 수 있도록 아예 창세기 1장 1절을 경구처럼 외워두시면 좋겠습니다. "베레시트 바라 엘로힘." 하나님이 창조하셨다는 선언입니다. "베레시트 바라 엘로힘." 이 말을 꼭 암송해 두면 힘들 때 이 말씀이 모든 것을 이길 수 있게 해주고, 어려울 때 하나님을 바라보게 만들어주고, 마음이 약해졌을 때 용기백배하게 만들어주고, 아주 많이 외로울 때에 마음 든든하게 만들어주는 것입니다. "베레시트 바라 엘로힘" 꼭 기억하시기 바랍니다.

하늘에 별이 얼마나 많은지 아십니까? 동쪽에 백백, 서쪽에 백백, 남쪽과 북쪽에 백백, 그리고 가운데는 스물 스물, 그래서 하늘의 별은 모두 840개라는 이야기가 있습니다. 이 이야기는 우스갯소리입니다만, 실제로 우리 눈으로 볼 수 있는 별의 숫자는 5천 개 정도라고 합니다.

그런데 하늘에 별이 정말 5천 개밖에 없을까요? 결코 그렇지 않습니다. 우리가 사는 지구는 태양계 안에 속해 있고 태양계는 훨씬 더 큰 은하계라는 성단에 속해 있습니다. 정말 놀라운 사실은 이 은하계 안에는 별이 무려 1천 억 개가 넘게 있고, 이런 은하가 이 우주

안에는 또 2천 억 개가 있다는 사실입니다. 그래서 이것을 수치로 표현하면 7×10^{22}개나 되는 어마어마한 숫자입니다.

별이 이렇게 숫자가 많은 것도 놀라운 사실이지만 태양 주위를 도는 우리 지구가 천년만년 똑같은 위치에서 공전과 자전을 하고 있다는 것, 이게 더 놀랍지 않습니까? 만유인력, 원심력, 구심력 등 뭐 이런 말로 설명하지만 그것은 현상을 설명한 것뿐이고, 딱 그 자리에서 공전과 자전을 하도록 만들어 놓으신 분은 우리 하나님이십니다.

여러분, 이것은 참으로 놀라운 사실이 아닐 수 없습니다. 그런데 더 놀라운 사실은 아직도 많이 남아 있습니다. 시편에 이런 말씀이 있습니다. "그가 별들의 수효를 세시고 그것들을 다 이름대로 부르시는도다. 우리 주는 위대하시며 능력이 많으시며 그의 지혜가 무궁하시도다"(시 147:4-5). 여러분, 시편에 의하면 하나님이 하늘의 무수한 별들을 다 세시고, 그것들을 다 이름대로 부르신다고 말씀합니다. 우리는 수, 금, 지, 화, 목, 토, 천, 해… 태양계의 10개도 안 되는 별을 외우는 데도 첫 자만 외워서 이렇게 겨우 기억하고 있는데, 우리 하나님은 이 우주의 모든 별을 다 아시고 그 이름을 다 기억하고 계신다는 사실입니다.

그러니 천하보다 귀한 성도 여러분 한 분 한 분은 우리 하나님께서 얼마나 잘 기억하시고 돌보아주시겠습니까? 우리 하나님은 여러분을 이 땅에 내신 분이시고, 여러분의 이름을 다 알고 계신 분입니다. 여러분 자신보다 하나님이 여러분을 더 잘 알고 계시고, 여러분을 다 섭리하시고, 다 책임져주시고, 결국에는 합력하여 선을 이루어주십니다.

이것이 바로 '창조신앙' 입니다. 오늘 〈성경153올람〉 운동의 첫 시간 첫 메시지는 바로 이것입니다. 여러분, 진실로 우리는 창조신앙을 꼭 붙들어야 합니다.

우주 만물은 절대로 우연히 만들어지지 않았습니다. 생명의 기원도 절대로 우연히 만들어지지 않았습니다. 무엇보다 '나' 라는 존재는 절대로 우연히 이 땅에 태어난 것이 아닙니다. 우리는 하나님께서 이 땅에 내셨습니다. 여러분은 참으로 존귀한 분들입니다. 하나님께서 여러분을 이 땅에 내시고, 여러분의 모든 삶을 분명히 책임져 주십니다. 바로 이 사실을 기억하고 진실로 목적 있는 삶을 살아야 하는 것입니다. 바로 이 창조신앙을 꼭 붙들고, 날마다 가슴 뿌듯하게, 날마다 용기백배하게, 날마다 목적이 이끄는 삶을 살아가시는 성도 여러분 꼭 되시기를 주님 이름으로 축원합니다.

- 제목 : 오직 나와 내 집은 여호와를 섬기겠노라
- 본문 : 여호수아 24:14-18

오직 하나님의 은혜로 이스라엘 백성들은 여호수아의 지도 아래 여리고와 아이 성 등 중부지역을 가장 먼저 공격하였고 이어서 남부지역, 북부지역을 차례로 점령하였습니다. 이렇게 가나안 땅 거점 정복전쟁을 거의 다 마치고 여호수아는 지파별로 땅을 분배해 주었습니다.

이렇게 땅을 분배하는 일은 효율성의 문제를 뛰어넘어 구속사에 있어 아주 중요한 의미를 지니고 있습니다. 그 구속사적 의미를 한마디로 말하면, 하나님께서 아브라함과 이삭과 야곱에게 주리라 약속하신 바로 그 땅을 이제 이스라엘 백성들에게 구체적으로 주셨다는 사실입니다. 바로 이것이 언약의 성취이고, 이 언약이 성취되기까지 무려 430년이란 긴 세월이 흘렀고, 그 과정에서 수많은 위기가 있었지만, 하나님은 그 약속을 결코 잊지 아니하시고, 바로 지금 이스라엘 백성들에게 그 약속의 땅을 주신 것입니다.

이렇게도 중요한 의미가 있어서 그런지 여호수아 14장부터 22장까지, 무려 9장에 걸쳐서 땅의 분배 내용을 상세하게 기록하고 있습니다. 이렇게 14장부터 22장까지 땅의 분배를 다 마치고, 23장에 이르게 되면 여호수아는 이제 이스라엘 백성들에게 마지막 유언처럼 고별설교를 합니다.

23장 1절에 보면, "여호수아가 나이 많아 늙은지라" 이렇게 나와 있는데, 대략 나이 계산을 해보면, 여호수아가 가나안 정복을 마쳤을 때는 90세 정도였고, 그로부터 20년 가까이 지났기 때문에 23장에서 그의 나이는 110세 정도가 되었습니다. 그는 자신의 임종이 가까웠음을 깨닫고, 백성의 대표자들을 불러 모았습니다. 그리고 입을 열어 강조하는 말이, 지난 역사를 회고하면서, 우리를 위해 친히 싸워주시고 우리에게 이 땅을 차지하게 하신 분은 오직 우리 하나님 여호와이신고로 너희는 절대로 하나님의 은혜를 잊지 말라고 당부하였습니다(3-5절).

그리고 이어서 백성들과 연관 지어 말하기를, 지금의 우리를 있게 하신 분은 하나님이시니까, 오직 하나님만을 가까이하여 잘 섬겨야 한다는 것을 분명하게 교훈하였습니다. 이를 위해 먼저 경계한 것은, 이스라엘이 가나안의 이방인들 속으로 들어가서 그들과 더불어 혼인하면 안 되고, 특히 그들의 신들, 우상을 절대로 섬기면 안된다고 강조하였습니다.

여호수아가 마지막 고별설교를 하는 그 내용은 자기 선배 모세가 신명기를 통하여 3편의 고별설교를 한 내용과 아주 많이 닮아 있는데, 그 설교의 핵심이 똑같습니다. 그래서 지금 여호수아가 전하고 있는 고별설교의 핵심은 하나님 말씀에 대한 순종 여부에 너희 이스라엘의 앞날이 달려 있다는 것입니다. 그래서 여호수아는 백성들에게 설교하는 중에 23장 6절에서 바로 이 내용을 아주 분명하게 강조하고 있습니다.

"그러므로 너희는 크게 힘써 모세의 율법 책에 기록된 것을 다 지켜 행하라 그것을 떠나 우로나 좌로나 치우치지 말라"(수 23:6).

여러분, 이것은 오늘도 마찬가지입니다. 우리 신앙생활의 기준은 오직 하나님 말씀, 성경이고, 우리가 어떻게 살아가야 하는지 우리들 가치관의 원천도 바로 성경입니다. 그래서 늘 성경을 읽고 그 말씀을 묵상하고 그 가치관을 나의 것으로 체득하고 그 가치관을 따라 살아가는 것, 이것이 모든 믿음의 삶의 핵심 내용입니다. 바로 이와 같은 명백한 이유 때문에 지금 우리는 〈성경153올람〉 운동을 이 시대 하나님께서 행하시는 새 일이라 믿고, 아주 생명을 걸고 힘써 행하고 있는 것입니다.

이렇게 유언과도 같은 절절한 고별설교를 감당한 후에, 여호수아는 이스라엘 모든 지파를 '세겜'이란 곳에 불러 모았습니다. 세겜은 그 옛날 아브라함이 고향 친척 아버지의 집을 떠나 가나안 땅에 들어온 후에 가장 먼저 제단을 쌓았던 곳입니다. 그리고 이스라엘

12지파의 조상 야곱이 인생의 환난을 당했을 때 모든 우상을 땅에 묻고 새출발을 감당하였던 곳입니다.

이처럼 세겜은 한 마디로 '신앙 결단'의 장소인데, 이제 여호수아는 바로 이 장소에 이스라엘 모든 지파를 다 불러 모으고 마지막 '고별사'를 합니다. 여기서 '고별사'라고 하는 것은 이제 여호수아가 마지막 죽음을 맞이하면서 유언처럼 전하는 말입니다. 그동안 모세의 뒤를 이어서 정복사업과 분배작업을 다 마친 여호수아는 이제 앞으로 이스라엘 백성들이 바로 이 가나안 땅에서 어떻게 살아가야 하는지에 대해서 마지막 유언처럼 지금 고별사를 하고 있는 것입니다.

그 절절한 고별사를 하면서 여호수아는 가장 먼저 지난날 이스라엘의 역사를 회고하고 있습니다. 그 내용이 참 중요해서 요약해서 들려드리겠습니다.

1) 우리 조상 아브라함은 우상을 섬기는 사람이었으나 오직 하나님은 은혜로서 그를 불러내셨고, 가나안땅을 그와 그의 후손들에게 주셨다.

2) 하나님은 아브라함에게 아들 이삭을 주셨고 또 그의 아들 야곱에게 아름다운 은혜와 복을 허락해 주셨다.

3) 그 뒤에 너희 이스라엘 자손이 애굽에서 종이 되었을 때에 하나님은 모세와 아론을 보내주셔서 그 종 되었던 땅에 재앙을 내리고 너희를 구원해 내셨다.

4) 출애굽 할 때에 애굽의 군대가 맹렬히 추격해 왔지만, 하나님은 홍해를 가르셔서 이스라엘을 구원해 내시고, 애굽의 군대를 홍해바다에 수장시키셨다.

5) 하나님은 너희를 이끌어 광야 길을 지나게 하셨고, 가나안의 대적들을 다 물리쳐주셔서, 이 땅을 너희 이스라엘 백성들에게 허락해 주셨다.

이렇게 요약해 보니, 정말 하나님께서 이스라엘을 위해 베푸신 은총은 이루 말로 다할 수 없이 대단한 것이었습니다. 이렇게 여호수아는 하나님의 위대한 일들을 다 설명한 다음에, 이제 마지막으로 13절에서는 이렇게 결론짓고 있습니다.

"내가 또 너희가 수고하지 아니한 땅과 너희가 건설하지 아니한 성읍들을 너희에게 주었더니 너희가 그 가운데에 거주하며 너희는 또 너희가 심지 아니한 포도원과 감람원의 열매를 먹는다 하셨느니라"(수 24:13).

여기 나오는 표현을 보십시오. '너희가 수고하지 아니한 땅', '너희가 건설하지 아니한 성읍', '너희가 심지 아니한 포도원과 감람원의 열매', 이 표현들은 우리에게 딱 한 가지 단어를 떠올리게 만드는데 네, 그것은 바로 '은혜'입니다. 그렇습니다. 모든 것이 다 은혜입니다. 오직 하나님의 은혜로 말미암아 이스라엘은 마침내 가나안 땅에 들어와 이 땅을 차지하게 된 것임을 이스라엘 백성은 반드시 알아야 한다는 것입니다.

이것은 이스라엘 백성들만의 이야기가 아닙니다. 우리 역시 이 세상에 태어나 오늘 여기까지 살아온 것은, 모든 것이 다 하나님의 은혜입니다. 너무나 힘들고 어려운 세상 가운데서 하나님이 지켜주시고 인도하시고 책임지시고 보호하시고 이끌어주셔서 오늘의 우리가 있게 된 것입니다. 이 은혜를 절대로 잊지 않고 감사할 때에 진정한 믿음의 삶이 비로소 시작되는 것입니다.

그리고 이어지는 14절 말씀에 처음으로 등장하는 단어가 "그러므로 이제는"입니다. 1~13절까지 하나님께서 이스라엘 백성을 위해 행해주신 일들, 그 은총과 사랑, 하나님의 위대한 행동들을 다 설명하고, 이제 14절 말씀에 들어서면서 "그러므로 이제는" 이 접속사를 사용하고 있는 것입니다. 여러분, 이제 오늘 24장 말씀의 분위기를 충분히 이해하시겠죠?

'그러므로 이제'라는 접속사 그 앞에는 하나님께서 우리를 위해 행하신 위대한 은총의 역사가 '설명문'으로 기록되어 있고, '그러므로 이제'라는 접속사 그 다음에는 하나님께서 명령하시는 '명령문'의 내용이 기록되어 있습니다.

모든 성경은 다 이렇게 기록되어 있습니다. 하나님이 우리를 위해 행해주신 일들을 '설명문'(indikativ)으로 먼저 알려주시고, '그러므로'란 접속사를 사용한 후에, 그다음에는 이렇게 은혜를 입은 사람들이 어떻게 살아야 하는지 '명령문'(imperativ)을 기록하고 있는 것입니다.

그러면 하나님께서 여호수아를 통하여 이제 말씀하시는 그 명령문의 내용이 무엇인지 살펴보겠습니다.

> "그러므로 이제는 여호와를 경외하며 온전함과 진실함으로 그를 섬기라 너희의 조상들이 강 저쪽과 애굽에서 섬기던 신들을 치워 버리고 여호와만 섬기라"(수 24:14).

여러분, 이 말씀은 무슨 말씀입니까? 그것은 다름이 아니라 바로 지금 이제는 신앙적 결단을 해야 한다는 것입니다. 이제는 가나안 땅에서 새로운 삶을 시작해야 하니까 신앙을 새롭게 하라는 것입니다. 그래서 여호수아는 곧바로 이어서 지금까지 이스라엘 백성들이 가지고 있었던 하나님과의 계약 관계를 온전히 새롭게 하는 '계약 갱신'을 진행하였습니다. 바로 이 중요한 내용이 15절 말씀에 기록되어 있습니다.

> "만일 여호와를 섬기는 것이 너희에게 좋지 않게 보이거든 너희 조상들이 강 저쪽에서 섬기던 신들이든지 또는 너희가 거주하는 땅에 있는 아모리 족속의 신들이든지 너희가 섬길 자를 오늘 택

하라. 오직 나와 내 집은 여호와를 섬기겠노라 하니"(수 24:15).

이것이 바로 계약갱신입니다. 지금까지 하나님을 섬겨왔지만, 이제는 그 신앙을 새롭게 해야 한다는 것입니다. 이스라엘은 계약 백성입니다. 하나님은 아브라함과 계약을 맺어주시며, 이스라엘을 하나님의 뜻을 수행할 택한 백성, 선민으로 삼아주셨습니다. 그 후에 하나님은 시내산 계약을 맺어주시며, "나는 이스라엘의 하나님이 되고, 이스라엘은 내 백성이 될 것이라" 말씀하셨고, 특별히 그들에게 율법을 주시고, 하나님의 뜻을 세상 만방에 떨칠 제사장 국가로 삼아주셨습니다.

그런데 이제 오랜 세월이 지났고, 그리고 특히 가나안땅에 들어와서 이제 이 땅에서 새롭게 살아가야 하는 이 시점에 백성들의 계약을 새롭게 해야 할 필요가 있었던 것입니다. 왜냐하면 이제 이 가나안 땅에서 살아가려고 하면 수없이 많은 우상의 도전을 받을 것이고, 수없이 많은 가나안의 문화에 도전받을 것이기 때문입니다. 그래서 여호수아는 이제 자기가 떠나갈 날이 머지않았다는 것을 깨닫고, 마지막으로 이스라엘 백성을 새롭게 하기 위하여 이렇게 '계약갱신'을 단행하고 있는 것입니다.

뜨뜻미지근한 신앙은 버리고, 바로 지금 여기에서 결단하라고 촉구하고 있습니다. 이제 가나안 땅에서 살아가려고 하면 수많은 도전이 있을 텐데, 지금 분명히 결단하고 새로운 삶을 출발하라는 것입니다. 그래서 여호와 하나님을 섬기든지, 아니면 너희 열조가 강 저편에서 섬기던 우상이나 지금 이 땅 가나안 땅의 우상을 섬기든지, 이제 오늘날 너희 섬길 자를 택하라고 강력하게 촉구하고 있는 것입니다.

다행스럽게도 오늘 여호수아가 언약 갱신에 대하여 강력한 도전을 주었을 때에 이스라엘 백성들은 참 귀하고 아름다운 모습으로 응답하였습니다.

"백성이 대답하여 이르되 우리가 결단코 여호와를 버리고 다른 신들을 섬기기를 하지 아니하오리니 이는 우리 하나님 여호와께서 친히 우리와 우리 조상들을 인도하여 애굽 땅 종 되었던 집에서 올라오게 하시고 우리 목전에서 그 큰 이적들을 행하시고 우리가 행한 모든 길과 우리가 지나온 모든 백성들 중에서 우리를 보호하셨음이며"(수 24:16-17).

백성들은 결단코 여호와를 버리고 다른 신들을 섬기지 않겠다고 하였습니다. 자기들도 오직 하나님만을 섬기겠다고 결단하였습니다. 이러한 '계약 갱신'은 이제 오늘 우리에게도 너무나 필요한 모습이 아닐 수 없습니다. 특별히 포스트모더니즘 시대가 불쑥 다가와서 절대적 믿음이 상대적 믿음이 되고, 코로나 시대가 불쑥 찾아와서 교회에 모이는 일이 힘든 시대가 되어서, 오늘날 우리의 믿음이 너무나 큰 도전을 받고 있기 때문입니다. 이제 사람들은 돈과 물질을 하나님처럼 섬기고 있고, 이성과 감각이 발달하여 세상 즐거움과 쾌락을 탐닉하고 있고, 아주 이기적인 개인주의 속에서 이 세상은 점점 더 믿음과 반대되는 길로 나아가고 있기 때문입니다.

그래서 오늘날 우리의 믿음은 점점 얇아져 가고 있고, 신앙생활은 내 삶 전체에 단지 일부분이 되고 있고, 무엇보다 이런 현상은 우리의 다음 세대에게 막대한 영향을 끼치고 있습니다. 사랑하는 성도 여러분, 이러한 신앙 세태 가운데서 오늘날 우리에게도 '언약 갱신'이 너무나 필요하지 않습니까? 자꾸만 이 시대가 그렇게 흘러가서 그렇지, 우리는 신앙을 아는 사람인고로 정말 우리에게 믿음이 전부이지 않습니까? 아무리 시대가 변하여도 결국은 예수님 잘 믿고 천국 가는 것이 가장 중요하지 않습니까? 세상 사람들에게 이런 이야기가 허무맹랑하게 들릴지 모르지만, 아무리 그래도 결국 천국에 가야 최후의 승리를 얻는 것이 아닙니까?

그렇다면, 정말 이것을 인정한다면, 우리는 오늘 본문의 언약 갱신과 같이 우리도 역시 우리의 믿음을 새롭게 하여 오늘날 우리가 섬길 자를 온전히 선택해야 하는 것입니다. 더군다나 우리 인생은 한 번 살면 끝나버리는 인생이기 때문에, 결코 후회하지 않는 삶을 살기 위해서 우리는 하나님이 기회 주실 때에 새롭게 결단해야 하는 것입니다. 여러분, 신앙은 양자택일입니다. 하나님과 세상을 겸하여 섬길 수가 없는 것입니다. 하나님과 우상을 겸하여 섬길 수 없는 것입니다. 하나님과 재물을 겸하여 섬길 수 없고, 하나님과 세상을 겸하여 사랑할 수 없는 것입니다. 그래서 오늘 우리도 계약 갱신을 통해 한 가지를 선택해야 하는 것입니다.

사실 저는 설교 말씀을 전할 때마다 마음 한구석이 참 편치가 않고, 한편 참 안타까운 마음이 있습니다. 그것은 앞서 말씀드린 것처럼 시대가 너무 많이, 너무나 빨리 변하고 있고 점점 더 믿음이 얇아지는 이 시대에 나는 자신도 다 실천하지 못하는 말씀을 너무 당연하게 전하고 있지 않은가 하는 마음이 들 때가 있습니다. 그래서 목회에 대해서 참 근본적인 고민을 할 때가 한두 번이 아니고, 앞으로의 한국교회가 어떠해야 하는지 참 막막한 마음으로 고민이 많았습니다.

이런 중에 지난 주간은 말씀을 준비하면서, 허드슨 테일러 선교사의 이야기가 마음에 아주 큰 울림을 주었습니다. 1869년, 중국 선교사 허드슨 테일러(Hudson Taylor)가 쓰러졌습니다. 몸도 지쳤고 마음은 더 지쳤습니다. 온전히 하나님이 기뻐하시는 삶을 살지 못한다는 자책감 때문이었습니다. 거룩한 사람이 되려고 애를 썼지만 그럴수록 거룩하지 못한 자신을 발견하였습니다. 중압감 때문에 신경이 예민해져서 자주 화를 냈고 말도 거칠게 하는 자신을 보고 당황하였습니다.

그래서 기도하고 금식하고 말씀을 읽었지만 소용이 없었습니다. '자신이 말씀대로 살지 못하면서 어떻게 예수 믿으면 하나님의 자녀가 되는 권능을 주신다고 선포할 수 있는가?' 하는 생각에 좌절하며 쓰러졌습니다.

그런데 그때 맥카디 선교사로부터 편지가 왔는데, 거기 한 구절이 정말 빛으로 다가왔습니다.

"어떻게 믿음을 강하게 할 수 있는가? 그것은 믿음을 구하려고 애쓰는 것이 아니라 그저 신실하신 예수님을 의지하는 것이다."

이 문장을 읽는 순간 허드슨 테일러는 예수님께서 "결코 떠나지 아니하리라" 말씀하시는 음성을 들었습니다.

그래서 "예수께서는 변함없이 신실하시다. 거기에 안식이 있구나! 그동안 헛되이 애써왔구나. 이제 결코 더 이상 애쓰지 않겠다. 예수께서 나와 함께 거하시겠다고, 결코 나를 떠나지 않으시고 버리지 않으시겠다고 약속하셨기 때문이다. 그것이면 충분하다." 그는 아주 큰 은혜를 경험하였습니다.

여러분, 어쩌면 믿음은 내 편에서 노력하거나 안간힘을 쓰는 것이 아니라, 내가 주님 안에 거하는 것, 주님을 바라보는 것, 그저 주님을 신뢰하는 것입니다. 그래서 허드슨 테일러는 더 이상 염려하지 않게 되었고, 더 이상 두려워하지 않게 되었습니다. 그 순간부터 믿음이 충만해져서 허드슨 테일러는 중국 대륙 선교의 아버지로 크게 쓰임 받게 되었습니다.

여러분, 신앙은 방향성입니다. 시대를 거슬러 하나님께로 향하는 방향성입니다. 그래서 내 인생의 방향만 하나님께로 잘 정해 놓으면 하나님께서 우리를 도와주시는 것입니다. 정말 지금은 믿음을 지키기 너무 힘든 시대이고, 배교가 엄청나게 일어나고 있는 시대이지만, 여러분, 오늘 하나님 앞에서 여러분의 믿음을 계약 갱신하시고 여러분의 인생의 방향 하나라도 하나님을 향해 설정해 놓으시면 참 좋겠습니다. "나는 넘어지고 자빠져도 나는 부족하고 연약해도 나는 실패하고 좌절해도 그래도 나는 끝까지 하나님을 향해 간다, 나는 어떤 경우에라도 세상을 향해 내 방향을 틀지 않겠다."

인생은 'B to D'라는 말이 있습니다. 여기서 B는 Birth, 태어남이고, D는 Death, 죽음입니다. 그런데 B와 D 사이는 하나밖에 없죠? 네 C입니다. C는 Choice, 선택입니다. 오늘 본문에서도 여호수아는 "너희가 섬길 자를 오늘 택하라" 선택을 촉구하고 있습니다. 그래서 바로 지금 여기에서 하나님을 선택하는 것, 이것이 바로 신앙입니다.

우리가 다 할 수는 없어도, 우리가 완벽할 수는 없어도, 그래도 지금 여기에서 참된 방향성을 가지고 하나님을 선택하고 신앙의 길을 선택한다면 하나님은 반드시 우리를 응원하시고 진실로 우리를 선한 길로 인도하실 것입니다. 진실로 오늘 말씀을 마음 깊이 기억하시고 신앙을 갱신함으로써 인생의 방향을 하나님께로 향하고, 순간순간 하나님을 선택하여서 믿음의 승리자가 꼭 되시기를 축원합니다.

［ 설교 요약문의 예시 ］

위에서 예시로 제시한 설교는 해당 주일 주보에 설교 요약문으로 실린다. 이에 위의 2편의 설교에 해당하는 설교 요약문 역시 예시로 제시해 본다.

▶ 오늘의 말씀

- 제목 / 하나님이 천지를 창조하시니라
- 본문 / 창세기 1:1~5

"태초에 하나님이 천지를 창조하시니라. 땅이 혼돈하고 공허하며 흑암이 깊음 위에 있고 하나님의 영은 수면 위에 운행하시니라 하나님이 이르시되 빛이 있으라 하시니 빛이 있었고"(창 1:1-3),

오늘은 〈성경153올람〉 운동을 새롭게 시작하는 주일입니다. 참으로 감사가 넘치고, 놀라운 영적 흥분이 우리를 감싸고 있습니다. 오늘부터 시작하여 성경의 153주제를 하나하나 살펴볼 때마다 하나님의 크신 은혜가 여러분 속에 충만하시기를 간절히 기원합니다.

> 태초에 하나님이 천지를 창조하시니라 땅이 혼돈하고 공허하며 흑암이 깊음 위에 있고 하나님의 영은 수면 위에 운행하시니라 하나님이 이르시되 빛이 있으라 하시니 빛이 있었고(창1:1~3)

본문 / 창세기 1 : 1~5　　　　　　　　**제목 / 하나님이 천지를 창조하시니라**

　　오늘은 〈성경153올람〉 운동을 새롭게 시작하는 주일입니다. 참으로 감사 감격이 넘치고, 놀라운 영적 흥분이 우리를 감싸고 있습니다. 오늘부터 시작하여 성경의 153주제를 하나하나 살펴볼 때마다 하나님의 크신 은혜가 여러분 속에 충만하시기를 간절히 기원합니다.

성경의 첫 책, 첫 장, 첫 구절은 이렇게 시작하고 있습니다. "태초에 하나님이 천지를 창조하시니라"(1절). 이 구절은 모든 우주만물 전 존재의 시작을 알려주고 있습니다.
　　1절은 이 세상의 모든 전 존재가 우주만물도, 모든 생명도, 자연만물까지 다 하나님에 의해 시작되었음을 분명히 선포하고 있습니다. 이렇게 하나님께서 천지만물을 창조하실 때에 세 가지의 특징이 나타나고 있습니다. 첫째는 하나님은 무로부터 천지만물을 창조하셨습니다(Creatio ex nihilo). 둘째는 하나님은 혼돈과 무질서로부터 조화와 질서를 이루셨습니다. 셋째는 하나님은 모든 천지만물을 오직 말씀으로 창조하셨습니다. "베레시트 바라 엘로힘(1절)

이렇게 세 가지의 모습과 특징을 가지고 천지만물을 만드실 때에, 특별히 하나님은 6일 동안에 모든 천지만물을 다 창조하셨는데, '각기 종류대로' 만드셨습니다.
　　첫째 날은 빛을 만드셨고, 둘째 날은 궁창 즉 하늘을 만드셨고, 셋째 날은 육지와 바다와, 각종 식물들을 만드셨습니다. 넷째 날은 일월성신, 즉 각종 광명체를 만드셨고, 다섯째 날은 하늘의 새와 바다의 물고기를 만드셨고, 그리고 마지막 날 여섯째 날은 모든 육축과 사람을 만드셨습니다. 이렇게 세상 모든 존재를 만드실 때에 하나님은 '각기 종류대로'(11절, 12절, 21절) 만드셨는데, 이것은 이 세상이 진화론적 가설이 아니라 하나님의 창조로 이루어졌음을 확실히 나타내고 있습니다. 이 놀라운 세상이 '그냥' '우연히' 만들어졌을 리는 절대 만무한 것입니다.

그래서 결국 오늘날 이 세상을 살아가는 모든 사람들은 두 가지 가치관 중에 한 가지를 선택하여 살아가는 것입니다. 그것은 '창조냐' '우연이냐' 하는 두 가지의 가치관입니다.
　　우연의 가치관은 이 세상 모든 만물이 그냥 우연하게 존재하게 되었고, 생명의 기원도 우연히 생겨났다고 보는 견해입니다. 그러나 이것은 과학적 사실이라기보다는 도무지 증명할 수 없는 것이어서 그냥 그렇게 주장하는 것일 뿐입니다. 그리고 이러한 견해는 과학자들이 금과옥조처럼 여기는 열역학 제1법칙과 열역학 제2법칙에 모두 위배되는 아주 큰 모순점을 안고 있습니다. 그런데 무엇보다 이런 가치관을 갖고 살아가면 도무지 인생의 참된 의미는 가질 수가 없는 것입니다.

이제 우리는 '우연의 가치관'이 아니라 '창조의 가치관'을 붙들고 살아야 하는데, 창조의 가치관은 성경이 알려주시는 대로 '창조 신앙'에 기인하고 있습니다.
　　창조신앙은 놀랍게도 세 가지의 핵심 정신을 포함하고 있습니다. 첫째로 하나님께서 모든 우주만물을 만드셨다는 사실입니다. 둘째로 모든 우주만물을 만드신 하나님이 나도 만들어 주셨다는 사실입니다. 셋째로 나를 만드신 하나님이 나의 모든 삶을 책임져주시는 것입니다. 이것은 참 놀라운 신앙정신입니다. 그래서 창조신앙은 모든 신앙의 근본 신앙이요, 뿌리 신앙이요, 기초 신앙입니다. 이 창조신앙을 붙들게 되면 우리는 정말 가슴이 벅차오르고, 용기백배해지고, 내 인생의 의미가 충만해지는 것입니다. 진실로 창조신앙을 가지고 올람, 옛적 길에 서서 날마다 아름답고 활기찬 인생을 살아가시기를 간절히 바랍니다.

〈 주보에 삽입되는 [오늘의 말씀] 예 〉

성경의 첫 책, 첫 장, 첫 구절은 이렇게 시작하고 있습니다. "태초에 하나님이 천지를 창조하시니라"(1절). 이 구절은 모든 우주 만물, 전 존재의 시작을 알려주고 있습니다.

1절은 이 세상의 모든 존재가 우주 만물도, 모든 생명도, 자연 만물까지 다 하나님에 의해 시작되었음을 분명히 선포하고 있습니다. 이렇게 하나님께서 천지 만물을 창조하실 때에 세 가지의 특징이 나타나고 있습니다. 첫째, 하나님은 무로부터 천지 만물을 창조하셨습니다(Creatio ex nihilo). 둘째, 하나님은 혼돈과 무질서로부터 조화와 질서를 이루셨습니다. 셋째 하나님은 모든 천지 만물을 오직 말씀으로 창조하셨습니다. "베레시트 바라 엘로힘"(1절)

이렇게 세 가지의 모습과 특징을 가지고 천지 만물을 만드실 때, 특별히 하나님은 6일 동안에 모든 천지 만물을 다 창조하셨는데, '각기 종류대로' 만드셨습니다.

첫째 날은 빛을 만드셨고, 둘째 날은 궁창 즉 하늘을 만드셨고, 셋째 날은 육지와 바다와 각종 식물을 만드셨습니다. 넷째 날은 일월성신, 즉 각종 광명체를 만드셨고, 다섯째 날은 하늘의 새와 바다의 물고기를 만드셨고, 마지막 여섯째 날은 모든 육축과 사람을 만드셨습니다. 이렇게 세상 모든 존재를 만드실 때에 하나님은 '각기 종류대로'(11절, 12절, 21절) 만드셨는데, 이것은 이 세상이 진화론적 가설이 아니라 하나님의 창조로 이루어졌음을 확실히 나타내고 있습니다. 이 놀라운 세상이 '그냥' '우연히' 만들어졌을 리는 만무한 것입니다.

그래서 결국 오늘날 이 세상을 살아가는 모든 사람은 두 가지 가치관 중에 하나를 선택하여 살아가는 것입니다. 그것은 '창조냐' '우연이냐' 하는 가치관입니다.

우연의 가치관은 이 세상 모든 만물이 그냥 우연히 존재하게 되었고, 생명의 기원도 우연히 생겨났다고 보는 견해입니다. 그러나 이것은 과학적 사실이라기보다는 도무지 증명할 수 없어서 그냥 그렇게 주장하는 것일 뿐입니다. 그리고 이러한 견해는 과학자들이 금과옥조처럼 여기는 열역학 제1 법칙과 열역학 제2 법칙에 모두 위배되는 아주 큰 모순점을 안고 있습니다. 그런데 무엇보다 이런 가치관을 갖고 살아가면 도무지 인생의 참된 의미는 없는 것입니다.

이제 우리는 '우연의 가치관'이 아니라 '창조의 가치관'을 붙들고 살아야 하는데, 창조의 가치관은 성경이 알려주시는 대로 '창조신앙'에 기인하고 있습니다.

창조신앙은 놀랍게도 세 가지의 핵심 정신을 포함하고 있습니다. 첫째로 하나님께서 모든 우주 만물을 만드셨다는 사실입니다. 둘째로 모든 우주 만물을 만드신 하나님이 나도 만들어 주셨다는 사실입니다. 셋째로 나를 만드신 하나님이 나의 모든 삶을 책임져주시는 것입니다. 이것은 참 놀라운 신앙 정신입니다. 그래서 창조신앙은 모든 신앙의 근본 신앙이요, 뿌리 신앙이요, 기초 신앙입니다. 이 창조신앙을 붙들게 되면 우리는 정말 가슴이 벅차오르고, 용기백배해지고, 내 인생의 의미가 충만해져서, 진실로 우리는 정말 아름답고 활기찬 인생을 살아갈 수 있게 되는 것입니다.

▶ 오늘의 말씀

- 제목 / 오직 나와 내 집은 여호와를 섬기겠노라
- 본문 / 여호수아 24:14~18

"만일 여호와를 섬기는 것이 너희에게 좋지 않게 보이거든 너희 조상들이 강 저쪽에서 섬기던 신들이든지 또는 너희가 거주하는 땅에 있는 아모리 족속의 신들이든지 너희가 섬길 자를 오늘 택하라. 오직 나와 내 집은 여호와를 섬기겠노라 하니"(수 24:15).

오늘은 〈성경153올람〉 운동의 마흔 번째 주일입니다. 여호수아는 하나님께서 주신 땅 가나안에 들어가 정복 전쟁을 마치고 각 지파별로 땅을 분배하였습니다. 완전한 정복이 이루어지지 않았지만

만일 여호와를 섬기는 것이 너희에게 좋지 않게 보이거든 너희 조상들이 강 저쪽에서 섬기던 신들이든지 또는 너희가 거주하는 땅에 있는 아모리 족속의 신들이든지 너희가 섬길 자를 오늘 택하라 오직 나와 내 집은 여호와를 섬기겠노라 하니 (수 24:15)

본문 / 여호수아 24 : 14~18   제목 / 오직 나와 내 집은 여호와를 섬기겠노라

오늘은 〈성경153올람〉 운동의 마흔 번째 주일입니다. 여호수아는 하나님께서 주신 땅 가나안에 들어가 거점 정복 전쟁을 마치고 각 지파별로 땅을 분배하였습니다. 이제는 지파별로 정복 전쟁을 벌여나가는 것이 더 효율적이기 때문입니다.

그런데 땅을 분배하는 일은 이와 같은 효율성의 문제를 뛰어넘어서 또 한편 하나님의 구속사에 있어서 대단히 중요한 의미를 지니고 있습니다.

그것은 하나님께서 아브라함과 이삭과 야곱에게 주리라 약속하신 바로 그 땅을 이제 이스라엘 백성들에게 구체적으로 주셨다는 사실입니다. 그래서 바로 이것이 언약의 성취인데, 이 언약이 성취되기까지 430년이라고 하는 긴 세월이 흘렀고 그 과정 속에서 수많은 위기가 있었지만 하나님은 그 약속을 결코 잊지 아니하시고 신실하게 그 약속을 지켜주셔서 바로 지금 이스라엘 백성들에게 그 약속의 땅을 주신 것입니다. 그래서 이렇게도 중요한 의미 때문에 땅의 분배에 대하여 14장부터 22장까지, 무려 9장에 걸쳐서 상세하게 기록하고 있습니다.

이렇게 중요한 땅의 분배를 다 마치고 이제 23장에 이르게 되면 여호수아는 이제 이스라엘 백성들에게 마지막 유언처럼 고별설교를 하고 있습니다.

여호수아는 나이 많아 늙었고 이제 자신의 임종이 가까움을 깨닫고 백성의 대표자들을 불러 모았습니다. 그리고는 지난 역사를 회고하면서 우리를 위해 친히 싸워주시고 우리에게 이 땅을 차지하게 하신 분은 오직 우리 하나님 여호와이신고로 절대로 하나님의 은혜를 잊지 말라고 당부하였습니다. 그리고 이어서 백성들과 연관하여 말하기를, 이스라엘은 이방인과 더불어 혼인하지 말고, 그래서 절대로 우상숭배를 하지 말 것을 강력하게 교훈하였습니다.

이렇게 유언과도 같은 고별설교 후에 이제 24장에서 여호수아는 이스라엘 모든 지파를 '세겜'이란 곳에 불러 모으고 그곳에서 '언약 갱신'을 단행하였습니다.

세겜은 그 옛날 아브라함이 고향 친척 아버지의 집을 떠나 가나안 땅에 들어온 후에 가장 먼저 제단을 쌓았던 곳이며, 이스라엘 12지파의 조상 야곱이 인생의 환난을 당했을 때 모든 우상을 땅에 묻고 새 출발을 감당하였던 곳입니다. 이처럼 세겜은 한 마디로 "신앙 결단"의 장소인데, 이제 여호수아는 바로 이 장소에서 먼저 하나님의 은혜를 회상하고, 이어서 이스라엘과 더불어 '계약 갱신'을 단행하였습니다. 그것은 16절에 나와 있는 대로 "너희가 섬길 자를 오늘 택하라 오직 나와 내 집은 여호와를 섬기겠노라"는 촉구입니다.

지금 여호수아는 이제 자기가 떠나갈 날이 멀지 않았다는 것을 깨닫고, 마지막으로 이스라엘 백성을 교훈하기 위해 '계약갱신'을 새롭게 하고 있는 것입니다.

그래서 여호수아는 뜨뜻미지근한 신앙은 버리고 바로 지금 여기에서 결단하라고 촉구하고 있습니다. 이제 가나안 땅에서 살아가려 하면 수많은 도전들이 있을 텐데, 지금 분명히 결단하여 새로운 삶을 출발하라는 것입니다. 다행히 여호수아의 말에 우리는 여호와 하나님만 섬기겠다고 결단하였습니다. 이와 같은 계약 갱신은 오늘 우리에게도 너무나 필요한 모습이 아닐 수 없습니다. 우리 인생은 한번 밖에 없기 때문에 우리는 수시로 깊이 결단하여서 나의 믿음의 모습을 갱신함으로써 참 아름다운 신앙의 삶을 꼭 살아가야 합니다.

〈 주보에 삽입되는 [오늘의 말씀] 예 〉

이제는 지파별 정복 전쟁을 벌여나가는 것이 더 효율적이었기 때문입니다.

그런데 땅을 분배하는 일은 이와 같은 효율성의 문제를 뛰어넘어서 또 한편 하나님의 구속사에 있어서 대단히 중요한 의미를 지니고 있습니다.

그것은 하나님께서 아브라함과 이삭과 야곱에게 주리라 약속하신 바로 그 땅을 이제 이스라엘 백성들에게 구체적으로 주셨다는 사실입니다. 바로 이것이 언약의 성취인데, 이 언약이 성취되기까지 무려 430년이라고 하는 긴 세월이 흘렀고 그 과정에서 수많은 위기와 고초가 있었지만 하나님은 그 약속을 결코 잊지 아니하시고 신실하게 그 약속을 지켜주셔서 바로 지금 이스라엘 백성들에게 그 약속의 땅을 주신 것입니다. 그래서 이렇게도 중요한 의미 때문에 땅의 분배에 대하여 14장부터 22장까지, 무려 9장에 걸쳐서 상세하게 기록하고 있습니다.

이렇게 중요한 땅의 분배를 다 마치고 이제 23장에 이르게 되면 여호수아는 이제 이스라엘 백성들에게 마지막 유언처럼 고별설교를 하고 있습니다.

여호수아는 나이 많아 늙었고 이제 자신의 임종이 가까웠음을 깨닫고 백성의 대표자들을 불러 모았습니다. 그리고는 지난 역사를 회고하면서 우리를 위해 친히 싸워주시고 우리에게 이 땅을 차지하게 하신 분은 오직 우리 하나님 여호와이신고로 절대로 하나님의 은혜를 잊지 말라고 당부하였습니다. 그리고 이어서 백성들과 연관하여 말하기를, 이스라엘은 이방인과 더불어 혼인하지 말고, 그래서 절대로 우상숭배를 하지 말 것을 강력하게 교훈하였습니다.

이렇게 유언과도 같은 고별설교 후에 이제 24장에서 여호수아는 이스라엘 모든 지파를 '세겜'이란 곳에 불러 모으고 그곳에서 '언약 갱신'을 단행하였습니다.

세겜은 그 옛날 아브라함이 고향 친척 아버지의 집을 떠나 가나안 땅에 들어온 후에 가장 먼저 제단을 쌓았던 곳이며, 이스라엘 12지파의 조상 야곱이 인생의 환난을 당했을 때 모든 우상을 땅에 묻고 새출발을 감당하였던 곳입니다. 이처럼 세겜은 한 마디로 '신앙 결단'의 장소인데, 이제 여호수아는 바로 이 장소에서 먼저 하나님의 은혜를 회상하고, 이어서 이스라엘과 더불어 '계약 갱신'을 단행하였습니다. 그것은 16절에 나와 있는 대로 "너희가 섬길 자를 오늘 택하라 오직 나와 내 집은 여호와를 섬기겠노라"는 촉구입니다.

지금 여호수아는 이제 자기가 떠나갈 날이 머지않았다는 것을 깨닫고, 마지막으로 이스라엘 백성을 교훈하기 위해 '계약갱신'을 새롭게 하고 있는 것입니다.

그래서 뜨뜻미지근한 신앙은 버리고 바로 지금 여기에서 결단하라고 촉구하고 있습니다. 이제 가나안 땅에서 살아가려고 하면 수많은 도전이 있을 텐데, 지금 분명히 결단하여 새로운 삶을 출발하라는 것입니다. 다행히 여호수아의 말에 우리는 여호와 하나님만 섬기겠다고 결단하였습니다. 이와 같은 계약 갱신은 오늘 우리에게도 너무나 필요한 모습입니다. 우리 인생은 한 번밖에 없기 때문에 우리는 수시로 깊이 결단하여 참 아름다운 믿음의 삶을 꼭 살아가야 합니다.

CHAPTER 04

가정예배로
다음 세대를 세우라

가정예배의 정의

　가정은 하나님께서 직접적으로 만드신 가장 기본적인 최초의 기관이다. 하나님은 가정을 통하여 인간의 삶이 영위되도록 하셨고, 가정을 통하여 자손이 번성하도록 하셨다. 무엇보다 하나님은 가정을 통하여 신앙의 유산이 자자손손 대대로 물려지도록 계획하신 것이다. 그러므로 기독교 가정은 예수 그리스도를 주로 영접한 공동체로서 그 자체가 살아있는 교회이며, 선교의 역할까지 감당하는 축소된 교회라 할 수 있다. 이와 같은 기독교 가정에서 가족이 함께 하나님께 드리는 예배가 바로 가정예배이다.

　바로 이런 의미에서 가정예배는 가족 구성원의 믿음 표현의 현장이라 할 수 있고, 가족 구성원이 죄의 용서를 얻고 구원을 체험할 수 있는 가장 소중한 기회의 장이라 할 수 있다. 그래서 가정예배를 통하여 가족구성원이 수직적으로는 창조주이신 하나님을 경외하고, 수평적으로는 가족 간의 신앙적 교제를 나눌 수 있게 되는 것이다. 이처럼 가정예배는 하나님 말씀을 통하여 온 가족이 그리스도인으로서의 성숙을 이루게 할 뿐만 아니라, 서로에게 사랑을 나타내며 아름다운 대화가 넘치게 함으로써 행복한 가정을 이루게 하는 원천이 되는 것이다.

특별히 가정예배는 오늘날 무너져가는 다음 세대를 회복하여 신앙으로 양육하는 가장 중요한 영적 도구가 된다. 물론 교회가 다음 세대 양육을 위하여 최선을 다하는 것이 필요하지만 이것만으로는 여전히 큰 한계가 있고, 어떡하든지 각 가정에서 가정예배가 살아나야 다음 세대 양육에 성공할 수 있다. 이 말의 의미는 다음 세대 신앙 양육의 현장은 가정이 되어야 하고, 다음 세대 신앙 양육의 주체는 부모가 되어야 한다는 말이다.

이처럼 가정예배는 첫째로 신앙의 가정을 이루게 하고, 둘째로 대화가 넘치는 행복한 가정을 이루게 하고, 셋째로 다음 세대 신앙 양육을 성공하게 만드는 가장 중요한 영적 도구가 아닐 수 없다. 바로 이런 의미에서 "가정예배는 흉내만 내도 복을 받는다"고 말할 수 있다. 이 말은 필자가 〈성경153올람〉 운동을 강조하면서 수없이 반복했던 표현이다.

가정예배의 목적

인간은 가정에서 태어나 가족과 함께 생활한다. 가정은 우리가 태어나면서 가장 처음으로 만나게 되는 신앙공동체이다. 가정은 가장 작은 신앙공동체이지만 가족의 신앙 토대를 만들어주는 가장 큰 사역의 장(場)이라 할 수 있다.

신앙의 가정을 이루는 가정예배

한 개인은 부모로부터 태어나 자라나며 가정에서 가장 많은 시간을 보낸다. 유아기부터 성인이 되어 독립할 때까지 인간은 부모로부터 언어와 기본 예절을 비롯하여 삶에 필수적인 지식을 습득한다. 나아가 인생을 어떻게 살아야 하는지, 무엇이 옳은지 그른지, 어떤 삶이 진정으로 아름답고 가치 있는 삶인지 가치와 기준을 배우고 자신의 정체성을 형성하며 하나의 온전한 인격체로 자라간다. 이처럼 가정은 가장 기초적인 공동체인 동시에 한 개인의 인격과 삶의 태도에 절대적인 영향을 미치는 가장 중요한 공동체인 것이다. 따라서 하나님은 자신의 백성이 가정에서부터 신앙을 배우고 전수하도록 명령하셨다.

하나님께서는 아브라함을 부르셨을 때, "내가 그로 그 자식과 권속에게 명하여 여호와의 도를 지켜 의와 공도를 행하게 하려고 그를 택하였나니 이는 나 여호와가 아브라함에게 대하여 말한 일을 이루려 함이니라"(창 18:19)라고 말씀하셨다. 또한 이스라엘의 가장 핵심적인 가르침인 '쉐마 이스라엘'의 본문인 신명기 6장 4~5절에서 먼저 "이스라엘아 들으라. 우리 하나님 여호와는 오직 유일한 여호와이시니 너는 마음을 다하고 뜻을 다하고 힘을 다하여 네 하나님 여호와를 사랑하라"라는 명령을 주신 후에, 이어서 다음과 같이 말씀하셨다.

"오늘 내가 네게 명하는 이 말씀을 너는 마음에 새기고 네 자녀에게 부지런히 가르치며 집에 앉았을 때에든지 길을 갈 때에든지 누워 있을 때에든지 일어날 때에든지 이 말씀을 강론할 것이며 너는 또 그것을 네 손목에 매어 기호를 삼으며 네 미간에 붙여 표로 삼고 또 네 집 문설주와 바깥문에 기록할지니라"(신 6:6~9).

이처럼 하나님께서는 이스라엘 민족의 시작에서부터 신앙 교육의 핵심 기관으로 가정을 지정해 주신 것이고, 또 가정을 통하여 모든 신앙 양육과 전수가 이루어질 수 있도록 계획하셨다. 그러므로 오늘날 우리가 우리 가정을 신앙공동체로 세워나가는 것은 이 시대 우리에게 주신 가장 중요한 영적 사명이 아닐 수 없다.

이렇게 우리 가정을 신앙의 공동체로 세워가기 위해서는 무엇보다 말씀이 기초가 되어야 한다. 그리고 말씀의 기초를 세워나가는 가장 좋은 방법이 바로 가정예배다. 자녀는 가정예배를 통하여 하나님 말씀을 배우고, 하나님 말씀을 묵상하며 삶에 적용하는 것을 부모로부터 자연스럽게 배우게 된다. 그렇게 함으로써 우리 가정을 자연스럽게 신앙공동체로 만들어 가게 한다. 그리고 무엇보다 하나님 말씀에 따라 살아가기 위해 애쓰는 모습을 부모가 보여줌으로써 자녀들은 지시하는 부모가 아니라 동등한 위치에서 하나님의 권위와 말씀에 순종하려는 모습을 보며 참으로 소중한 삶의 태도를 배우게 되는 것이다. 이와 같이 가정예배를 드리는 것은 단순히 가정 안에서 예배한다는 차원을 뛰어넘어 가족 구성원이 그리스도인이라는 정체성을 세우게 하고, 세상의 가치관이 아닌 기독교적 가치관으로 살아가며 옛적 길(올람)을 걸어가는 온전한 그리스도인으로 자라나게 하는 일이 되는 것이다.

행복한 가정을 이루는 가정예배

모든 사람은 행복하기를 원한다. 남녀노소를 막론하고 모든 사람이 추구하는 것이 바로 행복이다. 하지만 자신의 만족만을 추구하는 세상적 방식은 온전한 행복을 우리에게 주지 못하고 공허함만 느끼게 한다. 이런 과정을 통해 우리는 결국 진실한 관계 안에서 참된 행복이 주어진다는 것을 깨닫게 된다. 따라서 행복한 가정을 이루는 데 있어서 가장 중요한 요소는 가족 구성원들이 서로의 마음을 나누는 진솔한 대화이다. 그러나 현대 사회는 가족이 함께 모여 대화하기 참 어려운 시대이다. 어린 자녀는 학업으로, 청년 자녀는 취업과 진로에 대한 고민으로, 부모는 생업 등으로 바쁘게 살아가느라 함께 모여 유의미한 대화 한마디 나누기가 참 어렵다. 이러한 이유로 가족 간의 대화는 줄어들고 서로 이해하기 위해 힘쓰기보다 짜증 내고 화내는 모습으로 치닫곤 한다. 바로 이러한 시대 속에서 가정예배는 온 가족이 함께 모여 하나님의 말씀 안에서 서로의 삶을 나누고 소통할 수 있는 아주 훌륭한 방편이 된다.

가정예배는 먼저 하나님 말씀을 통해 은혜를 나누고, 말씀을 중심으로 서로 이야기할 수 있도록 돕는다. 가정예배를 드릴 때 부모는 자녀들이 평소에 무슨 생각을 하고 있는지, 어디에 관심 있고 또 어떤 문제로 어려워하고 있는지 등의 이야기를 자연스럽게 들을 수 있게 되고, 자녀는 부모가 가진 가치관과 삶을 대하는 태도가 무엇인지를 배우게 된다. 특히 하나님 말씀대로 살기 위해 발버둥 치는 부모의 모습과 생각을 공유하는 것은 자녀에게 큰 깨달음을 주게 되는 것이다.

그뿐만 아니라 가정예배는 단지 예배드리는 것을 뛰어넘어 가족 구성원이 서로의 생각을 나누고 서로를 이해하고 수용하는 시간을 통해 진정한 관계로 발전하게 만든다. 또한 이러한 관계 안에서 이루어지는 진솔한 대화와 소통은 참된 행복을 느끼는 중요한 요소가 된다. 무엇보다 가정 안에서 서로를 이해하고 수용하는 관계는 든든한 지지자로 서로를 인식하게 하여 세상 속에서 경험하는 수많은 갈등과 어려움 속에서도 든든히 서 나가는 큰 힘이 되는 것이다. 바로 이런 의미에서 가정예배는 신앙 양육은 물론이고, 행복한 가정을 이루게 하는 참 중요한 방편이 되는 것이다.

다음 세대 양육을 이루는 가정예배

신앙의 계승 문제는 지금의 한국교회가 당면한 가장 중요하고도 시급한 과제이다. 청소년과 대학생을 대상으로 한 최근 조사에 따르면 기독교를 자신의 신앙으로 고백하고 교회에 출석하는 비율이 5%도 채 되지 않는다는 이야기들이 있다. 참으로 안타까운 지표가 아닐 수 없다. 이것은 신앙의 대 잇기가 실패하고 있음을 우리에게 잘 알려주는 지표이다. 이를 위해 한국교회는 다음 세대의 신앙 계승 문제를 놓고 많이 고심하였지만 뚜렷한 대안을 제시하지 못하고 있는 실정이다. 이러한 시기에 우리 구미교회는 오랜 시간 동안 고민하여 그 해답이 결국 가정예배에 있음을 깨닫게 되었다.

사실 교회학교에서 진행하는 주일 1시간의 신앙 교육으로는 우리의 다음 세대 신앙 양육의 문제를 해결하기에는 역부족이다. '168:1' 이라는 숫자가 말해주듯이 교회 교육 1시간으로는 1주간의 168시간을 이길 수는 없다. 우리의 다음 세대 신앙 양육은 교회 교육만이 아니라 가정에서도 반드시 이루어져야 한다. 바로 이런 의미에서 가정은 핵심적인 신앙 양육의 장이 되어야만 하고, 신앙 교육의 주체는 부모가 되어야만 하는 것이다. 그래서 가정예배를 통해 자녀들은 부모의 신앙을 배우게 되고, 말씀 속에서 기독교적 가치관을 배우게 되는 것이다. 그렇게 될 때 우리의 자녀들은 사사기 2장 10절에서 말하는 '다른 세대'(another generation)가 아닌, 신앙으로 세워지는 진정한 '다음 세대'(next generation)로 일어설 수 있게 되는 것이다.

가정예배문 작성원리

가정예배문 작성의 기본 방향

〈성경153올람〉 가정예배문은 기존에 나와 있는 다양한 가정예배문의 형식과 구성을 면밀히 조사하고 각각의 장단점을 분석하여 우리 구미교회의 목회철학과 방침에 가장 부합한 형태로 완전히 새롭게 구성하였다. 기존의 가정예배문 대다수는 특별한 주제가 없이 해당 주차의 찬송이나 성경 본문을 배열하고 있거나, 주제가 제시되어 있다고 하여도 인도자가 따로 준비하지 않으면 진행이 쉽지 않은 경우가 많았다. 그래서 나눔과 적용, 함께 기도하기를 위한 칸을 공란으로 제공하기도 하지만 가족들의 적극적인 참여가 없이는 풍성한 나눔을 갖기가 어렵다는 것을 발견하였다.

　이러한 어려움을 감안하여 〈성경153올람〉 가정예배문의 기본 방향은 다음의 몇 가지 대원칙을 가지고 작성되었다. 즉, 가정예배문 하나만 가지고도 예배 인도와 진행, 나눔과 적용이 모두 쉽고 풍성하게 진행되도록 기획하고 구성한 것이다. 이는 가족구성원의 수에 맞게 성경과 찬송가를 구비하고 있지 못한 가정도 있고, 아직 신앙을 갖지 않은 가족 구성원이 있는 경우라도 언제든지 쉽고 편하게 함께 참여하는 것이 가능하도록 한 것이다. 이와 같은 목적을 이루기 위해서는 가정예배문을 풀 텍스트(full-text)로 작성하는 것이 참 중요하다고 생각하였다. 그래서 가족 구성원 누구든지 순서를 따라 인도할 수 있고, 가정 구성원이 각 부분을 돌아가며 읽기만 해도 은혜가 되는 훌륭한 가정예배가 이루어질 수 있도록 하였다.

　이처럼 구미교회 〈성경153올람〉 가정예배문은 단순한 순서지가 아니라 그 자체로서 하나의 완전한 인도문이 되게 하였고, 가족 구성원 중에 누구든지 인도를 맡아 진행할 수 있게 하였다. 그리고 같이 읽어나가기만 해도 은혜를 나눌 수 있도록 깊은 고민 끝에 창안되었다.

　여기서 중요한 것은 진부하지 않고 참신하고 의미 있고 이해하기 쉬운 내용으로 구성하였다는 점이다. 그래서 누구든지, 어느 가정이든지 〈성경153올람〉 운동의 매주 주제를 잘 소화할 수 있도록 하였고, 이를 통해 기독교적 가치관을 자연스럽게 습득할 수 있도록 하였다. 그래서 이와 같은 가정예배문을 가지고 3년 동안 훈련을 감당한다면 이를 통해 신앙의 가정, 행복한 가정, 다음 세대 신앙 양육을 동시에 이룰 수 있게 되는 것이다.

가정예배문 주보 삽지

이러한 원칙을 가지고 심혈을 기울여 작성한 가정예배문은 지난 주 주일 설교 본문과 제목에 맞추어 제작한 후에 매 주일 주보 삽지를 통하여 성도들에게 제공한다. 이때 설교의 핵심 주제와 내용을 요약적으로 포함하여 구성하되 단순한 재진술이 아니라 가족 구성원의 공감과 소통, 의미 있는 영적 나눔이 이루어질 수 있도록 공동체적 경험을 염두에 두고 재구성하였다.

가정예배문 각 항목 설명

성경153올람 עוֹלָם
가정예배문
하나님이 천지를 창조하시니라
(창세기 1:1~5)

---

7 함께 축복하기
찬양하며 서로를 축복합니다

*반주음원QR

사랑의 주님이

사랑 외주님 이 날사 랑하시 내게모 습 이대로 ─ 받으셔 베 ─

사랑 외주님 이 날사 랑하는 이나도 너 를사랑 하며섬기 리 ─

📖 오늘의 암송구절

태초에 하나님이 천지를 창조하시니라 (창 1:1)

153가정예배 일지

일 시		참 석 자	
기도제목			
응답내용			

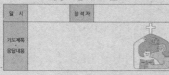

대한예수교장로회
九美敎會

---

1 함께 찬양하기
갈 길을 밝히 보이시니 (찬 524장)

1) 갈 길을 밝히 보이시니 주 앞에 빨리 나갑시다
   우리를 찾는 구주 예수 곧 오라 하시네
2) 우리를 오라 하시는 말 기쁘게 듣고 즐거 워하세
   구주 옵기 전에 말고 속속히 나가세
3) 주 오늘 여기 계시오니 다 와서 주의 말씀 듣세
   권능도 하며 생각하나 참 이시도다

후렴) 죄악 씻은 우리 영혼은 기뻐 뛰며 주를 보겠네
   하늘에 계신 주 예수를 영원히 섬기네

*반주음원QR

---

2 함께 본문읽기
창세기 1:1~5

1 태초에 하나님이 천지를 창조하시니라
2 땅이 혼돈하고 공허하며 흑암이 깊음 위에 있고 하나님의 영은 수면 위에 운행하시니라
3 하나님이 이르시되 빛이 있으라 하시니 빛이 있었고
4 빛이 하나님이 보시기에 좋았더라 하나님이 빛과 어둠을 나누사
5 하나님이 빛을 낮이라 부르시고 어둠을 밤이라 부르시니라 저녁이 되고 아침이 되니 이는 첫째 날이니라

---

3 함께 생각하기
인도자가 읽어줍니다

만유인력을 발견한 영국의 물리학자 뉴턴은 신실한 신앙인이었습니다. 그런데 그와 함께 천문학을 연구하는 한 친구는 하나님의 존재를 부인하는 사람으로 늘 '태양계란 그 자체의 힘으로 생성된 것이고 누가 만든 것이 아니다'라고 주장하였습니다. 뉴턴은 그 친구에게 우주만물이 하나님의 창조물임을 알게 해주고자 고심하였습니다.

그러던 어느날 뉴턴은 태양계의 모형을 만들어 아름다운 색을 칠하고 별들이 빛을 발하며 빙글빙글 돌아가도록 하여 그 친구에게 보여주었습니다. 그것을 본 친구는 매우 감탄하였습니다. "누가 이렇게 아름답게 만들었나?" "아무도 만들지 않았네. 저절로 생겨나서 자기 힘으로 도는 것이네." "뭐야? 어떻게 만든 사람이 없이 저절로 만들어지고 돈단 말인가? 그런 일은 있을 수 없잖아?" "이 친구야 이렇게 작고 보잘 것 없는 장난감도 만들어 움직이는 사람이 있다면 이 거대한 우주 만물이 창조주가 없이 어떻게 생겨나고 한 치의 오차도 없이 질서있게 돌아갈 수가 있겠는가?" 친구는 그 순간 자신의 잘못된 확신을 깨닫고 진정으로 창조주 하나님을 믿게 되었습니다.

---

4 함께 관찰하기
성경 본문을 보며 빈 칸을 채웁니다

① 태초에 □□□이 천지를 □□하시니라

② 땅이 □□하고 □□하며 흑암이 깊음 위에 있고 하나님의 □은 수면 위에 운행하시니라

③ 하나님이 이르시되 □□ □□□ 하시니 빛이 있었고 빛이 하나님이 보시기에 □□□□

---

5 함께 나눠보기
질문에 따라 묵상한 내용을 나눕니다

① 자연만물을 보거나 일상생활에서 하나님이 천지를 창조하셨다는 것을 느꼈던 적이 있으면 서로 나눠보세요.

② 창조신앙은 나에게 어떤 가치관을 지니고 살라고 요청하고 있나요?

사람은 두 가지 가치관 중에 하나를 선택하여 살아갈 수밖에 없습니다. 그것은 창조냐 우연이냐의 가치관입니다. 우연의 가치관은 이 세상 우주만물도, 생명의 출현도, 지금의 나도 다 그냥 우연히 만들어졌다고 주장합니다. 그러나 이 가치관은 열역학제1법칙과 2법칙에 위배되고 서로 모순입니다. 빅뱅이나 진화론은 여전히 증명할 수 없는 문제입니다.

그러나 창조의 가치관은 이 세상 모든 만물과, 생명의 출현과, 지금의 나까지도 그냥 우연히 만들어진 것이 아니라 하나님께서 목적을 갖고 만드셨다고 믿는 가치관입니다. 오늘 성경의 첫 구절은 태초에 하나님이 천지를 창조하셨다고 분명히 선포하고 있습니다.

이제부터 우리는 바로 이 창조의 가치관을 가지고 창조신앙을 나의 기초 신앙으로 삼아야 합니다. ①하나님께서 천지만물을 만드셨습니다. ②천지만물을 만드신 하나님이 나도 만들어주셨습니다. ③나를 만드신 하나님이 나의 삶을 책임져주실 것입니다. 이 가치관은 나를 용기백백하게 하고, 지혜롭게 하고, 참다운 삶을 살게 만들어줍니다.

---

6 함께 기도하기
마무리하며 함께 기도합니다

좋으신 하나님 아버지, 우리를 하나님의 형상으로 지으시고 한 가정 을 이루게 하여 주셔서 감사합니다. 우리 가정이 창조주 하나님을 경외하며 예수님을 닮아가며 성경말씀 인도하심을 받는 아름다운 믿음의 가정이 되게 해 주세요. 이제부터 옛적 깊음 같이 어둡고 넘실대든 우리 가정이 창조신앙을 분명히 기억하며 날마다 하나님의 뜻을 따라 목적 있는 삶을 살아갈 수 있도록 인도하여 주시옵소서. 예수님의 이름으로 기도드립니다. [아멘]

〈 성경153운동 가정예배문 〉

이러한 개념을 가지고 작성된 가정예배문은 모두 7개의 세부 항목으로 구성되어 있다. 이제 가정예배문의 각 항목에 담긴 작성 원리를 순서대로 살펴보도록 하겠다.

가장 먼저 눈에 들어오는 것은 1면 상단의 '표제부'이다(뒤쪽 그림 참조). 여기에는 발간한 교회명과 해당 주차를 표기하고 오른쪽 상단에 전체 발행 차수를 표기하여 순차적으로 모을 수 있도록 고려하였다. 왼쪽 중앙 표제 하단에는 해당 주차의 설교주제와 본문을 기록하였고, 오른쪽 중앙에는 〈성경153올람〉 운동을 상징하는 디자인 도안을 삽입하여 가정예배문의 정체성을 드러내고 쉽게 식별 가능하도록 하였다.

그 표제부 아래 내용부터는 실제로 가정예배가 진행되는 순서를 따라 7가지 항목으로 구성되어 있다. 이 7가지 항목의 전체 내용은 귀납법적 성경연구의 핵심 과정 3가지 관찰, 해석, 적용의 큰 틀을 따라 구성하였다. 7가지 각 항목의 내용을 설명하면 다음과 같다.

(1) 함께 찬양하기

가정예배의 처음 순서는 '함께 찬양하기'이다. 찬양 선곡은 가족 구성원 누구나 쉽게 따라 부를 수 있는 찬송가 또는 복음성가를 선정하여 가사만 싣도록 하였다. 공유가 허용된 공개된 반주 음원(MR

1 함께 찬양하기

갈 길을 밝히 보이시니 (찬 524장)

1) 갈 길을 밝히 보이시니 주 앞에 빨리 나갑시다
   우리를 찾는 구주 예수 곧 오라 하시네
2) 우리를 오라 하시는 말 기쁘게 듣고 즐겨 하세
   구주를 믿고 지체 말고 속속히 나가세
3) 주 오늘 여기 계시오니 다 와서 주의 말씀 듣세
   듣기도 하며 생각하니 참 이치시로다

후렴) 죄악 벗은 우리 영혼은 기뻐 뛰며 주를 보겠네
   하늘에 계신 주 예수를 영원히 섬기리

*반주음원QR

또는 AR) 링크를 QR코드로 제작하여 해당란 오른쪽에 삽입하였고, 이를 통하여 스마트폰으로 손쉽게 접속하여 반주를 들을 수 있도록 하였다. 이는 찬송가를 잘 모르거나 또는 적은 인원이 예배하는 경우에도 부담 없이 참여할 수 있도록 도와준다.

찬양할 때 중요한 것은 하나님 말씀을 접하기 전에 내 마음을 하나님께 고정하고, 하나님께서 나에게 뭐라고 말씀하시는지를 기대하며 찬양해야 한다는 것이다. 이러한 마음으로 찬양할 때 우리는 보다 더 깊이 하나님의 음성에 민감하게 반응할 수 있게 된다. 바로 이런 의미에서 찬양은 내 마음을 하나님께로 열고, 하나님께 내 마음을 고정하는 참 중요한 영적 도구가 되는 것이다.

(2) 함께 본문 읽기

가정예배문의 본문은 지난 주일에 선포된, 한 주 전의 설교 본문

1 태초에 하나님이 천지를 창조하시니라

2 땅이 혼돈하고 공허하며 흑암이 깊음 위에 있고 하나님의 영은 수면 위에 운행하시니라

3 하나님이 이르시되 빛이 있으라 하시니 빛이 있었고

4 빛이 하나님이 보시기에 좋았더라 하나님이 빛과 어둠을 나누사

5 하나님이 빛을 낮이라 부르시고 어둠을 밤이라 부르시니라 저녁이 되고 아침이 되니 이는 첫째 날이니라

으로 구성된다. 이는 지난 주일 선포된 설교를 통해 은혜를 받고 한 주간 개인과 가족 구성원 삶의 자리에서 구체적으로 적용해 본 후에, 그 경험을 가족 구성원과 함께 나누어 은혜의 깊이와 너비를 더하는 기회를 제공하도록 한 것이다.

'함께 본문 읽기'의 길이가 다소 길 경우, 지면의 구성과 분량을 고려하여 본문의 맥락을 해치지 않는 범위 안에서 길이를 일부 조정할 수 있다. 무엇보다도 하나님께서 나와 가족 구성원들에게 무엇이라고 말씀하시는지 기대하는 마음으로 본문을 읽는 것에 초점을 맞추어 여러 방법으로 읽는 것이 좋다. 예컨대 본문은 인도자 또는 가족 중 한 사람이 읽을 수도 있고(봉독), 인도자와 가족이 한 절씩 교대로 읽을 수도 있으며(교독), 가족들이 한 절씩 돌아가며 읽거나(윤

독), 가족이 모두 한목소리로 읽을 수도 있다(합독).

이렇게 본문을 읽을 때 가장 중요한 것은 단지 활자를 읽는 것이 아니라 하나님께서 나에게 뭐라고 말씀하시는지 생각하며 읽도록 하는 것이 참 중요하다. 이와 같은 경각심을 주기 위해 인도자는 '하나님께서 우리에게 주시는 말씀'이라는 표현을 사용하기도 하고, 부모가 자녀에게 주의 깊게 성경을 읽자고 안내의 말을 주는 것도 좋을 것이다.

(3) 함께 생각하기

'함께 생각하기' 순서는 본문을 본격적으로 관찰하며 묵상으로 들어가기 전에 마음을 예열하는 차원에서 읽는 예화 중심의 도움글이다. 단행본으로 저술된 책의 경우에는 도입부에 출처를 밝히고, 공개된 예화 자료일 경우에도 문맥과 문장을 살펴 재구성하였다. 특별히 가정예배문의 근간이 되는 핵심 가치와 정신에 부합하는 글을 선정하기 위해서 많은 노력을 기울였다. 왜냐하면 함께 생각하기의 도움글이 너무 교리적이거나 혹은 너무 신비적일 경우 다양한 가족 구성의 공감을 불러일으키기 어렵기 때문이다. 그래서 이 도움글은 생활 속에서 누구나 공감할 수 있는 예화를 싣는 것이 중요하고, 이 글만 읽어보아도 큰 은혜가 될 수 있도록 예화 선정과 문장 구성에 있어 공을 들여야 하는 것이다.

인도자는 필요한 경우 가족 구성원으로 하여금 함께 생각하기의 만유인력을 발견한 영국의 물리학자 뉴턴은 신실한 신앙인이었습니다. 그런데 그와 함께 천문학을 연구하는 한 친구는 하나님의 존재를 부인하는 사람으로 늘 "태양계란 그 자체의 힘으로 생성된 것이고 누가 만든 것이 아니다"라고 주장하였습니다. 뉴턴은 그 친구에게 우주 만물이 하나님의 창조물임을 알게 해주고자 고심하였습니다.

그러던 어느날 뉴턴은 태양계의 모형을 만들어 아름다운 색을 칠하고 별들이 빛을 발하며 빙글빙글 돌아가도록 하여 그 친구에게 보여주었습니다. 그것을 본 친구는 매우 감탄하였습니다. "누가 이렇게 아름답게 만들었나?" "아무도 만들지 않았네. 저절로 생겨나서 자기 힘으로 도는 것일세." "뭐야? 어떻게 만든 사람이 없이 저절로 만들어지고 돈단 말인가? 그런 일은 있을 수 없잖아?" "이 친구야! 이렇게 작고 보잘 것 없는 장난감도 만들어 움직이는 사람이 있다면 이 거대한 우주 만물이 창조주가 없이 어떻게 생겨나고 한 치의 오차도 없이 질서있게 돌아갈 수가 있겠는가?" 친구는 그 순간 자신의 잘못된 확신을 깨닫고 진정으로 창조주 하나님을 믿게 되었습니다.

도움글을 읽게 한 후에 그 의미를 생각하면서 각자 느낀 점을 나누도록 해도 좋을 것이다. 다만, 본 메뉴를 즐기기 위한 전채 음식에 비유되는 순서이므로 너무 많은 시간을 할애하거나 지나치게 무거운 토론으로 흐르지 않도록 하는 것이 좋다.

(4) 함께 관찰하기

'함께 관찰하기'는 해당 주차의 본문 안에서 중요한 내용을 담고

4 함께 관찰하기

성경 본문을 보며 빈 칸을 채웁니다

① 태초에 □□□이 천지를 □□하시니라

② 땅이 □□하고 □□하며 흑암이 깊음 위에 있고 하나님의 □은 수면 위에 운행하시니라

③ 하나님이 이르시되 □□ □□□ 하시니 빛이 있었고 빛이 하나님이 보시기에 □□□□

있거나, 기억하면 좋겠다고 여겨지는 성경 구절을 세 개 정도 선정하여 빈칸의 핵심 단어를 채우는 방식으로 구성하였다. 이것은 단순한 관찰 질문으로 구성할 수도 있으나, 특별히 가정의 어린 자녀들을 고려하여 마치 게임을 하듯 진행할 수도 있도록 고전적이면서도 재밌는 방식으로 기획한 것이다.

이 순서를 진행할 때 주의할 것은 가정예배는 성경 공부 시간이 아니므로 누구나 쉽게 접근하고 작성할 수 있도록 해야 한다는 것이다. 빈칸 채우기뿐만 아니라 인도자가 퀴즈를 제시하듯 읽어주어 빨리 찾아 답하는 형식으로 접근해도 좋다.

(5) 함께 나눠보기

'함께 나눠보기'는 두 개의 질문으로 구성하였으며, 각각 본문의

① 자연만물을 보거나 일상생활에서 하나님이 천지를 창조
하셨다는 것을 느꼈던 적이 있으면 서로 나눠보세요.

② 창조신앙은 나에게 어떤 가치관을 지니고 살라고 요청하
고 있나요?

　사람은 두 가지 가치관 중에 하나를 선택하여 살아갈 수밖에 없습니다. 그것은 창조냐 우연이냐의 가치관입니다. 우연의 가치관은 이 세상 우주만물도, 생명의 출현도, 지금의 나도 다 그냥 우연히 만들어졌다고 주장합니다. 그러나 이 가치관은 열역학제1법칙과 2법칙에 위배되고 서로 모순됩니다. 빅뱅이나 진화론은 여전히 증명할 수 없는 문제입니다.

　그러나 창조의 가치관은 이 세상 모든 만물과, 생명의 출현과, 지금의 나까지도 그냥 우연히 만들어진 것이 아니라 하나님께서 목적을 갖고 만드셨다고 믿는 가치관입니다. 오늘 성경의 첫 구절은 태초에 하나님이 천지를 창조하셨다고 분명히 선포하고 있습니다.

　이제부터 우리는 바로 이 창조의 가치관을 가지고 창조신앙을 나의 기초 신앙으로 삼아야 합니다. ①하나님께서 천지만물을 만드셨습니다. ②천지만물을 만드신 하나님이 나도 만들어주셨습니다. ③나를 만드신 하나님이 나의 삶을 책임져주실 것입니다. 이 가치관은 나를 용기백배하게 하고, 지혜롭게 하고, 참다운 삶을 살게 만들어줍니다.

정신과 핵심 내용을 포착하여 묵상과 적용, 그리고 나눔으로 이어지도록 하는 항목이다. 두 개의 질문 중에서 첫 번째 질문은 개인적이면서도 구체적인 사례를 떠올리기 쉽도록 질문하는 것이 좋다. 일상의 사건, 경험을 아주 깊이 생각하지 않아도 쉽게 이야기를 꺼낼 수 있도록 하는 것이다.

두 번째 질문은 첫 번째 질문을 통해 나눈 내용을 디딤돌 삼아 조금 더 깊은 묵상과 적용으로 나아가도록 이끌어 주는 질문이다. 가장 중요한 본문의 핵심 주제와 정신을 담고 있으면서 가정의 변화와 회복, 은혜 안에서의 성장을 추구하도록 방향을 제시하고 격려하는 것이 질문 작성의 원리이다.

사실은 각각의 생각을 나눈다는 차원에서 바로 이 항목, '함께 나눠보기'가 가정예배에 있어 가장 중요한 핵심 항목이라 할 수 있다. 이 나눔을 통하여 서로 간의 생각을 공유할 수 있고, 나아가 가족 간에 공감을 불러일으킬 수도 있다. 그리고 서로가 어떤 생각을 하고 있는지, 혹은 어떤 고민이 있는지를 함께 나눌 수 있어서 바로 이 대화의 시간을 잘 활용하면 자녀에게 신앙의 가치관을 잘 심어줄 수 있고, 문제의 해결까지도 할 수 있게 되는 것이다.

질문 아래에는 두세 문단 길이로 작성된 글을 통해, 본문의 핵심 정신과 주제, 묵상과 적용을 종합적으로 정리하도록 하였다. 바로 이 설명이 오늘의 본문이 전해주는 가장 중요한 가치관을 설명하고 있기 때문에 또박또박 정독하는 것이 좋다. 이 설명은 지난 주일 선포된 설교의 은혜를 기억하는 플래시백 효과를 주는 동시에 가정예배라는 소그룹 공동체 안에서 관찰과 묵상, 그리고 적용과 나눔으로 이어지는 은혜 체험을 통해 새롭게 말씀을 곱씹고 음미하는 큰 유익이 있다.

6 함께 기도하기

마무리하며 함께 기도합니다

> 좋으신 하나님 아버지, 우리를 하나님의 형상으로 지으시고 한 가정을 이루게 하여 주셔서 감사합니다. 우리 가정이 창조주 하나님을 경외하고 예수님을 닮아가며 성령님의 인도하심을 받는 아름다운 믿음의 가정이 되게 해 주세요. 이제부터 옛적 길을 걸어가는 우리 가정이 창조신앙을 분명히 기억하여서 날마다 하나님의 뜻을 따라 목적 있는 삶을 살아갈 수 있도록 인도하여 주시옵소서. 예수님의 이름으로 기도드립니다. (아멘)

(6) 함께 기도하기

'함께 기도하기' 항목에서는 기도 제목을 적도록 공란을 제공하거나 기도 제목만을 간략히 제시할 수도 있으나, 본 가정예배 인도문은 완전한 문장으로 구성된 기도문 전문을 한 단락 분량으로 수록하였다. 이는 가족구성원 중 한 사람 또는 모두가 부담 없이 기도에 동참할 수 있도록 한 것이다. 기도문을 함께 읽으며 지금까지 관찰, 해석, 적용하며 나눈 내용을 하나님 앞에서 함께 고백하고 결단하는 시간을 통해 공동체적 신앙 경험을 강화하고자 한 것이다.

(7) 함께 축복하기

'함께 축복하기'는 마무리 기도를 한 뒤에 서로를 향해 축복의 손을 뻗어 사랑과 은혜를 나누는 시간이다. 함께 기도하기가 수직적 관계의 영적 경험을 위한 것이라면, 함께 축복하기는 수평적 관계

속에서 사랑의 온기와 평안을 전하고 격려하고 세워주기 위한 시간이다. 함께 기도하기 시간에는 눈을 감거나 기도문에 시선이 고정된다. 그러나 함께 축복하기 시간에는 서로의 얼굴을 바라보며 눈빛과 표정으로 사랑의 마음을 나누어 그 은혜가 서로에게 풍성하게 흐르게 하는 것이다.

함께 축복하기는 누구나 아는 쉬운 복음성가 중에서 축복의 내용을 담은 두 소절(8마디) 정도로 구성된 찬양을 선정하여 수록하는 것이 좋다. 이 찬양은 익숙한 곡으로 축복의 마음을 충분히 전달할 수 있도록 너무 자주 바꾸지 말고 분기에 한 번씩 바꾸는 정도가 좋다.

📖 **오늘의 암송구절**

> 태초에 하나님이 천지를 창조하시니라 (창 1:1)

(8) 오늘의 암송 구절

'오늘의 암송 구절'은 해당 주차의 본문 중에서 가장 핵심적인 주제 성구를 선정하여 마음에 새기는 것이다. 이 항목은 암기대회가 아니라 본문의 정신을 곱씹고 일상에서 되새김하기 위한 은총의 방편임을 강조하고 싶다. 지나친 부담이나 의무감이 아니라 가족이 함께 성경 암송을 격려하고 핵심 주제와 지금까지 나눈 은혜를 기억하고 기념하는 것만으로도 충분한 유익이 있을 것이다.

(9) 153가정예배 일지

'153가정예배 일지' 항목에서는 가정예배를 다 드린 후에 일시와 참석자를 기록하고, 현재 각 가족 구성원이 기도하고 있는 개인적이고 구체적인 기도 제목을 메모하도록 하였다. 이로써 응답된 내용, 하나님의 구체적인 인도하심이 경험된 것이 있다면 서로 공유할 수 있도록 구성하였다. 기도 제목과 응답 내용을 기록하는 것은 실생활에서 하나님과 동행하는 매우 실제적이고 구체적인 훈련이자, 우리 가정을 신실하게 인도하시는 하나님의 놀라운 은혜를 기억하

153가정예배 일지

일 시		참 석 자	
기도제목 · 응답내용			

게 만드는 참 중요한 도구이다.

가정예배 도움자료

▶ 가정예배 결심서

가정예배를 드리기로 가정 안에서 작정하고 시작하려 해도 계속해서 그것을 이어가기란 쉽지 않다. 그래서 〈성경153올람〉 운동에서는 가정예배를 시작하기에 앞서 '가정예배 결심서'를 작성하도록 하였다. 또한 이 결심서를 가정예배문 바인더의 제일 첫 장에 삽입하여 가정예배를 드리는 매주 다시 한번 약속을 상기하고 마음을 새롭게 할 수 있도록 하였다.

아무리 큰 열정을 가지고 있다고 하더라도 눈에 보이는 결과물이 없으면 쉽게 마음이 약해지고 약속을 잊어버리기 쉽다. 그래서

성경153올람ᄆᄀᄁᄝ
가정예배 결심서

우리 가족은 살아계신 하나님과 동행하며

기독교적 가치관을 체득하기 위하여

년   월   일 부터

정기적으로 가정예배를 드리기로 결심합니다.

☞ 매주   요일   시   분

가족이름 : _____   _____
           이름   본인이 직접 서명

_____   _____

_____   _____

_____   _____

_____   _____

우리 가족은 하나님 안에서 올람길(옛적길)을 걷기 위해

위의 결심을 성실히 지킬 것을 약속합니다.

20   년   월   일

대한예수교장로회
九美교회

가정예배를 새로 시작하기 전에 가장 먼저 이 결심서를 작성하게 하면 모든 가족 구성원에게 더 많은 책임감을 느끼게 하고, 이 일을 함께 힘쓸 수 있도록 할 것이다.

가정예배 결심서를 작성할 때는 가족회의를 통하여 가족이 함께 모일 수 있는 요일과 시간을 정하고, 이 시간만큼은 어떠한 일이 있어도 꼭 지킬 수 있도록 서로 다짐한다. 이렇게 정한 내용을 가지고 결심서를 작성하고 그 후에는 각자의 이름을 적고, 서명하여 완성한다. 이때 주의할 것은 부모가 강제로 정하거나 강요하는 것이 아니라 충분히 상의하여 함께 공감대를 가지고 결정하는 것이 중요하다.

▶ 가정예배 드리는 법

〈성경153올람〉 운동은 7개의 항목으로 구성하여 가정예배를 진행하도록 하였다. 이는 앞서 설명한 가정예배문 작성 원리를 통해 보다 정확하게 확인할 수 있다. 그런데 각 가정에서 가정예배를 드리기로 하고 시작하여도 막상 어떻게 진행해야 하는지 잘 몰라서 힘들어하는 경우가 많다. 때로는 이 일이 부담스럽게 느껴져 점점 멀어지는 경우도 있다.

그래서 〈성경153올람〉 운동에서는 '가정예배 드리는 법'을 제작하여 제공하고 있다. 이 또한 바인더의 제일 마지막 장에 삽입하여 언제든지 필요하면 살펴볼 수 있도록 하였고, 어느 가정이든지 부담 없이 가정예배를 시작할 수 있도록 배려하였다. 참조로 '가정예배

성경153올람^{미까}
가정예배 드리는 법

♣ 준비하기
☞정한 시간에 가정예배문과 성경 찬송가를 미리 준비하고 예배드릴 장소를 정돈합니다.
☞가정예배문은 매 주 주보 삽지로 드리며, 교회 홈페이지에서도 다운받을 수 있습니다.

1 함께 찬양하기
☞제시된 찬양을 함께 부르며, 마음을 열고 우리에게 주실 하나님의 말씀을 기대합니다.
☞가정예배문의 반주음원 QR코드를 휴대폰으로 스캔하여 반주를 찾아 부르셔도 좋습니다.

2 함께 본문읽기
☞오늘 하나님께서 나에게 뭐라고 말씀하시는지 기대하는 마음으로 읽는 것이 중요합니다.
☞여러 방법으로 읽을 수 있습니다. 한 사람이 읽을 수 있고(봉독), 인도자와 가족이 한 절씩
　교대로 읽을 수도 있고(교독), 가족들이 한 절씩 돌아가며 읽을 수도 있습니다(윤독).

3 함께 생각하기
☞본문 속으로 들어가기 전에 마음을 예열하는 의미로 읽는 예화 중심의 도움글입니다.
☞도움글을 읽은 후에 그 의미를 생각하면서 각자 느낀 점을 함께 나누어도 좋습니다.

4 함께 관찰하기
☞하나님의 음성을 듣는 마음으로 본문의 요절들을 자세히 살펴보며 빈칸을 채워봅니다.
☞어린 자녀들의 경우 말씀 각인을 위해 퀴즈처럼 진행하며 흥미롭게 진행해도 좋습니다.

5 함께 나눠보기
☞주어진 2~3개의 질문을 가지고 가족들이 함께 서로의 생각과 느낀 점을 나눠봅니다.
☞이때 일방적으로 주장하려 하지 말고, 좋은 말로 애정을 가지고 부드럽게 나눕니다.
☞나눈 후에는 우리 생각을 정리해 주는 마지막 설명문을 읽고 함께 마음에 새깁니다.

6 함께 기도하기
☞지금까지 나눈 내용을 가지고 하나님의 도우심을 구하며 함께 기도하며 마무리합니다.
☞다양한 방법으로 기도하실 수 있습니다. ①공동기도문은 가족 전체가 함께 읽습니다.
　②주기도문으로 마쳐도 됩니다. ③부모가 자녀를 축복하는 기도로 마칠 수도 있습니다.

7 함께 축복하기
☞제시된 찬양으로 서로를 축복하고, 서로 안아주며, 따뜻한 사랑의 말을 함께 나눕니다.
☞끝으로 오늘의 암송구절을 함께 외우고 하나님의 능력으로 아름다운 삶을 살아갑니다.

대한예수교장로회
九美교회

드리는 법'의 전체 내용은 아래 표와 같다.

▶ 가정예배와 올람십자가

각 가정에서 식탁이나 소파 등에 둘러앉아 가정예배를 드릴 때에 '올람십자가'를 가족 공동체의 중심에 세워두면 참 좋다. 이렇게 하면 십자가가 우리 가정의 중심이라는 느낌도 주고, 주님께서 우리 가정의 주인 되심을 느끼게 할 수 있다. 그뿐만 아니라 가정예배를 드릴 때에도 그 예배의 중심을 잡아주게 함으로써 아주 큰 영적 효과를 나타낼 수 있다.

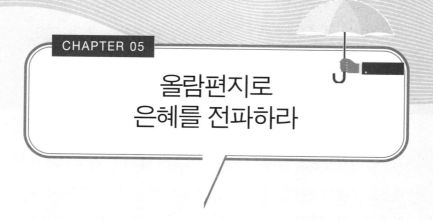

CHAPTER 05

올람편지로
은혜를 전파하라

올람편지의 정의

〈성경153올람〉 운동을 기획하면서 어떻게 하면 성도들에게 더 효과적으로 올람 운동을 뿌리내리게 할 수 있을까 많이 고민하였다. 〈성경153올람〉 운동의 두 기둥은 '말씀 선포'와 '가정예배'이다. 이 두 가지를 통하여 성도들은 풍성한 생명의 말씀을 얻게 된다. 하지만 누구나 그렇듯이 인간의 기억력에는 한계가 있다. 아무리 좋은 말씀도, 감격스러운 은혜의 시간도 시간이 지나면 조금씩 잊히게 된다. 그런데 하나님의 은혜는 그렇게 쉽게 잊어서는 안 된다. 그래서 우리 구미교회는 하나님의 은혜를 오랫동안 기억하고 곱씹을 수 있는 좋은 방안이 무엇이 있을까 연구하고 또 연구하였다. 그래서 개발해 낸 것이 바로 '올람편지'이다.

올람편지는 말 그대로 한 장의 편지다. 그 형태는 누구나 갖고 있는 휴대폰을 통해 쉽게 받아볼 수 있는 한 장의 그림파일이다. 내용은 〈성경153올람〉 운동의 핵심 주제 말씀으로 선포한 설교를 편지 형태로 요약한 것이다. 그러니까 올람편지 안에는 주일예배 때 선포된 설교의 핵심 주제가 고스란히 녹아들어 있다. 이 편지를 휴대폰을 통해 가족이나 이웃, 친지, 군대 가 있는 아들, 지방이나 해외에 흩어진 친척에게 전함으로써 〈성경153올람〉 운동을 효과적으로 전파할 수 있게 하였다. 뿐만 아니라 올람편지는 그 주간의 설교 말씀 요약이기 때문에 자연스럽게 복음전파의 도구가 되기도 한다. 그야말로 올람편지는 한 장의 완벽한 전도지가 되어서 효과적으로 복음을 전할 수 있게 해준다. 참고로 올람편지의 33번째 내용을 제시해 본다(옆쪽 표 참조).

올람편지의 중요성

올람편지는 〈성경153올람〉 운동 가운데 매우 중요한 역할을 감당하고 있다. 먼저 〈성경153올람〉 운동은 주일에 선포되는 말씀에서부터 시작되는데 성도들은 그 말씀을 통하여 은혜를 받고, 자기 삶의 자리에서 은혜를 간직한 채 한 주간을 살아간다. 그렇게 일주

올람편지

창세기 1:1~5
태초에 하나님이 천지를 창조하시니라

우리는 지금 여기에 존재하고 있습니다. 이것은 엄연한 사실이자 진리이기까지 합니다. 이것이 확실하다면 이제 우리는 나의 존재양식에 대해 깊이 생각해 보아야 합니다. 나는 어디로부터 왔는지, 내가 지금 여기에 존재하고 있는 것은 무슨 의미가 있는지, 그리고 나는 어디로 가는지 우리는 깊이 고민해 보아야 합니다. 왜냐하면 지금 여기에 있는 나의 삶은 오직 한 번밖에 없는 삶이요, 다시 반복할 수 없는 너무나 소중한 인생이기 때문입니다.

이 세상 모든 것의 존재에 대하여 진화론적 입장이 있습니다. 그러나 이 입장은 우주의 시작, 생명체의 기원, 생물의 진화 등에 대하여 뚜렷한 증거를 제시할 수 없어 과학적 추론만 할 뿐이고, 그래서 이 모든 것이 존재하게 된 것에 대하여 그냥 '우연히' 그렇게 되었다고 설명하고 있습니다. 그러나 성경은 만물의 기원과 생명의 출현에 대하여 "태초에 하나님이 천지를 창조하시니라"(창1:1)라고 분명히 선언하고 있습니다. 하나님은 말씀으로 천지만물을 창조하시고, 각기 종류대로 생물을 만드셨습니다. 그리고 바로 내가 지금 여기에 존재하고 있는 것도 결국은 하나님의 창조의 결과입니다.

이 세상 모든 사람들은 두 가지의 가치관 중에 한 가지를 선택하여 살아갈 수밖에 없습니다. 하나는 우연의 가치관이요, 하나는 창조의 가치관입니다. 우연의 가치관은 진화론에 맞닿아 있고, 창조의 가치관은 창조신앙에 맞닿아 있습니다. 나는 내 인생을 우연의 가치관에 맡길 수가 없습니다. 나는 절대로 우연히 있게 된 존재가 아닙니다. 하나님은 창세전부터 나를 예정하셔서 지금 여기에 나를 있게 만들어주신 것입니다. 사람은 자기의 가치관대로 살아갑니다. 창조의 가치관으로 정말 아름답고 보람된 삶을 꼭 살아가시기를 바랍니다.

대한예수교장로회
九美교회
담임목사 김 대 동

일을 온통 말씀과 동행하다가 그다음 주간이 되면 교회에서 제공하는 가정예배문을 가지고 가정예배를 드리게 된다. 벌써 한 주간을 말씀 가운데 살아온 상태에서 다시 그 말씀을 가지고 가정예배를 드리게 되니 더욱 풍성한 삶의 나눔과 기도가 터져 나오게 된다. 가족들이 자기가 겪고 있는 실제적인 고민을 신앙 안에서 해결하고 기독교적 가치관으로 재해석하려는 노력을 기울이게 된다. 이렇게 가정예배를 통하여 다시 한번 말씀으로 은혜를 받게 되는 것이다.

가정예배는 주로 주일 이후 주 초반이나 중반에 드리게 되는데, 그 주간의 후반인 금요일 정도에 올람편지를 제공한다. 따라서 이 올람편지는 가정예배를 통해 더욱 풍성하게 된 은혜 위에 성경적 가치관을 정확하게 다시 한번 심어주며, 더욱 분명한 결단으로 나아갈 수 있게 도와준다.

사실 오늘날은 스마트 기기를 이용한 메신저 프로그램이 넘쳐나는 시대이다. SNS를 통해서 다양한 글과 그림이 오간다. 하지만 대부분의 메시지는 받는 즉시 삭제된다. 별 유익이 없다는 것을 우리가 잘 알고 있기 때문이다. 정성껏 작성한 메시지라고 생각하지도 않는다. 진정 자신을 위하는 글이라고 여기지 않는 것이다. 그래서 대부분 휴지통으로 들어가 버리는 것이다.

하지만 올람편지는 다르다. 올람편지는 우리 영혼을 위해서 간절한 마음으로 정성을 들여서 쓴 편지이다. 글자 하나하나 문장 한 문장 한 문장을 허투루 작성하지 않는다. 영혼을 사랑하는 마음으로, 기도하는 심정으로, 복음을 전하는 전도자의 마음으로, 자녀에게 신앙 유산을 물려준다는 사명감과 사랑으로 쓰는 편지이다. 그렇게 다듬어진 올람편지의 내용을 예쁘게 디자인한 배경 그림과 함께 전달하는 것이다.

올람편지는 '너희는 우리로 말미암아 나타난 그리스도의 편지(고후 3:3)'라는 분명한 목적의식이 있다. 우리 그리스도인이 각각 예수 그리스도의 편지이듯이 올람편지는 우리가 전개해 나가는 〈성경153올람〉 운동의 편지이다.

그래서 이 올람편지를 받아 읽으며 사람들은 지난 주간 설교 말씀을 통하여 자신이 받은 은혜를 다시 확인하고, 삶의 자리에서 힘쓰고 애쓴 자신의 모습을 반추하게 된다. 그리고 가정예배를 통해서 가족과 함께 나누고 결단한 내용이 잘 지켜지고 있는지 점검하게 되어 궁극적으로는 온전히 말씀에 사로잡힌 그리스도인으로 살아가는 데 큰 힘과 용기를 주게 된다.

"진리는 자증(自證)한다"는 말이 있다. 진리는 진리이기 때문에 스스로 증명한다. 진리는 다른 어떤 것으로 증명되는 것이 아니라 진리 그 자체로써 증명된다는 말이다. 이처럼 올람편지를 통해 전달된 복음의 진리는 이 편지를 읽는 모든 사람의 삶에서 증명되며, 더욱 풍성한 은혜의 삶을 살아갈 수 있도록 돕게 된다. 바로 이런 의미에서 이 짧은 올람편지 하나가 한 사람의 인생을 바꿀 수도 있게 된다는 것이다.

올람편지 작성 방법

　올람편지는 크게 서론, 본론, 결론의 형태를 띠면서 3개의 문단으로 구성되어 있다. 그리고 각 문단은 한 눈에 보기에도 질서정연하게 정리된 느낌이 들도록 7~8줄로 작성한다. 그러면 보는 이들이 올람편지가 굉장한 정성을 기울인 작품이라고 여기게 된다. 이런 틀을 유지하여 3개의 문단을 작성하는데 그 3문단도 각각 나름의 특징이 있다.

　먼저 첫 번째 문단은 올람편지를 받는 사람이 편지의 내용에 흥미를 가질 수 있도록 해당 주제에 맞는 예화나 명언 등을 인용하면서 시작한다. 사실 오늘날은 어디를 둘러보아도 읽을거리가 넘쳐나는 시대다. 그런데 그 많고 많은 글 중에서 사람들의 흥미를 유발하지 못하는 글은 읽히지가 않는다. 그래서 이 첫 번째 문단에서 가장 중요한 핵심은 사람들이 읽고 싶게끔 만드는 동기유발이다. 우리가 잘 아는 이야기, 좋은 교훈의 내용들을 제시함으로써 '어? 재미있겠는데! 한 번 읽어볼까?' 라는 마음이 들게 만드는 것이 중요하다.

　두 번째 문단은 〈성경153올람〉 설교 말씀의 핵심을 요약한 부분이다. 보통 주일예배의 설교 원고는 적어도 A4용지 대여섯 장은 된다. 그 내용을 7~8줄로 정리한다는 것은 쉬운 일이 아니다. 설교의 핵심 내용과 문장도 포함되어야 한다. 그리고 〈성경153올람〉 운동은 성경 전체가 어떤 흐름을 가지고 이어지는지도 가르쳐주고 있기 때문에 성경의 배경지식도 들어가야 한다. 그야말로 심혈을 기울여서 설교원고를 추리고 추리는 작업을 거쳐야 하는 것이다. 어떻게 보면 주일 설교문을 두 번 세 번 작성하는 노력과 정성이 들어가게 된다. 그래서 이 두 번째 문단만 보고서도 그 주간의 설교 말씀을 줄줄이 기억할 수 있게 되는 것이다.

세 번째 문단은 올람편지의 결론으로 우리가 어떻게 살아야 하는지 기독교적 가치관을 제시해 주고 결단을 끌어내는 부분이다. 즉, 올람편지의 꽃이라고 할 수 있다. 〈성경153올람〉 운동의 핵심은 결국 성도들로 하여금 기독교적 가치관을 가지고 각자 삶의 자리에서 힘써 살아가도록 하는 것이다. 그 결단을 끌어내는 것이 바로 이 세 번째 문단이다. 그러므로 여기서는 성도들이 삶 속에서 직접 실천할 수 있도록 구체적인 삶의 모습과 방안을 제시해 주어야 한다. 예수님의 사람으로서 어떻게 살아야 하는지 분명한 기준과 방향을 제시해 주어야 하는 것이다.

올람편지의 전파

아무리 올람편지를 정성껏 작성했다고 하더라도 제대로 전해지지 않으면 그 노력은 한낱 물거품이 되고 만다. 그래서 올람편지를 전파하기 위한 방안에 대해서도 많은 심사숙고의 과정이 필요하였다. 그 결과 구미교회에서는 올람편지를 수많은 사람이 동시다발적으로 받고 보낼 수 있는 그림파일 형식으로 만들기로 하였다. 정성스럽게 쓰인 편지 문장은 예쁘게 디자인된 올람편지지에 덧입혀져서 한 장의 그림 파일이 되는 것이다. 또한 매주 전해지는 편지이기에 자칫 단조롭고 식상할 수도 있다. 그런 느낌이 들지 않도록 너댓 종류의 편지지를 준비하여 매주 다른 색깔의 그림편지가 되도록 하였다. 올람편지를 그림 파일로 제작한 가장 큰 이유는 카카오톡 같은 SNS 도구를 통하여 여러 사람에게 쉽게 전달하려는 의도가 있었기 때문이다.

올람편지를 전파하는 방법으로는 먼저, 이미 개설된 카카오톡 채널에 올람편지를 업로드한다. 그러면 카카오톡 채널에 가입한 모든 성도에게 순식간에 올람편지가 전달된다. 그리고 그 편지를 각 교구 지도자는 구역 지도자에게, 구역 지도자는 구역원에게 전달한다. 성가대나 교회학교 교사 등 여러 부서와 자치회도 동일한 방법을 통하여 먼저는 임원에게, 그리고 회원 전체에게 올람편지가 전달된다. 이처럼 올람편지의 전파는 문명의 이기와 교회의 전통적인 조직 체계를 잘 활용하여 빠르고 정확하게 전달할 수 있게 되었다. 이렇게 전달된 올람편지는 공유하기 기능을 통하여 삽시간에 교인들은 물론 자신의 친구나 지인에게까지 전파되는 위력을 발휘하게 된다.

맛있는 음식을 보면 사랑하는 사람이 생각나고 그 사람과 함께 먹고 싶은 마음이 든다. 아름다운 경치를 보면 소중한 사람들과 함께 공유하고 싶은 마음이 드는 것이 사람의 본능이다. 그런데 세상의 그 어떤 맛있는 음식이나 멋진 풍경과는 견줄 수 없는 참된 복음의 진리가 올람편지 안에 담겨 있다. 그러므로 올람편지의 가치를 아는 그리스도인이라면 올람편지를 사랑하는 사람에게 전하지 않을 수 없게 되는 것이다. 이렇게 올람편지를 통하여 우리는 하나님 말씀을 많은 사람에게 나누고 전할 수 있게 되었다. 올람편지야말로 스마트한 이 시대에 가장 최적화된 그리스도의 편지이다. 가장 효과적으로 복음을 전하는 슬기로운 전도 생활이 된 것이다.

PART 03

성경153올람 운동,
이런 효과가 있다

CHAPTER 01

새로운 삶을 향한 감사와 결단의 성료식

성료식의 필요성

분당구미교회는 2021년 1월 3일 〈성경153올람〉 운동을 시작하였고, 3년 동안의 모든 과정을 은혜 가운데 마친 후에 2023년 12월 31일 〈성경153올람〉 운동의 성료식을 진행하였다. 성료식을 진행하였던 이유는 다음과 같다.

운동을 성공적으로 마침을 축하

그동안 구미교회는 성경에서 가장 중요하고 핵심적인 본문 153개를 선정하여 매 주일 한 주제씩 집중하여 3년 동안 가치관 훈련과 가정예배에 최선을 다해왔다. 보통 교회에서 여러 운동을 준비하고 진행할 때는 단기간에 이루어지는 경우가 많다. 성공적으로 마치기 위함이다. 그러나 〈성경153올람〉 운동은 장장 3년이란 긴 시간 동안 진행되었다. 이렇게 장기간에 운동을 진행하여 성공적으로 마쳤다는 것은 결코 쉬운 일이 아니다. 따라서 성료식을 통하여 운동을 성공적으로 마칠 수 있도록 인도하여 주신 하나님께 감사하는 마음을 가지고 함께 축하하며 격려하였다.

참여한 성도들에게 칭찬과 격려

이 운동을 통하여 성도들은 '올람'(옛적 길)이라는 한 목표를 가지고 합심하여 달려왔다. 삶의 변화를 모색하고자 가치관 훈련에 최선을 다하고, 다음 세대 신앙 양육을 위하여 가정예배에 최선을 다한 성도들을 칭찬하고 격려하는 것은 마땅한 일이다. 〈성경153올람〉 운동이 이 시대 최고의 시스템을 갖춘 훈련이라 할지라도 성도들의 참여가 부족하다면 정작 운동으로서의 가치는 무의미하다. 그러나 구미교회 성도들은 각자의 자리에서 최선을 다하여 이 운동에 참여해 주었고 많은 결실을 맺을 수 있었다. 그래서 성료식을 통하여 성도들에게 칭찬과 격려를 아끼지 않았다.

삶의 현장에서 구현할 수 있도록 독려

끝은 또 다른 시작을 의미한다. 3년 동안의 〈성경153올람〉 운동은 끝났지만, 사실상 이제부터 시작이다. 성도들은 운동을 통하여 체득한 기독교적 가치관을 이제는 삶의 현장에서 실천하며 구현해 낼 수 있어야 한다. 그리하여 분당구미교회는 2024년을 새롭게 시작하면서 교회의 표어를 '올람의 가치관으로 본질을 실천하는 교회(빌 4:9)'로 정하였다. 이제 성도들은 하나님께서 우리에게 보여주신 옛적 길을 따라서 세상을 향해 나아가야 한다. 본질을 붙들고 세상을 조금씩 변화시켜 나가야 한다. 성도들이 실천에 앞장설 수 있도록 성료식을 통하여 크게 독려하였다.

성료식의 진행 과정

분당구미교회는 〈성경153올람〉 운동의 153개 주제를 다 마치고 그 직후 바로 다음주 주일예배 시에 성료식을 거행하였다. 성료식의 순서는 다음과 같다.

▶ 영상 상영

영상에는 〈성경153올람〉 운동에 대한 간단한 소개, 성도들의 소감, 한국교회에 운동이 전파된 모습, 동참한 교회의 소감, 담임목사의 격려 및 도전을 바탕으로 제작하였다. 영상을 통하여 3년간의 〈성경153올람〉 운동이 어떻게 진행되어 왔는지 성도들은 회상할 수 있었고, 이 운동을 은혜 가운데 마치게 되면서 감사와 감격이 넘치는 시간이 되었다.

▶ 케이크 예식

성료 축하 케이크를 준비하여 촛불을 켰다. 그리고 교회의 각 기관, 각 연령을 대표한 사람들이 함께 촛불을 끄고, 케이크 커팅을 하면서 〈성경153올람〉 운동을 성공적으로 마치게 됨을 축하하는 시간을 가졌다. 촛불을 끄면서 이제는 우리 구미교회 성도 한 사람 한 사람이 가치관의 촛불을 켜고 이 세상을 아름답게 변화시켜 나가자고 독려하였다.

▶ 실천선언문 낭독

〈성경153올람〉 운동을 통하여 체득한 기독교적 가치관을 이제는 삶에서 구현해 낼 수 있도록 성도들을 독려하고자 9가지 실천선언문을 제작하여 함께 낭독하며 결단하였다.

그 내용은 구미교회의 구(9)에 맞추어서 9가지 항목으로 작성하였는데, 먼저 1은 기독교적 가치관을 확신하고 실천하자는 내용이다. 2~6은 교회의 다섯 가지 표지인 예배, 교육, 선교, 봉사, 친교에 맞추어 결단하는 내용이다. 그리고 7~8은 〈성경153올람〉 운동의 핵심 두 기둥에 관한 내용인데, 7은 설교에 집중하여 계속적으로 가치관 훈련을 감당하자는 내용이며, 8은 가정예배를 지속적으로 드려 다음 세대 신앙 양육을 계속해 나가자는 내용이다. 마지막 9

는 〈성경153올람〉 운동을 한국교회와 온 세상에 날마다 전파하자고 결단하는 내용이다.

이와 같은 내용을 가지고 작성한 〈성경153올람〉 운동 실천선언문의 내용은 다음과 같다.

〈성경153올람〉 운동의 9가지 실천 선언문

☞ 나는 〈성경153올람〉 운동의 정신에 적극 동의하며
아래와 같이 힘써 실천할 것을 엄숙히 서약합니다.

① 나는 기독교적 가치관만이 우리 삶의 본질과 목적임을 믿는다.
② 나는 예배에 적극 동참하여 기독교적 가치관을 계속 체득한다.
③ 나는 교육에 적극 동참하여 신구약 성경을 끊임없이 묵상한다.
④ 나는 선교에 적극 동참하여 기독교적 가치관을 널리 전파한다.
⑤ 나는 봉사에 적극 동참하여 그리스도의 몸을 아름답게 세운다.
⑥ 나는 친교에 적극 동참하여 성도 간에 가치관 고양을 독려한다.
⑦ 나는 설교 말씀을 집중 경청하여 계속해서 옛적 길을 걸어간다.
⑧ 나는 가정예배를 지속적으로 드림으로 다음 세대를 양육한다.
⑨ 나는 〈성경153올람〉운동을 세상에 전하는 일에 일로매진한다.

이와 같은 내용을 가지고 인쇄물로 만들어 주보 삽지로 성도들

에게 나눠주었으며, 예배 중에 함께 결단하며 실천선언문을 낭독하였다. 그리고 이 인쇄물을 가정의 식탁이나 출입문에 부착하여 끊임없이 이 정신을 체득하자고 강조하였다.

아래의 내용은 실천선언문의 인쇄물의 모습이다.

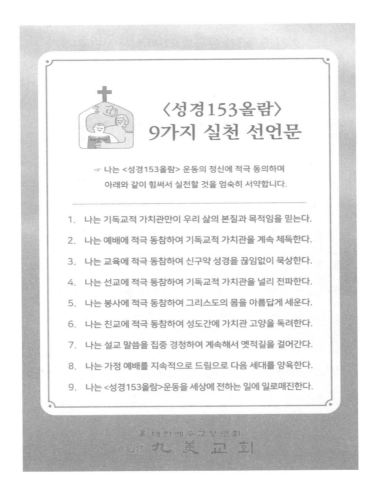

〈성경153올람〉 운동의 주제가는 이 운동을 지속해 오는 동안 내내 성도들의 마음을 다지고 하나로 묶는 데 아주 큰 역할을 감당해 왔다. 이제 마지막 성료식 중에 올람 정신의 본질을 따라 살기로 결단하며 주제가를 제창하였을 때 큰 은혜가 임하였다.

▶ 기념품 증정

3년 동안 〈성경153올람〉 운동을 진행하면서 구미교회의 구성원 모두가 크게 수고하였다. 이 수고는 작은 수고가 아니며, 구미교회 구성원 모두가 마음에 함께 새기고 기념할 만한 수고였다. 그래서 함께한 운동에 대하여 가치를 부여하고, 서로가 격려하고 축하하기 위하여 전 교인에게 올람머그컵을 증정하였다. 이제 구미교회의 각 가정에는 올람머그컵이 있게 된 셈이다.

▶ 포토존 사진 촬영

3년 동안 동고동락하면서 함께 〈성경153올람〉 운동에 동참하였다는 것은 한 공동체로서는 아주 중요하고 의미 있는 경험이었다.

그리고 이 운동은 3년으로 끝나는 운동이 아니라 앞으로도 계속해서 평생 감당해야 할 신앙 운동이다. 그래서 그동안 동고동락했던 기억을 사진에 남기고, 앞으로도 더욱더 이 운동에 최선을 다하자는 의미로 부스를 만들어서 기념 촬영을 할 수 있도록 하였다.

▶ 올람 자료 전시

여행을 하면 여행지에서 기념품을 구입하곤 한다. 그것은 그 여행지의 기억을 새롭게 하고, 잘 간직하기 위함이다. 〈성경153올람〉 운동을 진행하면서 많은 자료가 생겨났다. 그래서 그 모든 자료를 성료식 때 로비에 전시하여 성도들이 관람하고 구입할 수 있도록 하였다. 이것은 〈성경153올람〉 운동의 신앙 정신을 마음 깊이 기억하도록 하기 위함이다.

▶ 성료식 큐시트

위와 같은 컨셉을 가지고 철저히 준비하여 성황리에 성료식을 거행하였다. 성료식을 진행하면서 그 내용을 한눈에 볼 수 있도록 전체 내용을 큐시트로 정리하였다.

큐시트의 내용은 다음 쪽의 〈표5〉와 같다.

【 표 5 】〈성경153올람〉 운동 성료식 큐시트

순서	시간	진행 사항
성료식 시작		[인도재] "지금부터 성경153올람운동 성료식을 거행하겠습니다."
영상 상영	3분	[인도재] "먼저 성경153올람운동의 영상을 시청하겠습니다.
케이크 예식	3분	① 153 촛불의식 [인도재] "이 시간은 성료를 축하하며 촛불의식을 거행하겠습니다." "교회 각 지체 대표자들께서는 등단해 주시기 바랍니다." "대표자들께서 초에 불을 붙이겠습니다." - (각 예배 대표자 3명이 1,5,3 숫자가 새겨진 초 3개에 토치로 불을 붙인다.) [인도재] "제가 '시작!' 하면 오른손 주먹을 불끈 쥐고 「이제 이 길밖에 없습니다」를 외쳐주신 후 크게 박수를 쳐주시기 바랍니다. 그러면 저희가 촛불을 끄도록 하겠습니다." "준비되셨습니까? 시작!" "이제 이 길밖에 없습니다!" - (4명의 대표가 함께 후~ 불면서 촛불을 끈다) ② 케이크 커팅식 [인도재] "이어서 성료를 축하하면서 케이크를 커팅하겠습니다." "크게 박수쳐 주시기 바랍니다." - (대표자가 케익을 커팅한다.)
실천 선언문 선포	5분	[인도재] "이제 성경153올람 9가지 실천 선언문을 함께 낭독하는 시간을 갖겠습니다. 자리에서 일어나셔서 오른손 주먹을 불끈 쥐고 진지한 마음으로 서약해 주시기 바랍니다."
올람 주제가 제창	2분	[인도재] "이제 우리의 결단을 담아서 올람 주제가를 제창하겠습니다."
기념품 증정		- 올람 머그컵 가정당 1개를 선물로 드립니다.
포토존 촬영	예배 후	- 올람 포토존이 마련되어 있습니다. 예배 후에 사진 예쁘게 찍으시고 마음에 잘 간직하여 널리 홍보도 해주시기 바랍니다.
올람자료 전시		- 성경153올람 운동에 대한 모든 자료를 전시하고 있으니 구경도 하시고, 구입도 하셔서 널리 홍보해 주시기 바랍니다.

CHAPTER 02

교인들이 바뀌고
가정이 회복되고 있다

〈성경153올람〉 운동은 애초부터 두 가지 개념을 가지고 출발하였다. 첫째는 거대 시대 풍조가 밀려오는 세상 가운데서 기독교적 가치관을 체득하여 진정한 그리스도인으로 살아가자는 것이다. 둘째는 심각한 다음 세대의 상황을 직시하여 가정예배를 통해 다음 세대를 신앙으로 잘 양육하자는 것이다.

이와 같은 목적을 가지고 출발한 〈성경153올람〉 운동은 교회와 가정에서 많은 변화를 불러일으키고 있다. 그 변화의 모습을 추적해 본 결과 다음과 같은 긍정적인 모습이 있었다.

성도들의 고백

가치관의 변화

"성경 전체의 흐름을 따라 말씀을 들으니까 너무 좋아요. 마치 내가 성경 속의 여행자 같아서 성경의 가치관이 내 몸과 마음에 스며드는 것 같아요." 〈최○○ 집사〉

"순간순간 일상에서 말씀 안에 살아가게 하는 기쁨이었습니다." 〈김○○ 권사〉

"성경 말씀에 근거한 삶의 올바른 방향을 생각하게 되었습니다." 〈김○○ 권사〉

"인생의 모든 굴곡 가운데 함께 하신 주님이 나와 함께 하심을 깨닫게 하셨고, 보이는 상황에도 좌절하지 않고 보이지 않지만 살아 역사하시는 주님을 끝까지 신뢰하게 되었습니다." 〈박○○ 권사〉

"코로나의 어려운 시기를 성경 말씀 안에서 극복해 나가며 나의 가치관을 주님께 맞추는 방법을 알게 되었습니다." 〈한○○ 권사〉

"우리 부족한 인간들이 만든 어렵고 힘든 시기를 기독교인의 기본이며 필수 요소인 성경 말씀을 통해 우리의 부족함을 인식하고 앞으로의 목표들을 세우고 깨닫고 수립시킨 은혜 충만한 시간이었습니다." 〈이○○ 집사〉

"우리 가정이 말씀 중심의 삶으로 온전히 변화되었습니다." 〈이○○ 집사〉

"지난 3년 동안 성경 전체에 대한 깊은 이해를 바탕으로 나의 믿음을 단단히 세우는 좋은 시간이었습니다." 〈함○○ 권사〉

"세상적인 가치관으로 가득 차 있던 저를 변화시켰고, 어떻게든 하나님의 말씀을 기준 삼아 살아보려고 발버둥치도록 만들어 주었습니다." 〈임○○ 권사〉

"성경 전체의 흐름을 알게 되었고, 하나님의 말씀을 더욱 가까이 하는 귀한 시간이었습니다." 〈박○○ 집사〉

"하나님의 자녀답게 세상과 구별되어 하나님의 가치관을 나의 삶으로 살아내야겠다는 거룩한 소망을 갖게 해주었습니다." 〈김○○ 집사〉

"창조주 하나님의 우리를 향한 구원, 영생, 한량없는 사랑의 깊이를 가감 없이 만나게 된 시간이었습니다."〈기○○ 권사〉

"쉽게 접하지 못했던 구약, 신약 말씀을 세밀하게 전달받는 은혜의 시간에 감사했습니다."〈정○○ 권사〉

"예전에 가장 뜨거웠던 때로 돌아온 것 같습니다."〈옥○○ 권사〉

"일(1)생을 살아가는 동안 오(5)직 내 마음속에 삼(3)위일체 하나님이 함께하시고 돌보신다는 신앙의 본질을 회복하였습니다."
〈이○○ 권사〉

"성경의 153개 핵심 주제로 주신 말씀이 기준이 되어 하루하루의 삶을 살아가게 하셨습니다."〈김○○ 권사〉

"성경 말씀을 통해 내 삶의 중심과 방향을 되돌아보고, 진정으로 중요한 것이 무엇인지 깊이 생각할 수 있었습니다."〈최○○ 성도〉

"기도와 말씀 묵상을 통해 하나님과 더욱 가까워지고, 삶의 모든 순간에 하나님의 뜻을 구하며 살아가고 싶은 마음이 생겼습니다."〈박○○ 성도〉

"하나님의 무한한 사랑과 용서를 경험하며, 나 또한 다른 사람을 사랑하고 용서하는 마음을 갖고 살아가고 싶다는 깨달음을 얻었습니다."〈공○○ 집사〉

"하나님 앞에서 내가 얼마나 작고 부족한 존재인지 깨닫게 되었고, 겸손한 자세로 살아가려고 노력하게 되었습니다."
〈주○○ 권사〉

"성경의 가치관을 바탕으로 옳고 그름을 판단할 수 있게 되었고, 말씀대로 살아보려는 의지가 더욱 강해졌습니다."〈김○○ 성도〉

"성경 말씀을 통해 내 삶의 지혜와 깨달음을 얻었고, 영적으로 성장하는 경험을 할 수 있었습니다."〈신○○ 집사〉

"하나님의 자녀로서 이웃을 사랑하고 돕는 공동체 의식을 갖게 되었고, 주변 사람과의 관계가 더욱 돈독해졌습니다."
〈나○○ 성도〉

"성경을 통해 삶의 의미와 목적을 찾게 되었고, 의미 있고 가치 있는 삶을 살아가고 싶은 동기 부여를 받았습니다."〈최○○ 집사〉

"기도를 통해 하나님의 도우심과 힘을 경험하였고, 어려움 속에서도 희망과 용기를 얻을 수 있었습니다." 〈김○○ 집사〉

"하나님의 사랑과 평안을 마음속에 느끼며, 진정한 기쁨을 경험하고 행복한 삶을 살아갈 수 있게 되었습니다." 〈서○○ 집사〉

"성경 공부의 길라잡이가 되어주었어요." 〈박○○ 집사〉

"말씀의 기적을 마음속에 깊이 새기는 계기가 되었습니다." 〈김○○ 청년〉

"성경의 방대하고 복잡한 내용 중 핵심을 이해하는 데 도움이 되었어요." 〈이○○ 집사〉

"하나님의 말씀을 '나'에서 '우리'로 나누게 해주었어요." 〈서○○ 집사〉

"신앙인으로서의 정체성을 다시 발견하는 시간이었습니다." 〈김○○ 청년〉

"성경을 전체적으로 살펴볼 기회가 되어 뜻깊은 시간이었습니

다."〈윤○○ 청년〉

"하나님의 크신 뜻과 사랑을 더 가까이할 수 있어서 좋았습니다."
〈강○○ 청년〉

"기독교의 가치관을 세워가기 어려운 시대에 우리의 중심을 다시
되돌아보고 세울 수 있는 시간이었습니다."〈조○○ 청년〉

가정예배의 변화

"가정예배를 드림으로 다음 세대로의 신앙의 대물림의 중요성을
깨닫고 실천하게 되었습니다."〈이○○ 권사〉

"작은 손을 모아 기도하는 손주들의 모습 속에서 주님께서 우리
가정예배 가운데 함께하심을 느낄 수 있는 은혜로운 시간이었습
니다."〈문○○ 권사〉

"가정예배의 실천으로 가족 간의 영적 결속력을 단단하게 하는
계기가 되었습니다."〈김○○ 집사〉

"흉내만 내도 복을 받는 가정예배 덕분에 인생이 바뀌었습니다."
⟨이○○ 권사⟩

"가정예배에 대해 다시 한번 생각해 보게 되었습니다."
⟨이○○ 집사⟩

"가족이 한자리에 모여 하나님의 말씀을 나누고 찬양하며 서로의
이야기를 듣는 은혜로운 시간을 만들 수 있었습니다."
⟨이○○ 집사⟩

"가정예배의 중요성과 그 가운데에서 역사하시는 하나님의 은혜
를 체험하게 되었습니다." ⟨이○○ 권사⟩

"가정예배를 드림으로 가족들과 말씀을 나누며 서로의 기도 제목
을 나누게 되어 서로를 더 이해하고 사랑하는 계기가 되었습니
다." ⟨허○○ 권사⟩

"매주 가정예배문 순서에 따라서 함께 찬양, 말씀, 나눔을 하고
기도 제목과 응답 내용을 일지에 쓰면서 우리 가정의 주인은 하
나님이심을 느낄 수 있었습니다." ⟨홍○○ 권사⟩

"아이와 함께 같은 성경 구절의 말씀을 들으니 더 깊이 소통할 수 있었습니다. 그리고 주일 말씀으로 한 번 더 가정예배를 드리니 더 깊은 말씀 묵상이 가능했습니다." 〈공○○ 집사〉

"평소 어렵게만 느껴졌던 가정예배에 친숙해졌습니다. 일상 중에 말씀과 찬양을 더욱 가까이 두게 되어 기쁨이 배가 되고 은혜가 충만한 하루하루를 보내게 되었습니다." 〈최○○ 집사〉

가정예배 간증

구미교회는 〈성경153올람〉 운동을 시작하면서 가치관 훈련과 가정예배의 두 기둥을 세웠다. 가치관 훈련은 거대 시대 풍조가 밀려오는 세상 가운데 우리 그리스도인이 오직 기독교적 가치관으로 살아가자는 운동이다. 또 한 가지는 가정예배의 강조인데, 가정예배는 다음 세대 신앙 양육을 위해서는 최고의 방법이 아닐 수 없다.

구미교회가 이와 같은 두 기둥을 세우고 성도들에게 작정하고 가정예배를 독려하였을 때 아주 놀라운 변화가 나타났다. 사실은 그리스도인치고 가정예배의 중요성을 모르는 사람은 없겠지만 교회가 앞장서서 가정예배를 독려하고, 아주 잘 구성된 가정예배문을 제공하였을 때 성도들은 기다렸다는 듯이 가정예배 운동에 열심히 동참하였다.

그래서 놀랍게도 구미교회 성도들은 교인 전체의 약 70% 가까이 가정예배 운동에 동참하였으며, 이로 말미암는 은혜로운 간증도 넘쳐났다. 이와 같은 간증은 너무나 귀하여 모든 성도가 공유했으면 좋겠다는 생각이 들어서 구미교회는 매월 마지막 주일을 '가정예배 사례 발표' 주일로 지키면서 주일예배 시간에 성도들이 직접 간증하게 하였다. 그랬더니 더욱더 큰 은혜가 넘쳐났고, 성도들은 그 간증에 힘입어 또다시 은혜를 받았으며, 새로운 결심으로 가정예배를 이어 나갈 수 있게 되었다.

이에 독자에게 그 생생한 간증을 소개함으로 함께 은혜를 나누고, 더 많은 분이 이 운동에 동참하기를 간절히 소망해 본다.

「포기할 수 없는 소통의 시간」

김광년 안수집사

저희 가정은 아내 홍지연 권사와 든든한 두 아들과 함께 모두 네 식구로 구성되어 있습니다. 두 아이가 어렸을 때는 제가 퇴근하여 집에 올 때면 아이들이 "아빠!"를 외치며 와락 달려와 안겼습니다. 그때의 모습이 생생한데 어느덧 아이들이 다 커서 이제는 저보다도 더 키가 큽니다. 그렇게 다정다감했던 아들들인데 중학생이 되면서부터는 제가 퇴근하여 현관문을 열어도 반가이 맞아주지 않더라고요. 분명히 아이들이 분주히 움직이기는 하지만 저에게 오는 것이 아니라 각자의 방으로 사라져 버렸습니다. 그럴 때마다 조금 허탈한 생각이 들곤 하였습니다.

상황이 이렇다 보니 자연스럽게 아이들과 대화하는 것 자체도 힘들어졌습니다. 아이들이 학교생활은 잘하는지, 친구들과의 관계는 괜찮은지, 요즘 무슨 고민을 하고 있으며 앞날에 어떤 꿈을 꾸고 있는지 도무지 알 수가 없었습니다. 그뿐만 아니라 아이들의 신앙 상태도 종잡을 수가 없었습니다. 분명히 주일에 교회에 가서 예배는 드리지만 청소년기에 접어든 아들들이 자기 신앙으로 서 있는지 확인할 방법이 없었습니다. 저는 아버지로서 아이들과 좀 더 가깝게 지내고 싶었고 아이들의 신앙을 조금이라도 도와주고 싶었지만 어떻게 해야 할지 알지 못한 채 시간만 보내고 있었습니다.

그러던 중에 우리 구미교회에서 〈성경153올람〉 운동을 진행하게 되었습니다. 〈성경153올람〉 운동에 대해서 담임목사님께서 굉장히 열정적으로 설명해 주셨습니다. 담임목사님은 〈성경153올람〉 운동이 두 가지 기둥으로 구성되어 있다고 말씀하셨습니다. 하나는 주일 예배를 통해서 성경 말씀으로 기독교적 가치관을 체득하는 것이고, 또 하나는 가정예배를 통해서 자녀들에게 신앙을 전해주는 것이라고 하셨습니다. 그 말씀을 듣는 순간 제 마음속에 "바로 이거다!" 하는 생각이 들었습니다.

주일예배를 통해 성경 말씀으로 은혜를 받는 일은 이미 우리 구미교회가 잘 하고 있는 사역이었습니다. 그렇다면 이제 가정예배를 드려야 하는데 그건 가장인 저와 제 아내의 사명이라고 생각하였습니다. 그때부터 어떻게 해야 우리 아들들과 함께 가정예배를 드릴 수 있을까 고민하기 시작하였습니다. 목사님께서는 어떤 방법을 사용하든지 자녀들을 앉혀놓고 가정예배를 드리라고 말씀하셨습니다. 말로 구슬려보고 말이 안 통하면 뇌물을 주든지, 상품을 걸든지 하라고까지 하셨습니다. 그 방법도 안 되면 강제로라도 앉혀놓아야 한다고 말씀하셨고, 특별히 가정예배는 흉내만 내도 복을 받는다고 크게 강조하셨습니다.

그 말을 듣고 정신이 번쩍 들었습니다. 그리고 이번 기회에 반드시 가정예배를 드려야겠다고 마음먹었습니다. 집에 와서 아내와 상의하면서 아이들이 갖고 싶어 하는 물건이 뭐가 있는지 알아보았습니다. 두 녀석 모두 아이팟 이어폰을 갖고 싶어 한다는 사실을 알게 되었습니다. 자신들의 용돈으로 구입하기에는 비싼 물건이었기에 입맛만 다시고 있었습니다. 저는 기대하는 마음으로 아이들을 불렀습니다. 그리고 에어팟을 사 줄 테니 이제부터는 1주일에 한 번씩 가정예배를 드리자고 협상하였습니다. 시큰둥할 줄 알았는데 아이들은 에어팟이라는 말에 활짝 웃으며 가정예배를 드리겠다고 하였습니다. 저는 마음속에 정말 다행이다 싶었습니다. 그리고 짧게나마 "하나님 감사합니다"라는 감사의 기도를 드렸습니다.

그런데 또 한 가지 생각이 들었습니다. "이 녀석들이 에어팟만 받고 그다음부터는 가정예배를 드리지 않으며 어떡하지?" 그러면 말짱 꽝이 되는 일이었습니다. 그래서 아이들에게 한 가지 조건을 더 달았습니다. 만약에 가정예배를 안 드리면 그 순간에 에어팟을 회수하겠다고 하였습니다. 아이들은 절대로 그런 일은 없을 거라며 가정예배를 잘 드리겠다고 약속하였습니다. 그렇게 해서 우리 집의 가정예배가 시작되었습니다.

비록 에어팟을 구입하느라 제 지갑에서 수십만 원의 돈이 나가기는 했지만 수백, 수천만 원보다 더 귀한 하나님을 얻을 수 있었습니다. 가정예배를 드리면서 부모로서 자녀에게 해 줄 수 있는 가장 큰 일이 바로 함께 예배드리는 일이라는 것을 새삼 깨닫게 되었습니다. 그동안은 제가 열심히 일을 해서 아이들에게 좋은 장난감을 사주고, 각자의 방을 만들어 주고, 공부할 수 있도록 좋은 선생님을 붙여주고, 좋은 학원에 보내주면 아버지 역할을 잘하는 것이라고 생각했었습니다. 하지만 그것들을 다 줘도 아이들이 하나님을 모르면 그 모든 게 다 헛것이라는 사실을 깨닫게 되었습니다.

이 세상의 모든 부모는 누구나 자기 자녀에게 가장 좋은 것을 주고 싶어 합니다. 세상에서 가장 좋은 것이 무엇일까요? 그것은 바로 하나님을 믿는 믿음이라고 생각합니다. 가정예배야말로 세상에서 가장 좋은 하나님 신앙을 자녀에게 전해줄 수 있는 시간이라고 생각합니다. 그래서 저희는 열심히 가정예배를 실천하고 있습니다. 저희 부부는 아이들이 저희 품을 떠날 때까지 가정예배가 이렇게 계속 이어지기를 간절히 소원하고 있습니다.

우리 가정은 매주 주일 저녁 시간에 가정예배를 드리고 있습니다. 그 시간이 식구들이 가장 잘 모일 수 있는 시간이기 때문입니다. 때로는 부모님께서 오셔서 함께 예배드리기도 하십니다. 그런 날은 할아버지, 할머니에서부터 손자들까지 3대가 함께 예배를 드리는 날입니다.

물론 이전에도 가정예배를 드린 적이 있습니다. 명절 때나 특별한 날에 예배를 드렸습니다. 그런데 그때를 생각해 보면 정말 힘들었다는 생각이 듭니다. 일단 누가 가정예배를 인도해야 하는지 정하는 것부터가 고민이었습니다. 대표 기도자를 정하는 것도 쉽지 않았습니다. 자칫 설교자가 설교를 빙자하여 장황한 잔소리를 할 때도 있었습니다. 그런데 이번 〈성경153올람〉 운동에 따라 가정예배를 드리는 것은 그런 고민을 단숨에 날려버렸습니다. 교회에서 제공하는 가정예배문을 따라서 그대로 하면 되기 때문입니다.

〈성경153올람〉 운동의 가정예배문에는 찬송가가 생소한 아이들을 위해서 유튜브로 찬송을 들을 수 있도록 QR코드도 실려 있습니다. 성경 본문에 대한 예화도 있고 설명도 자세히 실려 있습니다. 그냥 읽기만 해도 은혜가 됩니다. 각자가 받은 은혜를 생각하고 나눠보는 시간도 있습니다. 무엇보다도 지난 주일에 설교 말씀으로 들었던 내용으로 가정예배문이 구성되어 있기 때문에 가정예배를 드리다 보면 일주일 전에 받은 은혜까지 기억이 납니다. 마무리 기도 역시 제시된 기도문을 읽기만 하면 됩니다. 가정예배가 끝날 때 함께 축복송을 부르면서 끝낼 수 있어서 자녀들을 축복하는 유익한 시간이 됩니다.

어느 날은 서로가 적극적으로 나서서 이야기를 나눌 때도 있습니다. 하지만 가정예배가 늘 그렇게 화기애애한 분위기 속에서 드려지지는 않습니다. 어떤 날은 큰 파도를 넘는 것처럼 어렵고 힘든 시간이 되기도 합니다. 성경 말씀에 대한 지식이 부족해서 이해가 잘 안될 때도 있고, 각자의 감정 상태에 따라서 저기압일 때도 있습니다. 그래서 저는 가정예배 본문 중에서 어려운 말이나 생소한 단어 같은 것이 있으면 아이들에게 수수께끼로 문제를 내기도 합니다. 당연히 맞힌 아이에게 소정의 용돈을 줍니다. 가정예배가 마치 게임처럼 진행되는 것 같은 우려가 들기도 하지만 어쨌거나 아이들에게 가정예배 시간을 지키게 하고 그 시간을 기다리게 하는 데 도움이 된다면 이 방법도 좋은 방법인 것 같습니다.

어떤 날은 가정예배 중에 서로가 받은 은혜가 많을 때가 있습니다. 각자의 생각을 나누는 것이 풍성하여서 시간이 많이 지날 때도 있습니다. 저는 아이들이 아직 어린 줄로만 알았습니다. 자기 생각도 잘 표현 못 하고 남을 배려하는 것에 서툴기만 할 것이라고 생각하였습니다. 하지만 가정예배 중 나눔의 시간을 통하여 아이들의 생각이 참 깊고 넓다는 것을 깨닫게 되었습니다. 표현을 안 했을 뿐이지 아이들도 하나님의 은혜를 많이 받고 있었고 감사해한다는 것을 알 수 있었습니다. 아이들이 믿음이 약한 것 같아서 걱정을 많이 했는데 신실하신 하나님께서 아이들을 인도하고 계셨다는 사실을 발견하고 얼마나 감사했는지 모릅니다.

어떤 날은 아이들이 가정예배를 빨리 끝내고 싶어 하는 눈치를 보입니다. 나눔의 시간이 길다며 짧게 하자고 합니다. 특히 둘째 아이가 노골적으로 시간 단축을 시도하여서 실랑이가 벌어질 때도 있습니다. 그래도 가만히 생각해 보면 가정예배를 드리는 그 시간이 1주일 동안 아이들과 가장 많은 대화를 나누는 시간이었습니다. 가정예배 시간이 아무리 짧더라도 그 시간은 아이들과 함께하는 가장 은혜로운 시간이었습니다.

〈성경153올람〉 운동이 제 가족들에게 미친 영향은 정말 많습니다. 주일에 담임목사님의 말씀을 더 주의 깊게 듣게 되었습니다. 가정예배를 드리려면 목사님의 설교 말씀에 더욱 집중할 수밖에 없습니다. 설교 말씀에 집중하다 보니 더 많은 은혜를 받아 누리게 되었습니다. 이것만으로도 감사한데 아이들과 함께 가정예배를 드릴 수 있게 되었다는 것은 엄청난 축복이었습니다. 아이들과의 대화시간이 너무나 부족했던 저희 가정이 자연스럽게 은혜를 나누고 대화할 수 있게 되었습니다. 우리 가정이 말씀 안에 하나가 되고, 서로를 위하여 기도해 주는 믿음의 가정이 되기를 기대하는 마음으로 오늘도 가정예배의 자리로 나아갑니다. 감사합니다.

[가정예배로 세워져 가는 자녀들]

박상은 집사

저와 제 남편은 신혼 초에 구미교회에 등록하여 벌써 20년 넘게 신앙생활을 하고 있습니다. 저는 찬양대의 반주자로 섬기고 있고, 남편은 임마누엘 하임 찬양단의 드럼 연주자로 섬기고 있습니다. 20년 넘는 결혼 생활 중에 하나님께서 저희 부부에게 큰 은혜를 베풀어 주셔서 두 아들을 보내주셨습니다. 그 아들들이 어엿하게 자라서 지금은 스무 살, 열여섯 살이 되었습니다.

태어나면서부터 부모를 따라다닌 구미교회인지라 아이들은 교회가 늘 자기들 놀이터였고 삶의 현장이었습니다. 엄마가 오르간 반주, 피아노 반주를 하거나 아빠가 드럼으로 섬길 때면 아이들은 교회를 이곳저곳을 제집처럼 뛰어다니며 놀았습니다. 부모로서 아이들을 방치하고 있는 것은 아닌가 하는 미안함도 있었지만 하나님 아버지께서는 저희 아이들의 든든한 아버지가 되어주셔서 언제나 아이들을 보살펴 주셨습니다. 또한 많은 권사님과 집사님께서 하나님의 심부름꾼이 되어 주셔서 저희 아이들을 잘 돌보고 키워주셨습니다.

아이들은 교회 안에서 놀기만 하면서 보내지는 않았습니다. 맨발로 온 교회를 뛰어다니다가도 예배 시간이 되면 자기 교회학교 부서를 찾아갔고 자기 자리에 앉아 예배드렸습니다. 그 모습을 보면서 저와 제 남편은 그저 감사하다는 고백만 드렸습니다. 어떤 때는 아이들이 담임목사님을 흉내 내며 축도를 따라 하기도 하고, 성경책을 옆구리에 끼고 근엄한 척하면서 목사님들께 악수를 청하기도 하였습니다. 지금도 그때 그 녀석들의 모습이 눈에 선하기만 합니다. 그러던 아들들이 어느새 이만큼 자라서 지금은 저희 마음을 기쁘게도 하고 서글프게 하기도 합니다.

부모의 손에 이끌려 다닐 때는 아이들이 다 믿음이 좋은 것 같습니다. 교회학교에서 찬송을 가르쳐주면 집에 와서 찬송하고, 기도를 가르쳐 주면 집에 와서 기도를 합니다. 성경 암송을 하라고 하면 성경 암송도 척척 해냈습니다. 그때는 이 아이들이 청소년기를 거치고 성인이 되어서도 믿음을 잘 지킬 것처럼 보였습니다. 먼저 자녀를 양육하신 분들은 아이들이 사춘기를 겪게 되면, 중학생이 되면, 고등학생이 되면, 청년이 되면 믿음이 약해진다고들 하는데 저희 아이들은 그러지 않을 것만 같았습니다. 이대로 믿음 안에서 잘 성장할 것처럼만 보였습니다.

하지만 정말로 아이들이 중학생이 되고 고등학생이 되면서 분위기가 심상치 않다는 것이 느껴졌습니다. 학원 가느라고 주일예배를 드리지 않는 친구들도 있다는 이야기가 들려왔습니다. 자모실에서 아이를 안고 예배를 드렸을 때는 아이들의 신앙을 걱정할 필요가 없었습니다. 영유아부와 유치부였을 때는 아이들이 어떻게 예배드리나 문밖에서 살펴보기도 하였습니다. 그때마다 아이들은 착하게 예배를 잘 드리고 있었습니다. 그런데 아이들이 초등학교 고학년이 되고 중학생이 되자 아이들이 어떻게 예배드리는지 살펴보는 일이 부쩍 줄어들었습니다. 아이들도 더 이상 엄마와 아빠가 관심 가져 주는 것을 좋아하지 않는 것 같은 눈치였습니다. 그때부터는 아이들과 함께 예배드리는 날이 1년에 한두 번 있을까 말까 하게 되었습니다.

믿음이 있는 부모치고 자녀들과 함께 예배드리기를 좋아하지 않는 부모는 없습니다. 저희 부부도 그랬습니다. 그래서 틈틈이 아들들과 함께 예배드릴 기회를 엿보았습니다. 그것은 바로 가정예배였습니다. 구미교회가 가정예배를 강조한 지는 20년 정도 된 것 같습니다. 오랫동안 주보 한 페이지의 절반 정도를 가정예배문으로 할애해 주었습니다. 설날이나 추석날을 맞이하면 명절 가정예배문을 따로 제작해 주기도 하였습니다. 저희 부부도 주보에 실린 가정예배문과 명절 가정예배문을 참조하면서 가정예배를 드리려고 노력하였습니다.

하지만 현실의 벽은 높고 두꺼웠습니다. 여러 가지 핑계와 사정때문에 가정예배를 꾸준히 드리기가 여간 어렵지 않았습니다. 가정예배도 작심삼일이 되는 것 같았습니다. 그렇게 많은 시간이 흘렀는데 2021년부터 담임목사님께서 〈성경153올람〉 운동을 새롭게 진행하면서 가정예배를 꼭 드리자고 크게 강조하셨습니다. 특별히 "가정예배는 흉내만 내도 복을 받는다"고 수도 없이 말씀하셨습니다. 그래서 그 당시에는 가정예배를 안 드리면 구미교회 교인으로서 부끄러울 것 같은 기분이 들 정도였습니다. 담임목사님께서 저렇게 열정적으로 강조하시는데 성도로서 당연히 따라가야 하지 않나 생각하였습니다.

남편과 상의한 끝에 저희도 가정예배를 다시 드리기로 하였습니다. 두 아들을 잘 다독여서 가정예배를 드리자고 하였습니다. 〈성경153올람〉 가정예배문을 따라서 드리게 된 첫 가정예배는 정말 화기애애한 분위기 속에서 웃음꽃이 피며 아주 성공적이었습니다. 저희 부부의 염려와는 달리 아이들은 기특하게도 아무런 거부감 없이 예배의 자리로 나와 주었습니다. 식탁에 옹기종기 둘러앉아서 교회에서 구입한 올람십자가를 식탁 가운데 세우고 각자의 성경책과 가정예배문 4장을 꺼내서 예배를 드렸습니다. 네 식구가 한 식탁에 둘러앉은 것만으로도 충분히 행복하였습니다.

저희 가정의 가정예배는 〈성경153올람〉 가정예배문을 따라 찬송으로 시작합니다. 사실 아이들은 찬송가를 많이 불러보지 못하였습니다. 교회학교에서 어른 찬송가를 잘 부르지 않기 때문입니다. 그러다 보니 저희 부부에게는 익숙한 찬송인데도 아이들은 찬송을 몰라서 엉망으로 따라 부르거나 립싱크를 하기 일쑤였습니다. 찬송을 부르다가 웃음이 터져 나올 때도 많습니다. 어떤 날은 웃음을 꾹 참고 꿋꿋이 찬송을 부르다가 어느 대목에서인가 빵 터져버린 날도 있었습니다. 가정예배를 드려야 하는데 한참 동안 배꼽을 잡곤 하였습니다. 교회에서 예배드리는 시간이라면 상상도 못 할 일인데 가정예배에서는 충분히 가능한 일이었습니다. 저희 가정은 그렇게 즐겁게 웃으며 예배를 드렸습니다.

저희 부부는 가정예배 시간이 형식에 얽매이지 않도록 노력하였습니다. 자칫 아이들에게 가정예배 시간이 부담스러운 시간이 되면 안 된다고 생각했기 때문입니다. 그래서 인도자는 두 아들이 번갈아 가면서 담당하게 하였습니다. 그리고 가정예배 일지도 작성하였는데 이것은 그날의 인도자가 적기로 약속하였습니다. 그뿐만 아니라 가정예배 시간이 부모의 일방적인 설교나 잔소리 시간이 되지 않게 하려고 애를 썼습니다. 이러한 저희의 노력 위에 신실하신 하나님께서 은혜를 베푸셔서 가정예배 시간을 통해 우리에게 은혜도 주시고 아이들이 자신들의 고민과 생각을 나누는 자리로 만들어 주셨습니다.

가정예배를 드린 지 3개월쯤 되었을 때, 하나님께서 저에게 말씀 암송을 도전해 보길 원하시는 듯하였습니다. 어릴 때 암송한 말씀이 평생 기억이 되고 힘들 때면 늘 그 말씀이 기억난다고 하셨던 담임 목사님의 말씀도 생각났습니다. 저는 곧바로 예쁜 엽서를 구입해서 정성 들여 성경 구절을 골라 손으로 써서 가족에게 나눠주었습니다. 그 말씀을 한 주간 동안 묵상하고 암송하며 그다음 예배 시간에 암송하자고 하였습니다. 아이들에게는 소정의 상금을 걸었고 혹시 못 외운 사람이 있으면 외운 사람에게 상금을 몰아주기로 하였습니다. 가정예배를 드리면서 이런 당근 술책을 쓰는 것은 동기 부여 측면에서 참 유익한 것 같습니다. 어쨌든 저와 남편도 암송하는 것이 힘들지만 어떻게든 아이들에게 본이 되려고 열심히 노력하였습니다. 이런 열심들이 모이고 모여서 저희 가정의 가정예배가 살아난 것 같아 참 너무나 좋았습니다.

〈성경153올람〉 운동에 맞춰서 가정예배를 드린 지 1년이 넘어가자 과연 가정예배를 끈질기게 잘할 수 있을까 하는 걱정도 많이 들었습니다. 사실 사춘기 남자아이들이 부모와 같이 앉아 있는 것도 쉬운 일은 아닙니다. 보드랍던 아이들의 얼굴에 여드름이 생기고 거무스름하게 수염이 나면서 목소리도 걸걸해집니다. 자기표현을 안 하고 묻는 말에 대답도 잘 안 합니다. 사춘기 남자아이들 특징입니다. 그런 아들들이 부모와 함께 찬송을 부른다면 목소리가 겨우 들릴까 말까 합니다. 말씀 나눔도 쉽지는 않습니다. 그래도 가정예배를 멈출 수는 없었습니다. 아니 멈추면 안 되었습니다. 부모인 저희 생각에는 이렇게 예배드려도 되나 싶지만 우리가 어떤 방식으로 예배드리더라도 우리의 가정예배 자리에 하나님께서 임재하시고 하나님께서 우리의 예배를 기뻐 받으신다고 믿습니다.

가정예배를 드리면서 저희 부부가 발견한 놀라운 사실이 있습니다. 그것은 저희 아이들에게 분명히 하나님을 믿는 신앙이 있다는 것이었습니다. 비록 표현은 잘 못하지만 아이들의 말 속에서 하나님을 향한 사랑을 느낄 수가 있었습니다. 자기 목소리로 기도하는 것도 어려워하지만 하나님께서 자기의 마음을 아시고 도와주시는 분이심을 분명히 믿고 있었습니다. 그런 아이들의 이야기를 들으며 하나님은 우리의 예배를 통해 자녀들을 하나님의 자녀로 세워가고 계심을 느낄 수 있었습니다. 그래서 가정예배를 드린 후 모두가 잠이 든 후에 저 혼자 이렇게 행복한 가정을 주신 하나님께 감사하며 소리 없이 눈물을 흘린 적도 많았습니다.

이제 저희 가족은 하나님이 지으신 모든 것이 선하매 감사함으로 받으면 버릴 것이 없다는 디모데전서의 말씀처럼 저희 가정을 연단하시고 계속 이끌어 주실 성령님의 도우심을 기대하며 가정예배를 계속 이어가려고 합니다. 부족하여도 저희가 드리는 가정예배를 주님은 기뻐하실 것이라 분명히 믿습니다. 저희로 하여금 가정예배를 통하여 더 큰 은혜의 강가로 나아가게 해주신 하나님께 영광을 올려드립니다.

[3대가 함께 드리는 가정예배]

문영애 권사

저희 가정을 소개합니다. 하나님께서 세워주신 저희 가정의 든든한 울타리이자 버팀목인 김진우 장로, 사랑이 넘치는 저 문영애 권사, 자랑스러운 큰아들 김윤근 집사와 예쁜 며느리 이지현 집사, 할아버지를 닮은 여섯 살 손자 하율이, 이제 막 어린이집에 다니기 시작한 세 살 손녀 귀염둥이 비타민 소율이와 사랑스러운 둘째 아들 김윤수 청년이 있습니다.

담임목사님께서 〈성경153올람〉 운동을 진행한다고 선포하시면서 가정예배를 강조하셨을 때, 저희도 교회에서는 주시는 말씀을 통하여 가치관 훈련을 하고, 가정예배에 적극적으로 참여하기로 결단하였습니다. 사실 주일성수는 전부터 계속 감당하던 일이기에 부담은 없었습니다. 하지만 가정예배는 달랐습니다. 온 가족이 모여 앉아 예배를 드린다는 것은 쉬운 일이 아니었습니다. 비록 저희 부부가 교회의 장로이고 권사지만 가정예배는 습관이 되어 있지 않았습니다. 그랬기에 가정예배를 드리기에 앞서서 저희 부부는 우리가 먼저 하나님 앞에 바로 서야 한다는 막중한 책임감을 가질 수밖에 없었습니다.

이렇게 저희 가정의 가정예배는 어쩌면 의무감으로 시작하게 되었습니다. 큰아들 가정은 독립해 있었고 둘째 아들은 너무나 바쁜 청춘을 보내고 있었기에 얼굴을 보기도 힘든 상태였습니다. 그러다 보니 다 같이 모여서 예배를 드린다는 것은 꿈도 꾸기 어려웠습니다. 그래서 저희 부부 두 사람만이라도 가정예배를 드리자고 마음먹고 실행에 옮겼습니다.

평소에 아들 내외와 손주들은 주일예배를 드린 후, 오후에는 저희 집에 들러서 노닥거리다가 갑니다. 저녁에 아이들을 자기 집으로 돌려보내면서 '저 아이들과 함께 가정예배를 드리면 참 좋겠다'는 생각을 한 적이 한두 번이 아닙니다. 하지만 막상 그 말이 입에서 떨어지지 않았습니다. 아이들은 아이들 나름의 시간이 있고 생각이 있을 터였기 때문입니다.

저희 부부가 가정예배를 드린 지 1년이 다 되어갈 때였습니다. 그동안 고민도 많이 하고 기도도 많이 했습니다. 그러다가 용기를 내서 아들 내외에게 "우리 함께 가정예배를 드리면 어떨까?" 하고 제안하였습니다. 제 딴에는 굉장히 용기를 내서 한 말이었습니다. 아들과 며느리가 어떤 반응을 보일지 조심스러웠습니다. 그런데 제가 말을 꺼내자마자 며느리가 "어머니! 저희도 가정예배를 드리고 싶었는데 아이들이 아직 어려서 어떻게 시작해야 하나 고민하고 있었어요. 그런데 어머니 말씀처럼 함께 예배드리면 너무 좋겠어요. 아이들도 할아버지 할머니랑 같이 예배를 드리면 너무 좋아할 것 같아요."라고 말하며 흔쾌히 받아주었습니다. 아이들에게 가정예배를 함께 드리자는 말을 꺼낼까 말까 머뭇거리던 시간이 무색할 지경이었습니다.

그렇게 해서 2022년 1월 첫 주부터 저희 가정은 할아버지, 할머니, 아빠, 엄마, 삼촌, 손자, 손녀가 모여서 가정예배를 드리게 되었습니다. 3대가 모여서 가정예배를 드린다는 것이 얼마나 큰 기쁨인지 모릅니다. 그런데 아이들이 어리다 보니 예배 시간이 가관입니다. 경건한 모습으로 예배드리는 것은 애초부터 기대할 수가 없었습니다. 가정예배 때마다 집이 쑥대밭입니다.

첫 가정예배를 드리던 날이었습니다. 손자 하율이는 이제 글씨를 한 자 한 자 조금씩 알기 시작하였던 시였는데 자기 앞에 놓인 가정예배문을 보면서 대뜸 "할머니 글씨가 너무 많아요!" 하고 소리치기도 하였습니다. 얼마나 우스웠는지 모릅니다. 그 말을 듣고 제가 "하율아! 이 많은 글씨를 할머니가 빨리 한번 읽어볼게, 잘 읽나 한번 들어 봐!"라고 하고 가정예배문을 읽어주었던 기억이 납니다. 개구쟁이인 손자, 손녀는 예배 중에 장난치기도 하고 떼쓰기도 하고 가정예배문에 까만색 볼펜으로 낙서를 잔뜩 해 대기도 합니다. 그러면서도 마지막 기도를 마치면 어김없이 큰 소리로 "아멘!" 합니다. 마냥 장난치고 노는 것 같지만 아이들은 분명히 자기 방식으로 예배에 함께하고 있었습니다. 가정예배를 드릴 때마다 그 사실을 느낄 수 있었습니다.

사실 매주 아들 내외와 손자, 손녀를 맞이하는 일도 결코 쉬운 일이 아닙니다. 할아버지와 할머니들이 우스갯소리로 하는 말처럼 오면 반갑고 가면 더 반갑다는 말이 남의 말이 아닙니다. 더군다나 그 아이들과 함께 매주 가정예배를 드리는 것은 정말 많은 결단과 희생이 필요한 일입니다. 그리고 아무리 저희가 가정예배를 드리려고 해도 아이들이 아프거나 집안에 복잡한 문제가 생기면 가정예배를 드리기가 어렵습니다. 그러니까 우리가 가정예배를 드릴 수 있도록 하나님께서 큰 은혜를 베풀어 주셔야 합니다. 가정예배를 드리다 보면 이처럼 하나님께서 우리 가정에 얼마나 많은 복과 은혜를 베풀어 주시는지 시시때때로 느낄 수가 있습니다.

저희는 주일 저녁에 가정예배를 드리고 가정예배 후에 저녁 식사하는 것으로 약속하였고 그 약속을 지키려고 힘써 노력하고 있습니다. 하지만 모든 약속이 다 그렇듯이 저희도 사람인지라 약속을 잊어버릴 때가 있습니다. 약속을 안 지켜도 될 것 같은 핑곗거리도 생깁니다. 그런 때는 마음속으로 "이번 주일 가정예배는 한 번 쉬자"하는 생각이 들기도 합니다. 그런데 그 마음을 어떻게 알았는지 이상하게도 그런 마음을 품은 주일이면 담임목사님께서 설교 중에나 혹은 광고 중에 가정예배를 드려야 한다고 엄청 강조하십니다. 저는 제 마음이 들킨 것 같아 깜짝 놀라며 다시 새 힘을 얻고 가정예배를 회복하게 됩니다.

이처럼 저희 가정의 가정예배는 부모로서 자녀들과 후손들 앞에 본이 되는 믿음의 조상이 되자는 각오로 시작하였습니다. 교회의 장로와 권사로서 본이 되는 가정을 만들자는 다짐으로 시작하였습니다. 어쩌면 숙제처럼 시작한 가정예배였습니다. 그런데 이제는 주일마다 자연스럽게 드려지는 예배가 되었습니다. 저희 아이들에게 주일은 교회에서 주일예배를 드리고 집에서 가정예배를 드리는 날로 자리매김한 것 같습니다. 가정예배는 이제 저희 가족에게 삶의 한 부분이 된 것 같습니다.

〈성경153올람〉 운동을 따라 드리는 가정예배가 좋은 점은 이루 말로 다 표현할 수가 없습니다. 가정예배의 가장 큰 수확이라고 한다면 3대가 함께 예배를 드리면서 자연스럽게 말씀과 삶을 나누고 가족 간에 신앙적 이야기를 하게 되었다는 것입니다. 사실 시어머니와 며느리가 신앙 이야기를 나누는 모습은 쉽게 찾아보기가 어렵습니다. 오히려 드라마 이야기나 연예인의 사생활에 대한 이야기, 아이들 키우는 이야기가 고작일 것입니다. 남자들의 경우에도 아버지가 아들과 신앙 이야기를 나누는 일을 본다는 것은 기적에 가까운 것 같습니다. 정치 이야기를 한다거나 축구 이야기를 하는 게 훨씬 많습니다. 그런데 가정예배를 통해서 식구들 사이에 자연스럽게 신앙 이야기, 신앙의 고민을 나눌 수 있게 되었습니다. 서로의 생각도 듣게 되고 서로의 기도 제목도 나누게 되면서 서로를 더 깊이 알아가게 되었습니다. 가정예배의 축복이 아닌가 싶습니다.

가정예배가 가져다주는 빠뜨릴 수 없는 유익이 한 가지 더 있습니다. 바로 할아버지가 아들들과 며느리, 손주들을 위해서 축복하며 기도하는 시간을 갖게 되었다는 것입니다. 그동안도 사실 뒤에서는 기도하고 있었지만 자녀들 앞에서는 기도한다는 말을 꺼내기가 쉽지 않았습니다. 어물쩍어물쩍하면서 겨우 용돈만 주고 격려하곤 하였습니다. 그러나 이제는 가정예배를 통하여 자녀들과 손자, 손녀의 이름을 부르면서 마음껏 축복기도를 하고 있습니다. 아버지의 축복기도, 시아버지의 축복기도, 할아버지의 축복기도를 받고 한 주간을 살아가게 되니 정말 뿌듯할 것이라 생각합니다. 기도하는 저희 부부도 기도를 받는 아들 부부와 손주들도 모두가 축복의 시간을 갖는 것 같습니다. 이렇게 가정예배를 드리면서 저희 가정은 하나님 안에서 더욱더 아름다운 가정이 되어가고 있는 것 같습니다.

우리 가정에서 가정예배는 어떤 의미일까요? 가정예배는 삶을 변화시키고 흐트러진 삶을 다시금 주님 앞에 바로 세우는 힘이 되는 시간이란 생각이 들었습니다. 다들 어렵고 힘들다고 하는 시기인데 그 어렵고 힘든 짐을 덜 수 있는 가장 좋은 시간이 바로 가정예배 시간이 아닌가 합니다. 비싼 돈 들여서 상담사를 만나 마음의 이야기를 털어놓는 것도 유익할 것입니다. 하지만 가장 좋은 상담은 가정예배를 통해서 일어난다고 생각합니다. 가정이 화목하면 모든 일이 잘된다는 말이 있는데 화목한 가정을 이루는 가장 좋은 비결도 가정예배인 것 같습니다. 담임목사님은 "가정예배는 흉내만 내어도 복을 받는다."고 말씀하셨는데, 저는 "가정예배는 숙제처럼 시작해도 은혜받는다"고 말씀드리고 싶습니다.

　떠들고 장난치고 낙서만 하는 것 같아도 우리 손주들이 할아버지, 할머니, 아빠, 엄마의 기도하는 모습을 보면서 신앙을 자연스럽게 배워가고, 주님 안에서 하나님의 기쁨이 되는 아이들로 성장하기를 기대합니다. 그 기대를 가지고 오늘도 저희는 가정예배를 간절히 사모합니다.

자녀와 함께 울고 웃는 가정예배

김재훈 안수집사

저희 가족은 사랑하는 아내, 웃을 때 저처럼 눈이 먼저 웃는 귀여운 딸, 그리고 저 이렇게 세 식구입니다. 저와 아내는 할렐루야 찬양대에서 봉사하고 있습니다.

우리 가족은 딸 하영이가 유치부일 때부터 가정예배를 드리기 위해서 다양한 방식으로 시도했었습니다. 그러나 작심삼일처럼 규칙적으로 가정예배를 드린다는 것이 결코 쉬운 일은 아니었습니다. 그러던 중에 담임목사님께서 〈성경153올람〉 운동을 선포하시면서 3년 동안 매 주일 영유아부에서부터 장년부에 이르기까지 같은 본문으로 주일예배를 드리고, 주일 말씀을 가지고 가정에 돌아와서 가족들과 더불어 가정예배를 드림으로써 다음 세대의 신앙 양육을 위해서 노력하자고 강조하며 말씀하셨습니다. 그때 제 마음에 아주 큰 도전이 일어났습니다.

그래서 "이번에는 어떠한 일이 있더라도 꾸준히 가정예배를 드리는 것을 우리 가정에 정착시켜 보자" 하는 목표를 가지고 도전하게 되었습니다. 저뿐만 아니라 아내도 같은 마음을 갖고 있었습니다. 그래서 아내와 상의하고 또 딸과 의논해서 드디어 가정예배를 드리게 되었습니다.

가정예배를 드리기 위해서는 일단 우리 세 식구가 다 같이 모일 수 있는 시간을 찾아야 했습니다. 저희 가족에게는 주일 저녁 식사 후가 가장 좋은 시간으로 선택되었습니다. 그래서 그 시간에 가정예배를 드리기로 작정하였습니다.

가정예배를 한 사람이 주도적으로 인도하면 밋밋해질 수 있으니까 각자 역할을 분담하기로 하였습니다. 이 부분에서는 저희 부부보다 딸 하영이가 적극적으로 참여할 방법을 모색하였습니다. 그래서 저희 가정의 가정예배는 딸 하영이가 성경 본문과 말씀 요약, 기도문을 모두 읽습니다. 그뿐만 아니라 가족들의 기도 제목을 나누게 하고 마무리 기도까지 담당합니다. 사춘기 중학생으로서는 큰 역할을 감당해 주고 있습니다. 아내는 '함께 관찰하기'에 제시된 문제의 빈칸을 채우고 예배일지 작성을 담당합니다. 그리고 저는 '함께 생각하기'를 읽어줍니다. 어떻게 보면 가장인 제 역할이 가장 적습니다. 저는 가정예배에서 숟가락만 살짝 얹고 있는 실정입니다.

처음에는 이런 역할 분담이 어색하기도 하였습니다. 아무래도 가장인 제가 처음부터 끝까지 인도하는 것이 자연스러웠을 것입니다. 하지만 딸 하영이가 예배를 주도하고 있는 모습만 바라봐도 저희 부부는 감사했습니다. 마냥 어리다고만 봤던 딸이 이렇게 의젓하게 예배를 인도한다니 큰 은혜의 시간이 되었습니다.

이렇게 한번, 두 번 가정예배 시간을 꾸준히 갖다 보니 참 좋은 유익을 발견하게 되었습니다. 그래서 가정예배의 유익함이 어떤 것인지 몇 가지 정리해 보려고 합니다.

첫째는, 가정예배를 통해 저희 가족이 깊은 대화를 할 수 있고 서로 중보자가 되어 준다는 것이었습니다. 우리 가족의 가정예배 중 가장 많은 시간을 할애하는 곳이 기도 제목 나눔인데 서로의 구체적인 나눔 속에서 말씀을 적용하며 살아 보았던 이야기, 개인의 연약함으로 인하여 실수하고, 넘어진 모습들 솔직히 이야기할 수 있는 시간이 되었습니다. 가정예배를 통하여 자연스럽게 삶을 공유하게 되니까 제가 겪는 회사 생활의 어려움, 딸이 겪고 있는 학교생활의 고민과 같은 이야기도 함께 나누게 되었습니다. 사실 부모로서 직장에서 일하는 게 힘들다는 사실을 아이에게 말하기가 쉽지 않습니다. 또한 아이들도 학교생활, 친구 관계가 힘들다는 걸 부모에게 이야기하기가 쉽지 않습니다. 딸아이가 아빠에게 그런 말을 한다는 것 자체가 기적일 것입니다.

그런데 가정예배를 통해서 자신의 고민을 나누는 일이 이루어졌고 함께 기도하게 되었습니다. 그래서 그 시간이 너무나 감사하고 행복합니다. 한 번은 딸 하영이가 힘든 일을 하소연하였고 부모의 품속에서 기도를 받던 중에 눈물을 보였던 적이 있습니다. 정말이지 그 시간은 무엇과도 비교할 수 없는 아름답고 소중한 시간이며 평생 잊을 수 없는 행복한 시간이 될 것 같습니다. 이제는 주일 저녁이 되면 어김없이 얼굴을 맞대어 함께 대화하고 함께 기도드릴 수 있는 시간이 기다려집니다.

둘째는, 가정예배가 신명기 6장의 '쉐마' 말씀을 실천하는 데 있어서 더없이 좋은 방법이 된다는 것입니다. 저희 가정은 딸 하영이가 유아부일 때부터 어린이 QT책, 이야기 성경 등의 책을 구입해서 짧은 한 챕터를 읽어준다거나 주일 말씀 본문 등을 나누는 방식 등 다양하게 가정예배를 시도해 보았습니다. 하지만 번번이 실패하였습니다. 부모의 바쁜 일정을 이유로 빼먹기도 하고, 성경적 지식이 부족해서 가정예배를 준비하는 데 어려움을 느끼기도 했고, 아이가 집중하지 못할 때는 가정예배를 지속할 의욕을 잃어버리곤 하였습니다. 그러나 이제는 온 식구가 함께 같은 본문으로 설교를 듣고, 담임목사님께서 정성껏 준비해 주신 가정예배문으로 진행하니 교회의 지지와 응원을 받으며 자신감을 가지고 가정예배를 드릴 수 있게 되었습니다.

셋째는, 가정예배를 통하여 자녀들이 찬송가를 익히는 계기가 된다는 사실입니다. 사실 자녀 세대에게 있어서 찬송가는 낯선 음악입니다. 부모들이 부르는 찬양은 찬송가이고, 자기들이 부르는 찬양은 CCM이라는 인식이 생긴 것 같습니다. 초등학생 때까지는 어린이 찬송을 부르다가 중고등학생이 되면 복음성가 위주의 CCM을 부릅니다. 자녀들이 찬송가를 부를 수 있는 기회는 송구영신 예배처럼 부모들과 함께 예배드리는 때 외에는 없는 것 같습니다. 그런데 가정예배 시간은 자녀들이 부모와 함께 찬송가를 부르는 매우 특별한 시간이 됩니다. 자녀들이 가정예배문에 인쇄된 찬송가를 부르다 보니 특별 새벽예배나 어른과 함께 예배드릴 때 찬송가를 몰라서 입 다무는 일이 없어지는 것 같습니다.

넷째는, 가정예배를 통하여 가장인 제가 가장 많은 은혜를 받는다는 것입니다. 한 가정의 가장은 그 가정의 제사장이자 축복권자라고 생각합니다. 그래서 그 역할을 잘 감당해야 하는데 저는 종종 가정의 제사장이자 축복권자인 가장의 책무를 회피하고 싶은 유혹을 많이 받았습니다. 어떤 때는 가족들이 협조적이지 않다는 핑계로 제 모습을 합리화하기도 하였습니다. 때로는 아내 탓을 하기도 하고 때로는 아이의 태도가 문제라며 자녀 탓을 하기도 하였습니다. 그런데 가정예배를 드리기로 작정하고 그냥 그 시간과 그 자리만 지켰을 뿐인데 저와 아내 사이, 아내와 딸 사이, 저와 딸 사이에 성령님께서 함께 하시는 것을 느끼게 되었습니다. 저희 가정이 한 성령 안에서 작은 성전으로 함께 지어져 가는듯한 풍성한 은혜를 경험하게 되었습니다. 그래서 그 큰 은혜에 그저 감사할 뿐입니다. 제 나름대로 좋은 가정을 만들어보려고 애썼던 모든 일들은 수포로 돌아갔는데 가정예배는 제가 꿈꾸던 모든 것을 이루게 해 주었습니다. 가정예배가 가장인 저를 살려준 귀한 시간이 되었습니다.

「노년 부부의 가정예배」

이명부 집사, 이은림 권사

☞ 이명부 집사, 이은림 권사는 70대 후반의 노부부다. 자녀들을 출가시키고 두 분만 거주하시는데 〈성경153올람〉 운동의 가정예배로 큰 은혜를 누리고 계신다. 두 분의 간증은 인터뷰 형식으로 진행하였다.

(질문) 두 분께서 가정예배를 드리게 된 계기가 있으셨는지요? 언제부터 가정예배를 드리기 시작하셨는지요?

(대답) 저희 부부에게 특별히 가정예배를 드려야겠다는 계기는 없었어요. 남편인 이명부 집사가 젊었을 때는 신앙생활을 안 했는데 노년에 신앙생활을 하면서 자연스럽게 우리도 가정예배를 드려야겠다고만 생각하고 있었어요. 그러다 보니까 가정예배를 언제부터 시작했는지는 잘 기억이 안 나요.

(대답) 구미교회에 2011년 1월에 등록했으니까 그 이후에 드리기 시작했을 거예요. 처음에는 설날이나 추석에 교회에서 나눠준 명절 가정예배문으로 예배드렸어요. 그러다가 교회 주보에 실린 가정예배문으로 예배드리기도 했고요. 하지만 매주 드린 것은 아니고 집안에 무슨 일이 있을 때, 그리고 가끔 생각나면 가정예배를 드렸어요. 그런데 작년 2021년에 담임목사님께서 〈성경153올람〉 운동을 펼치

시면서 가정예배를 드리라고 하시니까 우리 부부도 그 말씀에 순종하기로 했어요. 그때부터 목사님께서 알려주신 대로 요일과 시간을 정해서 매주 예배드리고 있어요.

(질문) 기존의 가정예배와 〈성경153올람〉 운동의 가정예배를 비교해 볼 때 〈성경153올람〉 운동의 가정예배의 장점이 뭐라고 생각하세요?

(대답) 이전에 저희 나름대로 가정예배를 드릴 때는 성경을 잘 모르니까 찬송 부르고 성경 한 구절 읽고 기도하고 하면서 간단하게 끝냈거든요. 그게 많이 아쉬웠어요. 그런데 〈성경153올람〉 운동을 하면서는 교회에서 가정예배문을 정성스럽게 만들어주니까 너무 좋아요. 일단 주일에 담임목사님 설교를 통해서 한 번 들은 말씀이잖아요. 그런데 한 주간 지내면서 솔직히 그 말씀들을 잊어버리거든요. 마침 그 잊어버릴 만한 때 가정예배문을 나눠주시니까 너무 좋아요. 읽어보면 아하! 지난주에 담임목사님께서 들려주신 말씀이구나! 하는 생각이 나는 거예요.

(대답) 그리고 목사님 설교 말씀 중에서 가장 중요한 말씀을 요약해서 가정예배문을 만들어주시는 것 같아요. 그러니까 이 말씀만은 꼭 기억하자! 하는 마음이 생기는 거예요. 그리고 가정예배가 어렵지 않게 좋은 예화도 실어주시고 딱 적당한 시간에 끝날 수 있게 가정예배문을 만들어주셔서 너무 고마워요.

(질문) 집사님과 권사님의 가정예배는 어떻게 진행하시나요? 특별한 특징이 있을까요?

(대답) 저희는 〈성경153올람〉 운동의 가정예배문의 순서대로 가정예배를 드리고 있어요. 먼저 찬송을 부르는데 그날따라 찬송을 더 부르고 싶으면 한 번 더 부르고 다른 찬송도 불러요. 그리고 성경 본문은 같이 읽든지 한 절씩 읽든지 해요. 그렇게 모든 순서를 저희 둘이서 번갈아 가면서 해요. 그러면 부부 사이도 은근히 다정해지는 것 같아요.

(대답) 저희 가정예배의 특징이라고 하면 아마 기도 시간일 거예요. 우리 이명부 집사는 자기가 알고 있는 모든 사람의 이름을 다 불러가면서 기도해요. 일단 우리 목사님들과 사모님들, 그리고 목사님들의 자녀들을 위해서 기도해요. 그리고 교회 요람을 보면서 성도들의 이름을 불러가면서 기도해요. 새로운 신자들이 있으니까 종종 교회 사무실에서 성도들의 명단을 받아와서 그분들을 위해서도 기도해요. 그뿐만 아니라 우리 장로님 가정들, 구역 식구들, 남선교회 회원들, 여전도회 회원들을 위해서도 기도해요. 하여간 자기가 알고 있는 사람을 위해서 기도하고, 얼굴이 떠오르는 사람이 있으면 그 사람들 이름을 다 불러가면서 기도해요. 아마 예수님을 늦게 믿어서 그런지 밀린 숙제하듯이 그렇게 중보기도를 하는데 그게 저희 부부가 드리는 가정예배의 가장 큰 특징일 거예요.

(질문) 가정예배를 통해서 달라진 점이 있나요? 특별히 받은 은혜가 있다면 소개해 주세요.

(대답) 가정예배를 꾸준히 드리다 보니까 계속 예배를 사모하게 돼요. 가정예배를 드리기 전에는 그 시간에 다른 일을 했잖아요. 하다못해 텔레비전을 보면서 시간을 보내기도 했는데 이제는 주일예배, 수요예배, 금요기도회 등 교회의 예배 시간과 기도회 시간 외에도 또 하나의 예배 시간이 있는 거예요. 아무리 가정예배지만 그 전에 몸도 마음도 준비해야 하니까 하나님 앞에서 똑바로 살아야겠다는 생각도 들고, 자꾸 하나님을 의식하게 돼요. 그러면서 저희 신앙을 점검하게 되고요.

(대답) 가정예배를 드리다 보면 주일에 담임목사님 설교 말씀을 들었는데 그게 무슨 말씀이었더라... 자꾸 생각하게 돼요. 그러다 보니까 정말 저희가 나이는 많이 들었지만 요즘에 더 똑똑해졌다는 생각이 들어요. 전에는 잘 몰랐던 성경 말씀인데 지금은 예전보다 훨씬 더 많이 알게 되었어요. 이렇게 예배를 꾸준히 드리다 보니까 기억력도 좋아지는 것 같아요. 저희가 잘 모르기는 하지만 가정예배를 계속 드리다 보면 치매 예방에도 좋을 것 같아요. 하나님이 예배드릴 수 있도록 그렇게 은혜를 베풀어 주실 것 같아요.

(질문) 가정예배를 드리면서 소망하는 점이 있다면 어떤 것들이 있는지 알려주세요.

(대답) 저희는 사실 둘만 살고 있잖아요. 아들딸들은 모두 흩어져서 살고 있고요. 그래서 가정예배를 드린다고 할 때 많이 아쉬운 점이 있어요. 젊었을 때부터 예수님을 믿었으면 가정예배의 유산을 자녀들에게 물려줄 수 있었는데 그러지 못했잖아요. 젊을 때 실컷 놀다가 늦게 예수님을 믿었으니까 자식들에게 신앙의 본을 보여주지 못한 것 같아서 미안해요. 어떤 가정은 아들딸 그리고 손자 손녀들까지 함께 가정예배를 드리던데 저희는 그게 너무 부럽더라고요. 저희는 달랑 두 명만 예배드리니까 하나님께도 너무 부끄러워요.

(대답) 그래도 늦게라도 자식들 앞에 "아버지 어머니가 이렇게 예배드리고 너희들을 위해서 기도하고 있다."는 것을 몸으로, 생활로 보여줄 수 있어서 감사하게 생각하고 있어요. 저희 두 사람만이라도 이렇게 예배드리다 보면 언젠가 우리 자식들도 신앙을 회복하고 자기들 가정에서 가정예배를 드리지 않을까 생각하고 있어요. 그게 저희의 소원이에요.

[혼자서라도 드리는 가정예배]

차미숙 권사

☞ 아래의 사례는 식구들이 모두 흩어져서 지내고 있는 가정의 가정예배 사례이다. 남편은 퇴직 후, 부모님을 봉양하기 위해 고향 집에 거주하고 자녀들은 직장생활 때문에 독립해서 지내고 있다. 하지만 시간을 정해서 혼자서라도 예배드리고 있다. 이번 사례도 질문과 답변 형식으로 간증을 진행하였다.

(질문) 권사님 가정이 가정예배를 드리게 된 계기가 있나요?

(대답) 사실 오래전부터 늘 가정예배를 사모하고 있었어요. 하지만 가정예배를 드리려면 말씀 준비도 해야 하고 찬송가도 준비해야 하고 여러 가지 준비할 게 많은 것 같더라고요. 이러저러한 사정들이 또 생기고요. 그래서 마음에 부담이 되어 가정예배 드리는 것이 불편하기도 하고 또 꺼려지기도 했어요. 그런데 우리 구미교회에서 담임목사님께서 〈성경153올람〉 운동을 펼치시면서 가정예배를 엄청 강조하셨어요. 그리고 매주 주보 삽지로 가정예배문을 인쇄해서 나눠주셨는데 저희에게는 너무나 좋은 자료였어요. 그래서 남편과 함께 우리도 이제 가정예배를 빼먹지 말고 잘 드리자고 결단하게 되었어요.

(질문) 〈성경153올람〉 운동의 가정예배문이 그 이전의 가정예배문과 차이가 있다면 어떤 점들이 있을까요?

(대답) 제가 기억하기로는 구미교회가 가정예배를 강조한 것은 15년도 더 넘은 것 같아요. 예전에는 주보 한 면의 절반 정도를 할애해서 가정예배문을 제공해 주셨어요. 성경 본문과 찬송가, 그리고 짤막한 예화와 적용점을 제시해 주었어요. 그런데 주보에 나온 순서대로 가정예배를 드리려고 하다 보니까 저희 같은 평신도 가정의 입장에서는 굉장히 어려웠어요. 가정예배 인도자가 말씀 내용에 대해서 더 준비해야 할 것 같은 부담이 들었기 때문이에요.

그리고 설날이나 추석을 앞두고서는 명절 가정예배문을 따로 만들어서 제공해 주었어요. 그런데 솔직히 말씀드리면 명절 가정예배문 순서지를 가지고 가정예배를 드리기도 쉽지 않았어요. 명절 가정예배문에는 짤막한 설교가 들어가 있는데 가정예배를 인도하다 보면 믿지 않는 가족들의 눈치를 볼 수밖에 없더라고요.

그런데 〈성경153올람〉 운동의 가정예배를 보는 순간 너무 감사했어요. 이 가정예배문은 인도자 혼자서 읽어도 되고, 가족들이 한 사람씩 돌아가면서 읽어도 되도록 만들어져 있어요. 기도문도 부담이 되는 긴 내용이 아니라 정말 짤막하게 핵심적인 내용으로 기도하게 되어 있으니까 너무 좋아요. 그리고 무엇보다도 가정예배문에 실린 예화나 말씀 해석이 굉장히 쉽게 서술되어 있어서 그 내용을 읽고 가족들끼리 서로의 느낌을 나누게 되더라고요. 그러면서 가족 간에 대화의 시간이 늘어났다는 점에서 〈성경153올람〉 운동의 가정예배문은 정말 탁월한 가정예배문이라고 생각해요.

(질문) 현대사회에는 1인 가구가 많이 늘어나고 있는데 집에서 혼자서만이라도 예배드리는 경우에 가정예배가 어떤 도움이 되고 있나요?

(대답) 저희 가정의 경우는 각자의 사정 때문에 가족들이 다 흩어져서 지내고 있어요. 남편은 퇴직 후에 고향에 계신 부모님을 돌보기 위해서 내려가 있고, 아들과 딸은 직장 근처에서 지내고 있어요. 그러다 보니까 정해진 시간에 가족이 다 모여서 예배드리기는 현실적으로 어려워요. 그래서 집에서는 제가 혼자서 가정예배를 드리고 있어요. 사실 저도 혼자서 예배드리기가 쉽지 않아요. 그런데 가정예배문을 보면서 혼자서 찬송도 하고 말씀도 읽고 예화도 읽고 성경말씀 해석을 읽으면서 예배드리고 있답니다. 아마 요즘에 여러 사정 때문에 집에 혼자 계신 분이 많을 텐데 저처럼 혼자서도 얼마든지 가정예배를 드릴 수 있다는 사실을 이해하실 거예요. 비록 혼자이지만 기쁨으로 예배드릴 수 있다는 사실을 늘 느끼고 있답니다.

예배 때, 설교 말씀을 들으면서도 잘 이해하지 못했던 부분이 있었는데 집에 와서 성경153올람 가정예배문을 보면서 예배드리다 보면 주일에 담임목사님께서 선포해 주셨던 설교 말씀을 더 잘 이해할 수 있게 돼요. 그리고 〈성경153올람〉 운동의 흐름에 따라서 성경 말씀 전체를 꿰뚫을 수 있게 되는 것 같아요. 요즘 가정예배를 드리면서 "아! 그 말씀이 이런 말씀이었구나!" 하고 깨닫는 경우가 많아요.

(질문) 〈성경153올람〉 운동 가정예배를 통하여 받은 특별한 은혜가 있다면 좀 나눠주실 수 있을까요?

(대답) 〈성경153올람〉 운동의 가정예배문을 통해서 예배드리면 정말 한 주간이 다 예배드리는 시간인 것 같아요. 저희 가정에서는 매주 목요일 저녁 8시를 가정예배 시간으로 지키고 있어요. 가족들이 다 뿔뿔이 흩어져 있는데 그 시간은 어디에 있든지 우리 가족이 예배드리는 가정예배의 시간으로 지키고 있어요. 이렇게 온 가족이 어디에 있더라도 그 시간은 가족을 생각하는 시간으로 지내고 있다는 게 너무 감사해요.

그리고 가정예배는 우리에게 매일매일을 예배자로 살아가게 만들어 주고 있어요. 주일예배를 드리고 나면 곧 수요예배가 있고 수요예배를 드리고 나면 저희 가정의 가정예배가 돌아와요. 그리고 가정예배를 드리고 나면 금요집회의 기도회 시간이 있고요. 이런 패턴으로 한 주간이 흘러가는데 그 시간이 마치 예배의 끈으로 쭉 연결된 것 같아요. 매일 예배가 삶으로 적용되고 또 이어져 가는 것 같아요. 그러다 보니까 예배를 통해서 받은 말씀을 가지고 삶 속에서 어떻게든 말씀대로 살려고 노력하게 돼요. 말씀대로 살아서 하나님을 더 기쁘게 해 드리려고 하는 마음이 매일매일 생기는 것 같아요. 가정예배가 우리에게 이런 마음으로 하루하루를 살아가게 만들어 주는 것 같아요.

(질문) 어머니로서 자녀들에게 특별히 당부하고 싶은 말씀이 있다면 어떤 말씀이 있을까요?

(대답) 저희 아이들이 아직은 결혼하지 않았어요. 다 장성한 성인이며 자기 나름의 삶을 열심히 살아가고 있어서 늘 감사해요. 하지만 제가 신앙생활을 하면서 자녀들 앞에서 제일 아쉽고 또 아쉬웠던 점이 있어요. 그건 아이들이 어렸을 때, 아이들을 한자리에 앉혀놓고 예배를 드리면서 머리를 만져주고 손을 만져주며 기도하지 못했던 게 정말 아쉬워요. 그때는 믿음도 약했고 사는 게 너무 버거워서 그랬을 수도 있어요. 나중에 기회가 되면 잘해야겠다고 마음을 먹기도 했었을 거예요. 그런데 그 시간이 정말 후딱 지나가 버렸잖아요. 이제 다 큰 자녀들을 품에 안고 머리에 손을 얹고 기도하기는 현실적으로 어렵잖아요. 그래서 저는 저희 아이들에게 바라는 게 있어요. 아이들이 결혼해서 아름다운 가정을 이루고 자녀를 선물로 받는다면 그 시작을 가정예배로부터 했으면 좋겠다는 마음을 가지고 있어요. 부부간에도, 부모와 자녀 간에도, 정말로 하나님의 사랑 안에서, 예배 속에서 아름답게 관계를 만들어 가는 그런 가정이 되었으면 좋겠어요. 저는 그 마음을 가지고 자녀를 위해서 기도하고 있어요.

(질문) 가정예배에 대한 권면의 말씀 한마디만 하신다면 어떤 말씀을 해주실 수 있으세요?

(대답) 가족이 뿔뿔이 흩어져 있더라도, 혼자만이라도 가정예배는 꼭 드리라고 말씀드리고 싶어요. 가정예배를 드리면 자연스럽게 가족을 위해서 기도하게 되잖아요. 평상시에도 우리는 기도가 중요하다고 하는데 막상 기도의 시간을 잘 갖지 못한 채 하루하루를 지내게 돼요. 그런데 가정예배를 드리다 보면 자연스럽게 기도의 시간을 가질 수 있어요. 오늘 하루를 위해서 기도하게 되고 가족을 위해서 기도하게 돼요. 제 경우는 고향에 내려가 있는 남편이 시부모님과의 관계 속에서 잘 지낼 수 있게 기도하고, 또 아들과 딸이 직장에서 맡은 일을 잘 감당하고 사람들과의 관계에서 항상 선한 영향력을 행사해서 빛과 소금의 역할을 감당할 수 있게 해 달라고 기도하고 있어요. 그리고 저 자신을 위해서도 기도하는데 제가 직장 생활을 하고 있다 보니까 직장 동료들과의 관계 속에서 항상 합력해서 선을 이루는 사람이 되게 해 달라고 기도하고 있어요.

(질문) 〈성경153올람〉 운동의 가정예배문에 대해서 짧게 소개하신다면 뭐라고 하실 수 있을까요?

(대답) 〈성경153올람〉 운동의 가정예배문은 저희한테 정말 필요하고 꼭 있어야 될 예배지예요. 〈성경153올람〉 운동의 가정예배문은 가정예배를 드리고 싶은 마음이 일어나게 만드는 예배지이고요.

왜냐하면 〈성경153올람〉 가정예배문은 너무 쉬워요. 너무 쉬워서 우리가 시간만 낼 수 있다면 얼마든지 예배드리기 편하게 되어 있어요. 그래서 저는 우리 구미교회가 〈성경153올람〉 운동을 벌이면서 가정예배를 드릴 수 있게 해준 것에 너무 감사하고 있어요. 가정예배문이 정말 이렇게 쉽고 저희 마음에 와닿게 될 줄은 정말 몰랐어요. 가정예배를 통해서 매일의 삶 속에서 말씀으로 잘 살아갈 수 있게 해주셔서 너무너무 감사합니다.

CHAPTER 03

동참 교회들이 함께 성장하고 있다

[오아시스를 만난 것과 같은 은혜]

박종기 목사 (순복음 우리네 교회)

복음성가를 신나게 부르다 보면 이런 가사를 만나게 됩니다. "좁은 이 길 진리의 길 주님 가신 그 옛길 힘이 들고 어려워도 찬송하며 가리라. 성령이여 그 음성을 항상 들려주소서 내 마음은 정했어요 변치 말게 하소서"(찬양 '내일 일은 난 몰라요').

코로나19 팬데믹 시대에 모두가 겪었을 무기력의 시간에 목회자인 나에게도 한계가 옴을 느끼며 성도 각자가 은혜 유지와 영적 회복의 길을 찾고 있었습니다. 그러던 중 구미교회 김대동 목사님의 〈성경153올람〉 운동을 만난 것은 정체되어 버린 영적 고갈의 때에 주님께서 만나게 하신 오아시스와 같은 은혜였습니다. "이제 이 길밖에 없습니다"라는 목사님의 간절하고 복음적인 강의와 가정예배의 시범들을 보면서 너무도 큰 감명과 도전을 받았습니다.

이 〈성경153올람〉 운동이 한국교회의 회복과 가정의 회복, 다음 세대의 신앙 전수의 히든카드임을 굳게 믿고, 구미교회가 제공해 준 자료들을 받아 돌아오는 걸음은 너무나 큰 기쁨으로 가득 찼습니다. 마치 전쟁에 참여한 승리의 군사가 전쟁에서 얻은 전유물들을 자랑스럽게 생각하듯 나의 마음도 역시 그러하였습니다.

이제 남은 숙제는 그것을 교회와 가정에 접목하는 것이었기에 사무 간사와 의논하여 매주 〈성경153올람〉 운동 가정예배지를 그대로 활용하여 배부하기 시작했습니다. 먼저 저희 가정에서 시작된 〈성경153올람〉 가정예배는 매주 목요일마다 정한 시간에 각자의 방에 있는 자녀들을 소환하여 부모가 아닌 자녀들이 찬양인도자와 예배인도자를 맡아 그들이 인도하는 대로 부모는 예배에 참여만 하였습니다. 그동안 아버지가 일방적으로 인도하던 예배의 형식에서 탈피하여 자녀들이 인도하는 형식을 처음에는 몹시 부담스러워하기도 했지만, 시간이 지나 어느덧 저희 가정예배는 자녀들이 주체가 되는 예배가 되었고 예배지 안의 두 가지 질문은 항상 부모의 신앙 간증과 자녀의 생각이 여과 없이 나눠지는 자연스러운 은혜의 장이 되었습니다.

또한 우리 교회의 가정마다 젊은 세대이든 자녀들이 출가한 가정이든 예배지를 가져가 그것으로 매주 예배를 통해 동일한 공동체 안에서 영적 은혜들을 공유하고 있습니다. 홈페이지에도 매주 〈성경153올람〉 가정예배문을 올려놓으니 그것을 잘 활용하고 있음을 봅니다. 성경의 핵심 153올람 운동 말씀을 통해 기독교적 가치관이 담긴 내용을 주일에는 함께 모여 예배 시간에 설교를 통하여 다루기도 하며, 흩어져서는 전 세대가 함께 각 가정에서 가정예배를 통해 은혜를 나누다 보니 이제 제법 많이들 성숙한 모습을 저와 성도들의 삶에서 목격하게 됩니다.

이 시대 교회의 회복을 위해 귀한 자료를 제작하시고 공유해주신 구미교회의 큰 섬김에 다시 한번 감사를 드리며 좁은 길, 진리의 길, 주님 가신 그 옛길(올람)을 성실하게 주님 오실 그날까지 열심히 달려갈 것을 약속드리며, 김대동 목사님과 구미교회에 감사의 마음을 전합니다.

「한국교회의 소망이 되는 성경153올람 운동 」

배한정 목사 (진실교회)

목회하면서 가장 고민하는 문제는 '부흥'이라는 단어가 아닐까 생각합니다. 목사는 이 부흥을 위해서 기도하고 목회에 목숨을 걸고 있는 사람이라는 생각이 듭니다.

그러면 '부흥'은 과연 무엇일까요? 부흥은 여러 가지로 의미를 부여할 수 있을 것입니다. 첫째는 눈에 보이는 성도들의 증가에 관점을 둘 수도 있을 것입니다. 둘째는 성도의 숫자가 아니라 성도들의 신앙 성장에 두는 경우가 있을 것으로 봅니다. 저는 이러한 관점에서 하나님을 바라보고 최선을 다하면서 앞에서 언급한 두 가지의 부흥을 꿈꾸면서 주어진 목회의 현장에서 먼저는 하나님께 감사하고 하나님이 보내주신 성도들에게 감사하며 이들을 위해 어떻게 하면 목회를 잘 감당할 수 있을까를 생각하며 늘 기도합니다.

그러한 고민과 기도로 목회하는 중에 세계를 덮친 코로나 팬데믹은 모든 사람에게 아픔을 주고 우리는 모두 어려운 시대를 맞이하게 되었습니다. 특히 한국 교회에는 치명적인 위기로 다가왔던 것은 주지의 사실입니다.

코로나 사태는 교회의 위기 중에서도 작은 교회들에 더 크게 어려움으로 다가왔습니다. 본인이 목회하는 교회도 마찬가지였습니다. 교회에서 예배드리지 못하게 됨으로 인하여 성도들이 침체되는 분위기가 만연하고 온전한 신앙생활을 할 수 없는 상황에 처하게 되었습니다. 저도 어떻게 해야 할지 방황하게 되었습니다. 이것은 목회자인 나에게도 어찌할 수 없는 위기로 다가왔습니다.

그러한 중에서도 코로나 팬데믹을 이겨내기 위해서 경건한 신앙생활과 주어진 자리에서의 신앙을 지키기 위한 여러 가지 방법을 시도하였지만 특별한 돌파구를 찾기는 힘든 상황이었고, 코로나 팬데믹은 실제로 교회가 감당하기가 어려운 위기였습니다.

그러던 중에 구미교회에서 진행하는 〈성경153올람〉 운동에 대한 소식을 듣게 되었고, 세미나에 참석하고 세미나에서 주신 책을 읽는 중에 돌파구를 찾게 되었습니다. 현재 코로나 팬데믹 시대를 이겨내고, 신앙의 정체성을 잃어버려 경건생활을 제대로 하지 못하는 이 시기에 한국교회가 돌파할 수 있는 비전을 발견하게 되었으며, 이 운동을 현재 우리 교회에 적용함으로 새로운 비전을 공유할 수 있다는 생각을 가지게 되었습니다.

김대동 목사님의 세미나 강의를 통해서 주시는 말씀 속에서 새로운 비전을 발견하게 되었고, 이것이 바로 현재 우리에게 주어진 위기를 극복할 수 있는 기회라는 생각을 가지게 되었습니다. 강의에서 강조하신 내용의 핵심처럼 "이제 이 길밖에 없습니다"라는 생각을 하면서 이것을 우리 교회에 아니 먼저 우리 가정에 적용해 봐야겠다는 마음을 가졌습니다.

목사님의 강의를 통해서 한국교회와 성도들의 회복을 위한 애절함이 전해지고 실제적으로 보여주시는 가정예배 시범을 보면서 바로 이러한 가정을 이루는 것이 정말 필요하다는 생각이 들었고 그 시범이 감동적이었으며 큰 도전을 받았습니다. 특히 너무나 공감한 것은 이 〈성경153올람〉 운동이 우리 교회는 물론이고 현재 위기 속에 있는 한국교회의 회복에 너무나도 필요한 것이라는 생각을 가지게 되었고, 더 나아가서 특히 가장 기본이 되는 가정의 회복에 있어서 너무나 모범이 되는 프로그램이라고 생각하게 되었습니다.

그리고 한 가지 더, 앞으로 한국교회의 쇠퇴를 전망하는 많은 전문가의 이야기처럼 다음 세대를 온전히 세우지 않으면 한국교회는 미래가 없다는 말을 많이 하는데, 한국교회 다음 세대의 신앙을 지키고 그들에게 올바른 가치관을 가지게 하며 새로운 희망을 줄 수 있는 프로그램으로 확신하였습니다.

그렇게 강의를 듣고 이 좋은 프로그램을 아니 이 〈성경153올람〉 운동을 현재 우리 교회와 우리 가정을 비롯한 성도들의 가정에 그리고 성도들에게 어떻게 접목할 것인가를 깊이 생각하였습니다. 특히 조직화 되고 체계화가 된 일반 교회와는 다른 작은 교회인 우리에게 어떻게 적용할지 고민하였습니다. 우리 교회만의 특징을 가지고 이를 실천해야 할 것으로 파악하고 먼저 우리 가정에서 시범적으로 시작하게 되었는데, 그 시작은 가정의 회복과 아이들이 다음 세대의 주인공으로 성장할 수 있도록 하는 것이었습니다.

그래서 먼저 강의를 들은 내용을 가지고 교회에서 한 달 동안 설교와 접목하여 이론적으로 전달하는 데 중점을 두었습니다. 그리고 이론을 설명하면서 강의한 것 중에서 특히 올바른 가치관을 가져야 함에 대해서 강조하였으며, 가정예배를 통한 가정의 회복과 다음 세대를 살리는 운동임을 강조하였습니다.

그리하여 매주 구미교회에서 제공한 〈성경153올람〉 운동 가정예배지를 그대로 활용하여 가정예배부터 시작하였습니다. 교회의 성도들에게 시작하기 전에 먼저 우리 가정에서 시범 삼아서 시작하였습니다. 먼저 아이들과 함께 모일 수 있는 시간으로 정하여서 시작하였습니다. 아이들이 직장생활을 하고 학교를 다니고 있어서 우리 가정은 주말인 토요일을 정하여 정한 시간에 강의에서 시범을 보여주신 것을 본받아 모두가 한자리에 모여서 시작하였습니다. 아버지의 일방적인 인도와 설교가 아니라 각자가 주어진 순서에 따라서 함께 참여하는 가정예배를 드렸습니다.

그동안 아버지가 일방적으로 인도하던 예배의 형식에서 벗어나서 자녀들이 돌아가면서 각자가 맡은 순서에 따라서 드리는 예배를 처음에는 부담스러워하기도 했지만, 시간이 지나면서 자녀들도 자연스럽게 인도하게 되고 일방적인 주입식이 아닌 함께하는 예배를 통하여 더욱더 큰 은혜가 되었습니다.

그리고 예배 순서지에 있는 것 중의 하나인 질문들은 처음에는 나누는 것을 어색해하였지만 시간이 지나면서 자연스럽게 진행되었습니다. 이 시간은 나에게 있어서도 아내에게 있어서도 그리고 아이들에게 있어서도 신앙 간증과 삶의 자리에서 일어나는 일들을 자연스럽게 이야기할 수 있는 대화의 장이 되었으며 이러한 자연스러운 대화는 가정의 일원인 모두가 함께 공감하고 그 나눈 이야기들을 가지고 함께 기도하였습니다.

원래도 참으로 분위기가 좋은 가정이라고 생각했는데 그러한 것은 물론이고 신앙적으로도 성숙하게 되고 무엇보다도 하나님을 의지하고, 힘든 일을 만나게 되더라도 먼저 하나님께 기도하는 가정, 자녀들로 성장해 나갔습니다. 이러한 변화는 〈성경153올람〉 운동을 적용함으로 되는 선한 영향력이라고 생각합니다.

이러한 변화와 좋은 영향력을 받은 가정예배를 이제는 성도들에게 적용하기로 작정하였습니다. 그리고 실제적인 가정예배 순서지를 인쇄하여 나누어주면서 가정예배를 권면하였습니다. 처음에는 가정예배 순서지를 가져가긴 하는데 가정에서 실제로 가정예배를 드리는 가정은 많지 않았습니다. 그래서 가정예배를 드리는 실제적인 모본을 성도들에게 보여주고 다시 한번 가정예배를 통해 가정이 회복되고 다음 세대를 살리는 자녀들로 성장할 수 있음을 지속적으로 강조하였습니다.

설교를 통해서도 〈성경153올람〉 운동 설교를 하면서 변화를 지속적으로 강조를 하였고, 무엇보다 성경의 가치관으로 살아갈 것을 크게 강조하였습니다. 이 운동을 지속적으로 진행하면서 우리 교회의 성도들이 조금씩 기독교적 가치관을 붙들고 그에 따라 살아가려고 하는 모습들이 나타나기 시작하였습니다. 그 모습을 바라보는 목회자의 심정은 참 이루 말로 다할 수 없는 큰 기쁨과 보람을 느끼게 되었습니다.

저는 한국교회의 소망이 될 수 있는 〈성경153올람〉 운동을 통해 한국교회가 변화되고 다음 세대가 바로 세워지며 가정이 회복될 것을 확신합니다. 특히 작은 교회는 물론이고 중형 교회나 대형 교회에도 큰 유익이 되리라 생각합니다. 이 운동이 지속적으로 진행이 되어서 더 많은 한국교회가 이 운동에 동참하길 소망합니다. 특별히 이 귀한 운동을 연구하시고 세미나를 통하여 한국교회를 살리는 운동의 귀한 사역을 감당하시는 김대동 목사님께 감사드립니다. 그뿐만 아니라 한국교회의 회복과 다음 세대를 위하여 귀한 자료를 제작하시고 그 모든 자료를 사용할 수 있도록 허락해 주신 큰 섬김과 한국교회를 사랑하시는 목사님의 마음에 깊은 감사를 드립니다.

아무쪼록 이 귀한 사역이 한국교회에 널리 퍼지고 많은 교회가 〈성경153올람〉 운동에 동참하여 한국교회가 살아나고, 올바른 가치관을 정립하게 되기를 소망하며 더 나아가서 가정의 회복이 일어나기를 간절히 소망합니다.

[스포트라이트,
그러나 스타디움라이트]

안경문 목사 (생명교회)

　가까이서 본 김대동 목사님, 그리고 구미교회의 섬김과 사역의 모습은 마치 성령의 9가지 열매처럼 아름다웠습니다. 이번 세미나 이전에도 상담세미나에 참석한 적이 있었는데, 장로님들을 소개하고 나와서 인사하시는 데 깊은 인상을 받았습니다. 장로님, 부목사님, 권사님들의 따뜻한 섬김은 오래오래 기억됩니다.

　내가 〈성경153올람〉 운동에 참석하게 된 계기는 노회(서울강동노회, 통합교단)에서 받은 전단 때문이었습니다. 잔뜩 기대하고 갔었는데 노회원 중에 참석하신 분이 너무나도 적어 다섯 손가락으로 다 헤아릴 수 있는 숫자였습니다. '왜 참여하지 않았을까?' '다 알기 때문에?' '바빠서?' '남의 잔치에 흥미가 없어서 그런가?' 이런저런 이유를 생각해 보았지만 그렇다고 해도 아쉬움은 크게 남았습니다.

　내가 세미나를 통해 깨달은 내용은 진단과 처방이 확실하고 간단하며, 더 나아가 김대동 목사님이 시무하시는 구미교회에서 열매와 결실로 검증되었다는 점입니다. 이기주의, 쾌락주의, 물질주의 시대 속에서 교회는 역삼각형 또는 T자형 구조로 젊은 층과 다음 세대가 심각하게 줄어들고 있는데, 본질을 추구하시는 목사님께서는 기독교적 가치관이라는 처방전을 성경을 통해서 찾으셨다고 하였습니다. 성경 전체에서 주제에 맞게 153개의 본문을 찾고, 그리고 설교로 연결시키고, 일주일에 한 번씩 가정예배로 모든 가족 구성원이 그 말씀을 다시 공유하게 됩니다. "가정예배는 드리려고 마음만 먹어도 복을 받는다."는 말이 현실을 생각하니 새롭게 느껴집니다. 개인적으로 세미나를 통해서 적용하는 점은 설교할 때 성도들에게 심어줄 기독교적 가치관만을 생각하는 것입니다. 지속적으로 〈성경153올람〉 운동 원리를 실천하는 것이 중요할 거라 생각합니다. 심은 대로 거두고, 우물을 파다 보면 언젠가 물이 나오고, 고기를 잡으려면 그물을 쳐야 하지 않겠는가 생각합니다.

마지막으로, 우리는 스포트라이트 받기를 좋아하고 즉각적인 효과를 기대할지도 모릅니다. 요한 하리는 그의 책 『도둑맞은 집중력』의 에필로그에서 스타디움 라이트를 말합니다. 즉, 경기장의 빛은 서로를 보고 서로의 소리를 듣고 집단의 목표를 세워 이를 이루고자 함께 싸우는 능력입니다. 나는 〈성경153올람〉 운동을 공개하여 세미나를 개최한 뜻이 스타디움 라이트를 기대하셨기 때문이라고 생각합니다. '겨자씨 비유'처럼 크게 자라 풍성해지고, '물이 바다를 덮음같이' 충만해져서 한국교회가 새로운 가치관을 갖게 되기를 간절히 소망합니다.

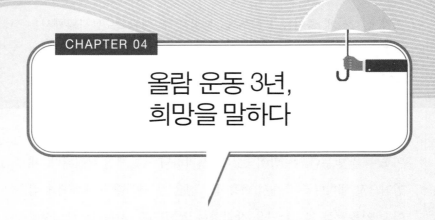

CHAPTER 04

올람 운동 3년,
희망을 말하다

성경153올람 운동의 회고

코로나 시대의 도래

2020년 2월부터 갑자기 불어닥친 코로나19의 위력은 참으로 대
단하였다. 우리는 평생을 살아오면서 코로나19와 같은 것을 처음으
로 경험하였고, 그것도 장장 3년 동안 코로나19의 위력 앞에 아무것
도 할 수 없는 안타까운 시간을 보내야만 했다. 처음에는 먼 나라에
서 발생한 전염병 정도로 생각했는데 코로나바이러스는 삽시간에
전 세계로 퍼져나갔고, 마침내 한반도에도 상륙하였다.

그 후 우리 사회는 일상이 멈춰버리는 대혼란의 시기를 맞게 되었다. 서로 대화하지 말고 마스크를 써야 했으며 사람을 만나지 말고 사회적 거리 두기를 해야만 했다. 이것은 관계의 단절을 불러왔고 사회적 분리를 초래하였다. 이로 말미암아 우리의 일상은 완전히 멈추어버렸고 정치와 경제는 큰 타격을 입었다.

이 대목에서 코로나가 무엇인지 한번 살펴보는 것이 대단히 중요할 것 같다. 왜냐하면 우리는 평생을 살아오는 동안에 전대미문의 코로나 사태를 경험하였고, 3년 동안 너무나 값비싼 대가를 치렀기 때문이다. 이렇게 너무나 비싼 수업료를 지불했는데, 마치 아무 일도 없었다는 듯이 그냥 지나갈 수는 결코 없기 때문이다.

사실 코로나19는 '지구의 역습'이라고 학자들은 입을 모으고 있다. 『공감의 시대』라고 하는 유명한 책을 썼던 제레미 리프킨 교수(Jeremy Rifkin / 미국의 경제학자, 영향력 있는 미래학자, 펜실베이니아대학 와튼 경영대학원 교수 / 『엔트로피』, 『소유의 종말』 저자)는 다음과 같이 분석한다.

1990년대까지만 해도 인간이 지구상에서 차지하고 있던 땅이 14%였는데, 2000년이 되었을 때 인간이 거주하거나 사용하고 있는 땅은 77%였다는 것이다. 그러니까 현재 육지에 남아 있는 야생 구역은 남극을 제외하면 전체 육지의 겨우 23%밖에 되지 않는다는 것이다. 이것은 그동안 동물이나 식물이 차지하고 있었던 그 공간을 인간이 다 차지해 버렸다는 것을 의미한다. 그래서 오랫동안 야생에 머물러 있었던 박테리아나 바이러스가 자신들도 살아야 하니까 누구를 숙주로 삼을까 하다가, 인간이 제일 많으니까 인간세계로 넘어온 것이 바로 코로나19라고 보고 있는 것이다.

그런데 학자들은 경고하기를 이 코로나보다 훨씬 더 심각한 것이 '기후변화' 문제라고 보고 있다. 아니 코로나 역시 기후변화의 일종인 것이다. 기후변화로 지구의 역습을 초래한 것이 코로나이고, 앞으로는 코로나 보다 훨씬 더 심각한 재앙이 지구촌에 엄습할 수 있다는 것이다. 사실 지금도 그 조짐이 벌써 나타나고 있는데, 기온 상승으로 인하여 대홍수와 극심한 가뭄, 상식을 뛰어넘는 자연현상이 비일비재하게 일어나고 있으며, 극지방의 얼음이 녹아내려서 많은 지역이 물에 잠길 것이라고 경고하고 있다.

사실 지나간 3년 동안의 코로나 시대는 우리에게 너무나 값비싼 공부를 시켜주었다. 코로나가 한창일 때 방송 뉴스의 카피 두 문장을 보면서 많은 생각을 하였다. 그것은 "①우리 돌아갈 수 있나? ②우리 돌아가야 하나?" 두 문장이다. 지금 우리는 코로나를 헤쳐나와 코로나가 사라진 시대에 살고 있다. 우리는 돌아올 수 있었다. 그러나 두 번째 질문인 "우리 돌아가야 하나?" 이 질문은 지금도 유효하고, 앞으로도 계속 인류가 마음속에 기억해야 한다. 또다시 코로나 이전과 같이 흥청망청 소비하고 쾌락 속에 휘청거리고 자연을 훼손하고 기후변화 문제를 도외시하면 더 깊은 재앙을 직면할 수밖에 없다.

특별히 우리는 믿음 안에서 코로나가 던져주는 의미를 깊이 생각해 보아야 한다. 정말 우리는 값비싼 공부를 한 것이다. 엄청난 수

업료를 지불하였던 것이다. 위기는 위험한 기회라고 하였으니 이 코로나 때문에 더욱더 본질을 추구해야 할 것이다. 무엇보다 지구촌을 향하신 하나님의 뜻을 깊이 고민하며 발견해야 하는 것이다.

코로나 시대의 신앙적 고민

코로나 사태로 말미암아 전체 사회, 인류 전체가 너무나 힘든 시간을 보냈지만, 특별히 교회는 치명타를 입었다. 나중에 역사학자들이 정리해야 할 이야기이지만 교회의 역사는 코로나 이전과 이후로 나뉘었다고 말할 정도이다. 코로나 사태로 말미암아 전 세계의 교회가 동시다발적으로 신앙의 퇴보, 신앙의 왜곡, 신앙의 변질을 겪었던 것이 자명한 사실이기 때문이다. 거기에 더하여 적극적 소극적 배교로 인하여 교인이 줄고, 교회 재정이 크게 감소하여 교회의 존립에 대하여 심각한 도전을 받았다.

코로나 시대를 경험하면서 가장 뼈아픈 사실은 한국교회는 예배당에 모여서 예배를 드리지 못하는 사태까지 겪어야만 했다는 것이다. 예배는 신앙생활의 가장 기본인데 그 기본을 행사할 수 없는 상황이 펼쳐지고 만 것이다. 이때 교회마다 성도들이 예배드릴 수 있는 장치를 마련하기 위해 절치부심으로 노력하였다. 그 결과 '현장예배'와 '영상예배'(비대면 예배)라는 말이 등장하게 되었다.

쉽게 말해서 예배당에 모여서 예배드리는 것을 현장 예배라고 하였고, 영상으로 각자의 처소에서 예배드리는 것을 영상예배라고 하였다. 그전까지는 기독교 방송 등을 통해서 예배영상을 송출하였을 뿐인데 코로나 시대를 맞이하면서 전국의 거의 모든 교회가 영상예배를 드리게 되었다. 이는 단순히 예배영상 송출의 의미가 아니었다. 그야말로 영상을 통해 예배드릴 수 있도록 한 것이다.

이런 상황 속에서 목회자들은 성도의 신앙을 일일이 점검할 수가 없게 되었다. 단지 영상예배 사이트에 몇 명이나 드나들었는지 조회수만으로 성도들의 신앙을 추측할 뿐이었다. 성도들의 신앙이 뚝뚝 떨어질 것 같은 분위기를 심각하게 느끼고 있었다.

이런 분위기 속에서 필자는 또다시 '본질' 이라는 말을 강력히 떠올려볼 수밖에 없었다. 필자는 평생에 '본질에 대한 열정' 으로 살아왔다고 자부한다. 그래서 가장 힘든 시기에, 신앙적 고민이 물밀듯이 밀려오는 시대에 과연 신앙은 무엇인지, 교회는 무엇인지, 우리는 어떻게 신앙하고 어떻게 살아야 하는지 본질에 대하여 깊이 고민할 수밖에 없었다.

성경153올람 운동의 시작

이러한 본질에 대한 깊은 고민 가운데서 "도대체 무엇을 해야 하나?", "어떻게 해야 하나"를 깊이 고민하는 중에 만들어진 것이 바로 〈성경153올람〉 운동이다.

먼저는 가치관의 회복이 절실하다고 생각하였다. 그래서 오늘날 이 시대 속에서 가치관을 회복하기 위하여 우리들 가치관의 원천인 성경으로 다시 돌아갔고, 성경은 너무 방대한 책이니까 그중에 153개 핵심 주제를 생각해 냈고, 이것을 가지고 3년 동안 줄기차게 가치관 훈련을 하기로 하였던 것이다.

그리고 이 가치관의 문제는 다음 세대 문제와 밀접히 연관되어 있으므로 주일날 선포된 그 말씀을 가지고 가정예배문으로 만들어서 가정에서 반드시 가정예배를 드리게 하였다. "가정예배는 흉내만 내도 복을 받는다"는 말이 있다. 그리고 다음 세대 신앙 양육을 위해서는 가정예배보다 더 좋은 방법이 도무지 없다. '168:1'이라는 표현이 있다. 일주일은 168시간인데 자녀들이 교회 와서 겨우 1시간 머무는 것 가지고 신앙 양육이 제대로 이루어질 수가 없는 것이다. 그렇기 때문에 다음 세대 신앙 양육의 현장은 가정이어야 하고, 다음 세대 신앙 양육의 주체는 바로 부모여야 하는 것이다. 이런 의미에서 가정예배는 다음 세대 신앙 양육에 있어 가장 중요하고 유일한 방법이라 할 수 있는 것이다.

그래서 이 두 가지 정신을 모아서 〈성경153올람〉 운동을 만들어 낸 것이다. 그러므로 이 〈성경153올람〉 운동의 핵심 두 기둥은 첫째는 가치관 훈련을 위한 153개 말씀 선포이고, 둘째는 이것을 가지고 철저히 가정예배를 드려 다음 세대 신앙 계승을 이루자는 것이다. 이 두 가지가 〈성경153올람〉 운동의 핵심 두 기둥이다.

'올람' (옛적 길)은 창세 전부터 하나님께서 우리 인간이 걸어가야 할 길로 정해 놓으신 길이고, 하나님의 원래 계획(Original Design)이며, 진정으로 우리가 사는 길이고, 평강을 얻는 길이며, 생명을 얻고 결국에는 영원에 이르는 길이다. 진정으로 올람은 우리가 반드시 걸어가야 할 참된 신앙의 길이다.

〈성경153올람〉 운동이라고 말할 때 이것은 4단어로 되어 있는데, 여기서 ① '성경'은 포스트모더니즘 시대에 우리들 가치관의 원천이고, ② '153'은 성경의 153가지 핵심 주제를 따라 3년 동안 훈련하자는 것이고, ③ '올람'은 하나님의 원래 계획으로서 우리가 걸어가야 할 옛적 길이고, ④ '운동'은 가정예배를 통하여 다음 세대 신앙 계승을 반드시 이루자는 것이다. 이러한 핵심 정신들을 붙잡고 운동의 개념과 방법 등에 대해 끈질기게 고민한 끝에 분당구미교회는 2021년 1월부터 〈성경153올람〉 운동을 시작하였다.

3년 동안 운동을 하기로 작정하면 대개 처음 한 해 동안은 그럭저럭 운동을 이어간다. 하지만 둘째 해, 셋째 해까지 운동을 이어가기란 쉽지 않다. 그만큼 많은 노력과 에너지가 필요하고 성도들의 동참을 끌어내고 동기부여를 줄 수 있어야 하기 때문이다. 그런 면에서 살펴볼 때 〈성경153올람〉 운동은 정말 매력적이었다. 성도들도 기꺼이 따라주었다. 성경의 가치관으로 삶의 기본을 다진다는데 관심을 기울이지 않을 성도는 없다. 다음 세대에게 신앙의 유산을 물려준다는데 협조하지 않을 성도는 없다. 〈성경153올람〉 운동이야말로 코로나 시대에 가장 탁월한 신앙 훈련이 되었다. 이렇게 분당 구미교회의 〈성경153올람〉 운동은 목회자의 헌신과 성도들의 적극적인 협조 속에 순조롭게 진행되었다. 지금도 확신하고 있지만 이 운동은 하나님께서 이 시대 속에서 행하신 하나님의 새 일이다.

이웃 목회자들의 피드백

코로나 시대에 신앙이나 목회적으로 너무나 난감한 상황을 맞이하면서 목회자들은 코로나 시대의 교훈, 신앙적 타개책 등에 대하여 만나기만 하면 진지한 토론을 할 수밖에 없었다. 그만큼 그 시대가 우리에게 던져준 신앙적 고민은 심각하기 이를 데 없었기 때문이다.

그때 필자는 우리 구미교회는 요즘 〈성경153올람〉 운동을 하고 있다면서 가까운 목회자들, 친구 목사들과 함께 이것에 대해 나누었다. 그런데 이 내용을 듣는 거의 대부분의 목회자들이 "참 좋다." "코로나 시절에 너무 적합한 운동이다." "무엇보다 가장 본질적인 신앙 운동이다." "우리 교회도 함께 하고 싶다." 등의 반응을 보여주었다.

그때부터 필자는 〈성경153올람〉 운동은 진정으로 이 시대 한국교회를 향한 하나님의 새 일이구나 하는 확신을 가지면서 이 운동을 한국교회의 운동으로 확산시켜야 하겠다고 굳게 다짐하게 되었다. 그래서 이 운동은 다만 한 교회의 운동이 아니라, 그리고 하나의 교회 프로그램이 아니라, 진정으로 우리가 이 시대 속에서 성경의 가르침을 따라 기독교적 가치관을 따라 살아가고, 다음 세대를 신앙으로 양육함으로써 진정으로 교회가 교회 되게 할 수 있는 가장 본질적인 신앙 운동임을 확신하게 되었다.

그때부터 필자와 분당구미교회는 〈성경153올람〉 운동을 한국교회에 널리 소개하고 전파하기 위하여 부단한 노력을 감당하였다. 핵심 개념을 잘 정리하여 매뉴얼을 만들고 무료로 책자를 보급하면서 힘써 이 운동을 전파하였다.

좋은 일은 전해져야 한다. 그렇다. 그것이 바로 복음의 특성이다. 그래서 구미교회는 〈성경153올람〉 운동을 다양한 방법으로 전하고자 힘써 노력하였다. 신문광고를 통해 이제 이 길밖에 없다는 강한 메시지를 전하였고, 〈성경153올람〉 운동에 동참하기 원하는 교회와 목회자들을 모집하였다.

가장 먼저 관심을 기울인 목회자들은 장로회신학대학교를 졸업한 동문 목회자들이었다. 2022년 1월에 열린 장로회신학대학교 총동문회 모임에서 〈성경153올람〉 운동을 소개해 달라는 요청을 받았다. 이후 장로회신학대학교 학부 동문회에서도 세미나를 진행하게 되었고, 그 여파로 국민일보와 기독공보 등 여러 신문에 기사와 함께 홍보의 기회를 얻게 되었다. 그로 인해서 원근 각지에서 〈성경153올람〉 운동에 대한 관심을 갖는 목회자들이 많아졌다.

이에 드디어 2022년 10월에 〈성경153올람〉 운동의 전반적인 내용을 소개하는 제1차 〈성경153올람〉 운동 세미나를 본교회 분당구 미교회에서 개최하게 되었다. 이 세미나를 통하여 이제 구체적으로 한국교회에 〈성경153올람〉 운동을 전파하기 시작한 셈이다. 이 세미나를 통하여 〈성경153올람〉 운동의 태동, 핵심 정신, 시행 방법, 보조교재 활용 등에 대해서 강의하였고, 참석자들은 마치 보석을 발견한 것처럼 커다란 영적 만족을 얻게 되었다.

그 후에도 전국의 여러 세미나 모임에서 〈성경153올람〉 운동을 소개해 달라는 요청이 빗발쳤다. 특히 대한예수교장로회(통합) 산하에는 69개의 노회가 있는데 그중의 여러 노회에서 노회원 세미나의 주제로 〈성경153올람〉 운동을 꼽았다. 〈성경153올람〉 운동이 마무리되는 3년째에 이와 같은 세미나들이 집중되었는데 이것은 3년 동안 줄기차게 이 운동을 이끌어 온 그 결실을 보게 된 것이라 할 수 있다. 3년 동안 이어질 수 있는 운동이라는 것만으로도 무척 좋은 운동임을 자증할 수 있기 때문이다.

이렇게 〈성경153올람〉 운동이 널리 전파되고 있을 때 대한예수교장로회 총회는 전국을 13개 권역으로 나누고 치유 집회를 개최하였다. 이 집회는 코로나 이후 한국교회의 회복을 도모하는 의미 있는 치유 집회로써 치유, 말씀, 전도, 기도 등 4개 부분으로 나누어 진행되었다. 필자는 바로 이 집회 중에 말씀 부분을 담당하는 강사로 초빙되어 〈성경153올람〉 운동을 열심히 강의하고 소개하였다.

위에서 소개한 대로 그동안 〈성경153올람〉 운동을 개최했었던 세미나와 교육대회들을 약술하면 다음과 같다. 장신대총동문회, 장신대학부동문회, 서울강북노회 목회자 세미나, 총회평신도위원회 노회원 세미나, 총회국내선교부 가정세미나, 광주동노회 노회원 세미나, 인천동춘교회 교역자세미나, 동부지역 장로수련회, 순천노회 노회원 세미나, 군산노회 노회원 세미나, 서울노회 평신도 세미나, 108회기 총회 시도별 치유세미나 및 연합부흥성회(경기 지역, 경북 지역, 부산과 이북 지역, 충북 지역) 등이다. 적게는 50명에서 많게는 500명의 목회자가 각 세미나에 참석하여 〈성경153올람〉 운동의 DNA를 전수받았다. 세미나를 통해 〈성경153올람〉 운동을 접한 수많은 교회와 목회자들은 동참지원서를 작성하여 이 운동에 동참하였고, 그리고 이 운동의 전파자가 되었다.

성경153올람 운동의 전망

배교의 시대

지금은 믿음으로 살아가기가 참 힘든 시대이다. 사람들의 믿음이 점점 더 얇아져 가고 있다. 물질주의(mammonism)로 인한 도전은 참으로 대단하여서 사람들은 마치 돈을 하나님처럼 섬긴다. 세속주의(secularism)의 도전이 물밀듯이 밀어닥쳐서 사람들은 이 세상이 전부라고 생각하며 내세를 인정하지 않는다. 쾌락주의(hedoni-sm)의 도전은 사람들을 이 세상 즐거움에 물들게 하여서 오직 잘 먹고 잘사는 일에만 빠져들게 한다. 이기주의(egoism)의 도전은 사람들의 눈을 멀게 하여서 죄악 속에 몸을 던지게 한다. 이 모든 것을 총망라하는 포스트모더니즘(postmodernism)의 도전은 너무나 거세어서 절대적인 가치들을 모조리 상대화시켜 버리고 만다.

배교는 옛날 말이 아니다. 히브리서가 기록된 그 시대처럼 지금도 사람들은 적극적 배교 혹은 소극적 배교에 빠져서 신앙을 저버리고 있다. 이로 말미암아 교회는 사람들의 관심에서 자꾸만 멀어져가고 있다. 모이기를 폐하는 사람들의 습관이 점점 더 많아지고 있다. 그래서 오늘날 그리스도인의 신앙은 필요에 따라 붙였다 뗐다 하는 액세서리 신앙이 되고 있다. 하나의 부분에 불과한 피자파이 한 조각의 신앙이 되어가고 있다.

이제 교회의 역사는 코로나 이전과 코로나 이후로 나뉜다는 말이 있다. 코로나 이후 한국교회의 신앙은 완전히 변하고 있다. 위기다. 교회와 신앙의 빙하기가 도래하고 있다. 가만히 있어서는 안 된다. 이대로 그냥 지나쳐서는 안 된다. 무슨 조처가 필요하다. 특단의 해결책이 필요하다. 그런데 무엇보다 중요한 것은 이를 위해 가장 본질적이고, 아주 신앙적인 결단이 필요하다는 사실이다.

하나님의 새 일

이렇게 교회와 신앙의 위기를 바라보며 필자는 고민하고 또 고민하였다. 기도하고 또 기도하며 하나님의 뜻을 물었다. 그 기도와 고민의 결과가 바로 〈성경153올람〉 운동이다. 이 운동은 153개의 성경 본문을 가지고 기독교 가치관으로 살아가자는 신앙회복 운동이다. 이 운동은 153개의 성경 본문을 가지고 다음 세대를 일으키자는 신앙회복 운동이다.

필자는 확신하기를 〈성경153올람〉 운동이 이 시대 본질적인 해답이 되리라 믿는다. 바로 이런 의미에서 〈성경153올람〉 운동은 하나의 교회 프로그램이 아니라 본질적인 신앙 운동이다. 교회와 신앙을 회복시키고자 하는 회복 운동이다. 거센 도전이 밀어닥치는 이 시대 속에서 오직 기독교적 가치관을 붙들고 그렇게 살아가고자 몸부림치는 신앙 운동이다. 무너져가는 다음 세대를 바라보며 이들을 신앙으로 다시 세우고자 하는 신앙 운동이다.

우리 교회는 잘 되고 있다고 좋아할 일이 아니다. 한국교회가 전체적으로 위기의 시대에 돌입했는데, 우리 교회는 잘 되고 있으니 걱정할 것 없다는 것은 너무 무책임하고 안일한 태도이다. 그렇게 되지 않는다. 우리 교회는 잘 된다고 안심해서는 안 된다. 어떤 교회가 잘못되면 전체 교회가 얼마든지 잘못될 수 있다. 교회론의 4가지 표지 중의 하나인 "교회는 하나이다"라는 것을 우리는 결코 잊지 말아야 한다. 그래서 우리 교회만 잘 되면 되는 것이 아니라 한국교회 전체가 잘 되어야 한다. 바로 이것이 〈성경153올람〉 운동을 운동의 차원으로 발전시키고자 하는 이유이다.

지금까지 〈성경153올람〉 운동에 베풀어주신 하나님의 은혜는 너무나 크다. 하지만 이게 전부는 아니다. 이것으로 종결되는 것은 결코 아니다. 하나님은 이 운동을 이 시대 전 세계 모든 교회에 이어지기를 원하신다고 확신한다. 바로 이런 의미에서 〈성경153올람〉 운동은 이 시대 하나님께서 일으키시는 하나님의 새 일이다.

한국교회에 이 운동이 전파되는 것은 물론이고, 이미 해외의 여러 선교사에게 〈성경153올람〉의 매뉴얼이 전해졌다. 각 나라의 말로 번역하는 과정을 진행하고 있다. 머지않아 전 세계 여러 나라에서 〈성경153올람〉 운동이 진행되고 있다는 소식을 들을 수 있을 것 같다. 그날이 속히 오기를 기대하며 오늘도 〈성경153올람〉 운동의 전파에 열과 성을 다하고 있다.

5대 정신과 실천

〈성경153올람〉 운동의 매뉴얼을 마감하면서 마지막으로 이 운동의 5대 정신과 5대 실천을 요약해 보았다. 이 정신을 마음에 새기고 온 마음과 정성을 다해 실천하면 좋겠다.

▶ 성경153올람 운동 5대 정신

① 성경의 핵심153주제를 3년 커리큘럼으로 체계화한 가장 본질적인 신앙 프로그램

② 성경의 핵심153주제를 매 주일 선포함으로써 기독교적 가치관을 훈련하는 시스템

③ 유아에서부터 청장년, 노년에 이르기까지 모든 세대를 아우르는 통합양육 시스템

④ 다음 세대 양육의 주체는 가정이므로 성경153 가정예배를 통한 가정회복 시스템

⑤ 옛적 길(렘 6:16, 올람)을 따라서 참된 인생을 살게 하는 하나님의 원래 계획

▶ 성경153올람 운동 5대 실천

① 신구약 성경의 전체 흐름을 따라 하나님이 말씀하시는 핵심주제 153개를 선정함

② 성경의 153주제를 따라 3년간 매 주일 선포하여 기독교적 가치관을 체득하게 함

③ 주일 선포된 말씀을 따라 제작된 가정예배문을 통해 다음 세대로 신앙을 계승함

④ 해당 주제의 핵심 정신을 따라 올람편지를 그림파일로 제작하여 이웃에게 전파함

⑤ 옛적 길을 따라 하나님의 원래 계획을 따라 살아가며 교회와
   신앙의 회복을 이룸

진실로 소망한다. 진정으로 바란다. 신앙이 얇아져 가고 교회가
힘들어져 가는 위기의 시대에 〈성경153올람〉 운동을 통하여 신앙의
회복이 이루어지고, 교회의 잃어버린 영광을 회복하게 되기를 간절
히 기도한다. 성도들의 신앙이 회복되고 교회가 부흥함으로 말미암
아 사랑하는 조국 대한민국이 복음의 제사장 국가가 되기를 간절히
기도한다.

〈성경153올람〉 운동에 동참하여 함께 고민하고 함께 씨름하는
모든 교회와 목회의 현장에 하나님의 선하신 은총이 함께 하시기를
간절히 기도한다.

"분당구미교회가 새일을 시작합니다!"

성경153올람עולם

최근 한국교회는 포스트모더니즘의 영향으로 기독교적 가치관이 도전받고, 다음세대에게 신앙이 온전히 계승되지 못하는 위기에 처해 있습니다. 또한 코로나 사태로 인하여 성도들이 신앙의 활력을 잃고, 교회가 위축되는 어려움을 겪고 있습니다.

이러한 때에 분당구미교회는 본질로 돌아가서 성도들이 성경의 가치관을 익히고, 다음세대로의 신앙계승을 이루며, 교회의 영적 활기를 불러일으키고자 <성경153올람עולם> 운동을 시작합니다. 이를 통하여 교회의 모든 세대, 즉 통합세대 전체가 기독교적 가치관을 체득하고 반드시 그 가치관대로 살아가고자 합니다.

<성경153올람עולם> 운동의 5가지 정신

①성경의 핵심153주제를 3년 커리큘럼으로 체계화한 가장 본질적인 목회 프로그램
②성경의 핵심153주제를 매주일 선포함으로써 기독교적 가치관을 훈련하는 시스템
③유아에서부터 청장년, 노년에 이르기까지 모든 세대를 훈련하는 통합양육 시스템
④다음세대 양육의 주체는 가정이므로 성경 153가정예배를 통한 가정회복 시스템
⑤성경153올람은 옛적길(렘6:16)을 따라 참된 인생을 살게 하는 하나님의 원래계획

<성경153올람עולם> 운동의 로고 소개

위 로고는 교회가 곧 가정이며, 가정이 곧 교회임을 보여줍니다. 부모와 자녀가 함께 성경을 보며 사랑으로 하나 되는 모습입니다. 아버지의 손은 1, 어머니의 손은 5, 아이의 손은 3을 가리키고 있으며, 전체적으로 성경의 핵심 153주제를 상징합니다. 이로써 모든 세대가 옛적길(올람עולם, 렘6:16)을 걸어가 참된 평강과 생명의 삶을 사는 것을 나타내고 있습니다.

☞성경153올람 운동에 많은 기도와 관심을 부탁드리며, 주변에 함께 동참하시기를 원하시는 분들은 구미교회로 문의하시면 잘 안내해 드리겠습니다. 이 일을 통해 한국교회가 진정 새로워지기를 소망합니다.

문의 : (031)714-0014~7 / www.gumee.net

대한예수교장로회
九美교회
담임목사 김 대 동

새해에는 이렇게 목회해보세요!

담임목사 김 대 동
(성경학박사 Ph.D)

분당구미교회는 기독교적 가치관이 흔들리고, 다음세대 신앙양육이 심각하게 도전받는 오늘날의 현실을 직시하여, 깊은 고심 끝에 〈성경153올람운동〉을 개발하였고, 지난 2년 동안 줄기차게 진행해 왔습니다.

〈성경153올람운동〉을 통하여 성도들은 기독교적 가치관을 익히게 되었고, 가정예배에 전념하여 다음세대로의 신앙계승을 이루게 되었습니다. 이로 말미암아 교회에는 영적 활기가 넘쳐나고 있습니다.

이제 이 길밖에 없습니다! 하나님께서 가르쳐주신 '옛적 길'을 찾는 여정에 여러분을 초대하오니 2023년에는 〈성경153올람운동〉으로 승리하시기를 바랍니다.

〈성경153올람ㅁㄱㅆ〉 운동 5대 정신

① 성경의 핵심153주제를 3년 커리큘럼으로 체계화한 가장 본질적인 목회 프로그램
② 성경의 핵심153주제를 매주일 선포함으로써 기독교적 가치관을 훈련하는 시스템
③ 유아에서부터 청장년, 노년에 이르기까지 모든 세대를 훈련하는 통합양육 시스템
④ 다음세대 양육의 주체는 가정이므로 성경 153 가정예배를 통한 가정회복 시스템
⑤ 성경153올람은 옛적길(렘6:16)을 따라 참된 인생을 살게 하는 하나님의 원래계획

〈성경153올람ㅁㄱㅆ〉 운동 5대 실천

① **성경153주제 선정** : 신구약 성경 66권 전체의 흐름을 따라 하나님이 말씀하시는 핵심주제 153개를 선정함
② **주일 말씀선포** : 성경의 핵심153주제를 3년간 매주일 선포하여 올바른 기독교적 가치관을 체득하게 함
③ **가정예배 회복** : 주일 선포된 말씀을 바탕으로 제작된 가정예배문을 통하여 다음세대로 신앙을 계승함
④ **올람편지 전파** : 해당 주제의 핵심 정신을 따라 올람편지를 그림파일로 제작하여 이웃과 지인들에게 전파함
⑤ **올람의 삶 실천** : 옛적 길(렘6:16, 올람 ㅁㄱㅆ)을 따라 하나님의 원래계획대로 살아가며, 이 운동을 이웃에게 널리 전파함

〈성경153올람ㅁㄱㅆ〉 운동 보조도구

주제 일람표   가정예배문   올람편지   가정예배 드리는 법   가정예배 감상서

올람 섬지카   가정예배 바인더   The Gift-Box   후원키   성경153올람
*기독세님에 가입하시면 더 많은 정보를 볼 수 있습니다.

분당 구미교회는 〈성경153올람운동〉의 모든 자료를 한국교회에 무상으로 제공해드리고 있습니다.

〈성경153올람운동〉의 태동과 정신, 전개 방법에 대한 모든 내용이 담긴 매뉴얼 〈이제 이 길밖에 없습니다〉를 원하시는 분들은 구미교회로 연락주시기 바랍니다.

문의 : (031) 714-0014~7 / www.gumee.net

분당구미교회 『제자의 길』 제자훈련

"새해에는 이렇게 제자훈련 해보세요"

◈ 현대인의 삶의 스타일에 적합한 **10주 완성 제자훈련**
◈ 소그룹 중심의 제자훈련을 통한 **역동과 변화의 체험**
◈ 말씀묵상과 전도를 목표로 하는 **교회 성장의 신동력**
◈ 체계적으로 정리된 핵심교리를 통해 **건강한 신앙성숙**
◈ 다양한 교재 활용을 통한 폭넓은 **목회프로그램 적용**

분당 구미교회는

『제자의 길』 제자훈련시스템을 개발하여 참된 제자를 양육하고 하나님의 나라를 확장하며, 잃어버린 교회의 영광을 회복하고자 힘써 노력해왔습니다.

『제자의 길』 제자훈련시스템은 성도들의 삶을 변화시킬 뿐만 아니라 교회의 성장 동력이 되었으며, 지역사회 속에 선한 영향력을 나타내고, 나아가 한국교회 안에 좋은 소문을 드러내고 있습니다.

『제자의 길』 김대동 저

◎ 핵심교리가 담긴 10주 완성 교재
◎ 변화를 불러 오는 역동적인 교재
◎ 풀텍스트로 집필되어 이해가 용이
◎ 나눔과 도전으로 관계 중심형 학습
◎ 10단원 40과의 다양한 활용가능

대한예수교장로회
九美교회

13627 경기도 성남시 분당구 성남대로144번길 23(구미동 33)
T.(031)714-0014~7 / F.714-0018 / 교육관 714-6831 / 문화센터 713-5469
어린이도서관 714-6833 / 엘림상담센터 714-6832, 713-5479(전화상담실) www.gumee.net

〈 한국교회를 섬기기 위한 [성경 153올람 운동] 관련 홍보물 〉

이제 이 **길** 밖에 없습니다!!

분당구미교회가 **새 일**을 **시작**합니다.

분당구미교회 위임목사 김대동 (Ph.D 상담학)

　　최근 한국교회는 포스트모더니즘의 영향으로 기독교적 가치관이 심각하게 도전받고, 다음세대로 신앙이 온전히 계승되지 못하는 위기에 처해 있습니다. 또한 코로나 사태로 인하여 성도들이 신앙의 활력을 잃고, 교회가 위축되는 어려움을 겪고 있습니다.
　　이러한 시대에 분당구미교회는 본질로 돌아가 성도들이 기독교적 가치관을 익히고, 다음세대로의 신앙계승을 이루며, 교회의 영적 활기를 불러 일으키고자 〈성경153올람 עולם〉 운동을 시작합니다. 이 일을 통해 이 땅의 교회가 아름답게 회복되리라 확신합니다.
　　〈성경153올람 עולם〉 운동을 함께 할 교회를 정중히 초대합니다.

성경153올람 עולם 운동 로고

이 로고는 교회가 곧 가정이며, 가정이 곧 교회임을 보여줍니다.
부모와 자녀가 함께 성경을 보며 사랑으로 하나 되는 모습입니다.
아버지의 손은 1, 어머니의 손은 5, 아이의 손은 3을 가리키고 있으며,
전체적으로 성경의 핵심 153주제를 상징합니다.
이로써 모든 세대가 옛적 길(렘6:16, 올람 עולם)을 걸어나가
참된 평강과 생명의 삶을 사는 것을 나타냅니다.

분당구미교회는 〈성경153올람〉 운동에 관한 모든 자료를 한국교회에 제공해 드립니다.
〈성경153올람〉 운동 자료집을 받기 원하시는 분들은 구미교회로 연락주시기 바랍니다.

〈 한국교회를 섬기기 위한 [성경 153올람 운동 세미나] 신문 광고 _ 기독공보 〉

PART 04

성경153올람 운동의
보조도구들

CHAPTER 01

운동의
핵심 정신이 담긴 로고

〈성경153올람〉 운동의 로고는 우리가 행하고자 하는 운동의 핵심 개념을 집약하여 표현함으로써 모두가 한 마음으로 이 운동에 동참하도록 만들어 준다.

이 로고는 교회가 곧 가정이며, 가정이 곧 교회임을 보여주고 있다. 그리고 교회와 가정의 머리 되신 예수님을 상징하는 십자가가 그 중심에 서 있다. 이것은 우리가 예수님 십자가의 공로로 말미암아 구원받은 자임을 기억하는 동시에 교회와 가정의 머리 되시는 분은 바로 예수님이심을 표현하고 있다.

전체적인 그림은 아버지와 어머니와 자녀가 성경을 보며 사랑으로 하나 되는 모습을 나타내 보여주고 있다. 이는 모든 세대가 함께 〈성경153올람〉 운동의 핵심 축 가운데 하나인 가정예배를 통해 함께 은혜의 공동체로 거듭나는 동시에, 하나의 말씀을 바라보며 함께 사랑으로 하나 되는 모습을 형상화하고 있다.

아버지의 손은 1, 어머니의 손은 5, 자녀의 손은 3을 가리키고 있는데, 이는 성경의 핵심 153주제를 상징하고 있다. 성경 전체 가운데 도도히 흐르는 핵심 메시지 153주제가 바로 〈성경153올람〉 운동의 근간이다. 이 말씀을 통해 모든 세대가 옛적 길(올람)을 걸어 나가 참된 평강과 생명의 삶을 살아가는 것을 표현하고 있는 것이다.

CHAPTER 02

마음을 하나로 엮는 올람주제가

〈성경153올람〉 운동의 주제가는 힘차게 한마음으로 운동을 함께 진행해 나갈 수 있도록 돕기 위하여 만들어졌다. 매 주일 혹은 한 달에 한 번씩이라도 주일예배가 끝날 때 함께 부르게 되면 이 운동을 함께 해 나가는 동질감을 갖게 만들어줄 수 있을 것이다.

이 주제가는 머리끝에서부터 발끝까지 온통 〈성경153올람〉 운동의 내용으로 가득 차 있는 필자가 직접 가사를 쓰고, 구미교회의 찬양 간사인 박세진 집사가 곡을 붙였다. 전체적으로 가사와 곡의 흐름이 조화를 잘 이루고 있고, 한번 들으면 입으로 반복하게 되는 중독성까지 있어서 〈성경153올람〉 운동을 효과적으로 진행하고 전파하는 데 큰 도움을 준다.

성경 153 올람

김대동 작사
박세진 작곡

1. 우리는 걸어간다 성경의 길 구원의 길
2. 오늘도 걸어간다 참된 가치 생명의 길

우리는 달려간다 올람으로 옛적 길로
내일도 달려간다 다음 세대 행복의 길

일 오 삼 일 오 삼 - 평강으로 가는 길

일 오 삼 일 오 삼 영원으로 가는 길

CHAPTER 03

올람십자가는
가정예배의 중심

올람십자가는 가정예배를 드리
는 자리에 중심을 잡아주는 도
구이다. 우리가 삶을 살아가는
가정 안에 예배의 자리를 세우
기는 결코 쉽지가 않다. 하지만
우리가 약속한 예배의 시간에
그 중심에 십자가를 세우는 행위는 우리 마음까지도 예배의 자리에
있음을 인식하게 만들어 준다. 교회는 그리스도인의 모임이고, 그리
스도인은 예수님의 십자가 보혈로 구원받은 자이기에 올람십자가는
자신이 그리스도인임을 자각하게 하고, 우리가 모인 자리가 하나님
께 예배드리는 자리임을 인식시켜 주는 훌륭한 도구가 될 수 있다.

올람십자가는 싯딤나무로 제작되었는데, 싯딤나무는 성막을 지을 때 사용되었던 조각목이다. 싯딤나무는 이스라엘 광야에서 가장 쓸모없고, 보잘것없는 나무이지만 하나님은 이 나무를 깎고 변화시켜 성막을 만드는 도구로 삼으셨다.

올람십자가는 이러한 의미를 그대로 담고 있다. 비록 지금은 연약한 믿음을 가지고 예배의 자리를 지키기 위하여 힘쓰고 있는 자들이지만, 하나님께서는 우리가 드리는 가정예배를 통해 우리 가정을 하나님 나라에 쓰임 받는 가족이 되게 하시고, 믿음의 명품 가문으로 성장시키실 것이라 믿는 것이다.

CHAPTER 04

신앙 계승의 도구인
가정예배문 바인더

모든 기록은 역사가 된다. 그리고 그 기록을 돌아보며 그 역사의 가치를 깨닫게 된다. 한 가정 안에 신앙의 역사는 가정에서 믿음의 전수를 통해 그 가치를 더해 갈 수 있다. 이러한 의미에서 가정예배 바인더는 매주간 제공되는 가정예배문을 모을 수 있도록 도와주어, 부모와 자녀가 함께 신앙의 경험을 나누고, 기록하고, 기억하여 신앙의 가보로 삼게 하고자 제작되었다. 3년간 진행되는 커리큘럼에 따라 해마다 1개씩 보관할 수 있도록 총 52개의 내지를 넣어 제작하였고, 전면에는 '가정예배 결심서', 후면에는 '가정예배 드리는 법'을 넣을 수 있도록 하였다.

〈 가정예배문 바인더 전면 〉

〈 가정예배문 바인더 후면 〉

CHAPTER 05

더 기프트 박스는
사랑입니다

우리는 살아가면서 종종 선물을 주고받는다. 특별한 날이나 기념일에는 누군가를 향한 사랑과 감사를 담아 선물을 정성껏 전달하기도 하고, 때로는 축하의 의미를 담아 선물하기도 한다. 그래서 모든 선물에는 그 선물을 전달하는 이의 마음이 깃들어 있다.

우리 그리스도인은 이 땅을 살아가는 동안 반드시 전해주고 나누어야 할 선물이 있다. 바로 예수님 보혈의 은혜로 이룬 구원이라는 선물이다. 〈성경153올람〉 운동의 더 기프트 박스는 예수님의 구원을 전해 주는 이 시대 최고의 선물이다.

더 기프트 박스 안에는 구미교회가 준비한 〈성경153올람〉 운동의 모든 자료가 포함되어 있다. 바로 이 선물을 전함으로 그들도 하나님의 원래 계획, 곧 옛적 길을 걸으며 평안의 삶을 살아갈 수 있도록 초청할 수 있을 것이다.

〈 The Gift Box 샘플 〉

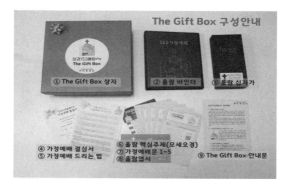

〈 The Gift Box 구성안내 〉

CHAPTER 06

성경153올람 운동의 자료를 공유합니다

▶ 구미교회 홈페이지 (http://www.gumee.net)

〈성경153올람〉 운동을 계획하고 진행하면서 점점 이 일이 너무 귀하다는 생각이 들었다. 그래서 이 일은 그저 우리 구미교회에서만 진행하는 운동으로 할 것이 아니라 자료를 공유하여 여러 교회가 함께 함으로 이 땅의 모든 교회가 다시 새로워지는 귀한 기회가 되었으면 좋겠다고 생각하게 되었다.

그래서 이 운동을 준비하고 진행하며 만들어진 모든 자료를 공유하기 위하여 먼저 교회 홈페이지에 새로운 섹션을 추가하여 이 자료를 공유하기로 하였다.

〈 구미교회 홈페이지 모습 〉

구미교회 홈페이지(http://www.gumee.net)를 방문하면 〈성경 153올람〉 섹션을 통하여 매 주일 선포된 말씀의 설교 요약문과 153 가정예배문, 153올람편지, 각종 홍보용 사진 및 영상자료, 기타 자료를 모두 확인할 수 있다.

▶ 카카오톡 채널

〈성경153올람〉 운동은 삶 전체에 스며들어 말씀으로 새롭게 되기 위한 운동이기에 보다 쉽게 접근할 수 있는 방법을 고민하였다. 그리고 남녀노소 모두가 사용하는 카카오톡 채널을 개설하여 어디에서 무엇을 하든지 전해지는 메시지를 통하여 말씀을 묵상할 수 있도록 하였다. 아래는 구미교회에서 개설하고 운영하였던 카카오톡 채널의 샘플이다.

〈성경153올람〉 운동을 통해 매주 제공되는 가정예배문 및 올람

〈 카카오톡 검색화면 〉　　〈 성경153올람 채널 〉　　〈 카카오톡 QR 〉

편지는 이 채널을 통하여 전파되고 이를 공유함으로 가족 및 지인들에게 보다 쉽게 전달할 수 있도록 하였다. 또한 운동을 진행하며 다양한 안내도 공유할 수 있도록 하여 삶의 자리에서 〈성경153올람〉 운동에 보다 쉽게 접근할 수 있도록 하였다.

▶ 동참지원서

〈성경153올람〉 운동은 그야말로 운동이다. 운동이란 그 정신과 이념, 방법과 효과 등을 충분히 다른 사람에게 알려주어서 동참하도록 만드는 일종의 과정(process)이다.

　필자가 처음에는 〈성경153올람〉 운동을 구미교회 본 교회 안에서만 시작하였다. 그런데 여러 모임에서 만나는 목회자들과 교제하는 가운데 우리 구미교회가 지금 〈성경153올람〉 운동에 최선을 다하고 있다고 설명하였을 때 수많은 목회자가 크게 공감을 표현해 주었다. 더불어 이 운동은 이 시대 각 교회가 함께 실천해야 할 가장 필요하고도 본질적인 운동이라고 격려해 주었다. 이와 같은 공감과 격려가 수도 없이 반복되었을 때 필자는 〈성경153올람〉 운동을 구미교회 안에서만 벌일 것이 아니라 한국교회 전체에 전파해야 하겠다는 확실한 사명감을 갖게 되었다.

그 결과 이와 같은 매뉴얼이 만들어졌고 이 책자 안에는 그동안의 모든 과정, 이 운동의 태동 과정, 이 운동의 핵심 정신, 이 운동의 실천 방법을 상세히 소개하였다. 그리고 매뉴얼뿐만 아니라 이 운동을 체계화하여 10개에 가까운 보조도구 등을 함께 개발하여서 열심히 이 운동을 전개해 나갔다.

특별히 〈성경153올람〉 운동을 한국교회에 널리 전파해 나가는 가운데 '동참지원서'의 방법을 생각해 내었다. 한국교회의 어느 교회든지 이 운동에 동참할 수가 있고, 이 동참지원서를 기록하여 제출하는 경우 구미교회가 개발한 〈성경153올람〉 운동이 각 교회에 뿌리내릴 수 있도록 많은 지원을 하고 있다.

이 모든 것은 〈성경153올람〉 운동이 한국교회의 운동으로 승화되기를 바라는 필자의 간절한 소망 때문이다. 한국교회가 오직 기독교적 가치관을 회복하여 영적으로 전혀 새로워져서 교회의 잃어버린 영광을 회복하면 얼마나 좋을까 생각한다. 오직 이와 같은 일념으로 본 교회에서의 3년 동안의 운동을 마감하고 이제는 매뉴얼 책자를 정식 출간하였으며, 전국교회의 주요 모임에서 강의를 거듭한 결과 현재는 수많은 교회가 운동에 동참하고 있다. 그저 하나님의 은혜에 감사 감격할 뿐이며, 이 운동이 한국교회 전체에 전파되어 아름다운 영적 회복이 이루어지기를 간절히 소망한다. ■